CHINA
MANAGEMENT CASES
· · · · · · 中国管理案例库 · · · · · ·

财务管理案例
——中国情境下的"哈佛范式"案例

Financial Management Cases
——The Harvard Style Cases Under Chinese Institutional Settings

邓 路／著

中国人民大学出版社
·北京·

编　委　会

主　任　伊志宏

副主任　蒋东生

编　委　毛基业　黄江明　刘　军　尚增健

前　言

　　20 世纪初，哈佛大学开创了案例教学法，即围绕特定议题把现实中真实的情境加以典型化处理，形成供学员分析和决断的案例，通过独立思考和相互讨论的方式，提升学员分析问题和解决问题能力的一种方法。长期以来，哈佛大学商学院一直致力于完善和推广案例教学，"哈佛范式"案例也成为国际公认的教学案例编写典范。21 世纪初，为数众多的哈佛案例被引入中国工商管理学科教学，但由于制度背景和文化特征的差异，上述案例在中国高校商学院教学实践中遭遇"水土不服"。近年来，教育部及国内多所重点大学开始重视基于中国情境的教学案例开发。与此同时，工商管理、会计、金融等多个全国专业学位研究生教育指导委员会也通过每年定期举办国家级优秀教学案例评选来进一步推动中国本土案例开发和案例教学。

　　一般来说，"哈佛范式"案例分为描述型案例（平台型案例）和决策型案例两种类型。其中，描述型案例要求完整介绍、描述某一事件或问题的决策及发展过程，有现成的方案，由案例使用者对决策过程及结果进行评价；决策型案例要求在案例中提出有待解决的问题、决策的基本要素和情境，由案例使用者去分析并提出对策。描述型案例是用理论进行解释，决策型案例是用原则进行分析。从案例正文（故事）写作方面看，一个完整的教学案例应该由引言、背景介绍、主要内容和结语四部分构成。其中，引言交代故事发生的有关情况，包括时间、地点、人物、事件、主题等；背景介绍提供背景资料，帮助案例使用者了解企业本身及其所在行业的情况，以及未来发展前景，包括行业背景介绍、企业背景介绍、关键人物背景介绍等；主要内容告诉案例使用者事件发生的原因，接着展开故事的情节，可以按时间、空间或不同的结构顺序展开，关键是让案例使用者了解事件的全貌；结语和开篇呼应，再次强调案例主题，要留下思考和讨论的空间。

　　近年来，我与研究团队投入大量时间和精力进行中国情境下的公司财务与资本市场领域的教学案例开发与写作，累计完成15篇教学案例，并先后获评"全国百篇优秀管理案例""全国MPAcc优秀教学案例"和"全国金融硕士优秀教学案例"。在"哈佛范式"案例开发领域，我有幸成为全国首位在工商管理、会计、金融三大全国专业学位优秀教学案例评选中均有斩获的高校教师。这些案例素材，有的源于我长期以来对中国资本市场上市公司资本运作实践的关注和提炼，有的来自我担任清华大学、北京大学、中国人民大学、厦门大学、北京航空航天大学等多所高校MBA（EMBA）及总裁班授课教师期间与各类学员的访谈与调研，基于此，我们采用"哈佛范式"案例写作规范撰写了一系列基于中国情境的财务管理案例。这些案例涵盖公司财务战略、公司融资、公司并购与公司治理等多个维度，此次从中精选10个案例集结出版，希望对关注财务管理案例开发和案例教学的读者有所助益。

　　本书精选的每个案例都按照案例正文、启发思考题、公司背景信息、教学用途与目的、理论依据与分析依次展开。10个案例写就的时间不尽相同，事件本身横跨的时间轨迹更是长达十余年。选题、锁定核心理论、构建案例逻辑结构等是我编写时的主要关注点。这些环节在最后成文的案例中相互贯穿融合于无形，直接影响到整个案例的风格质量。我们建议案例使用者通过阅读案例，体会并思考同一案例若使用不同切入点的可能性，获得相关案例开发的体验。

　　需要指出的是，"哈佛范式"案例教学的精髓不在于让案例使用者去认同和理解某种既定的观点，而是让案例使用者用辩证思维拓宽思路，创造性地寻找解决问题的切入点。教学案例的写作经验让我深知，对于同一种组织行为、经济表象，不同的人有不同的解读，甚至同一人在其不同的人生阶段也会有不一样乃至相左的见解。作为一种开放、互动式的教学方式，案例讨论中不同观点的碰撞是最精彩的时刻，独立思考是值得鼓励的行为。因此，本书中所附的理论分析仅作为参考，欢迎案例使用者对其自由直议。

　　最后，我要由衷感谢我的案例开发研究团队，部分案例的访谈、调研及数据整理在他们的鼎力协助下才得以顺利进行，这为客观严谨地还原案例始末、夯实分析基础提供了必不可少的条件。

　　此外，也要感谢本书的编辑，在如此紧张的出版周期中反复与我商议细节，保证了成书的质量与内容的精准。

　　当然，由于本人水平有限，书中内容难免有所疏漏，敬请读者批评指正。

邓路

目　录

财务战略篇

易宝：
蓝海之旅——"支付—金融"梦

摘要：

北京通融通信息技术有限公司（以下简称"易宝"，品牌名：易宝支付 YeePay）于 2003 年 8 月成立，总部位于北京，是中国领先的独立第三方支付公司。2011 年 5 月，易宝获得了中国人民银行颁发的首批支付牌照。为了避开支付服务手续费的恶性竞争，2012 年易宝提出"支付—金融"发展战略，并推出"信用支付"金融服务，以此作为向金融服务类公司转型的切入点。本案例通过描述易宝转型过程中的战略决策与实施，分析易宝如何通过价值创新、打破支付市场边界、超越用户的支付需求等方式，摆脱支付行业"红海"，探索金融服务"蓝海"之路。

关键词：易宝；价值创新；蓝海战略；第三方支付；支付—金融

0. 引言

2013 年 1 月，易宝在位于北京西三环的京都信苑饭店举行公司年会。为准备年会演讲，公司首席执行官（CEO）唐彬一大早就来到了京都信苑饭店。2013 年，对易宝和唐彬来说将是变革的一年。这次年会就是开启本年度变革的钥匙，唐彬将向公司近千名员工阐述支付—金融发展战略，并提出信用支付就是战略转型的第一步。唐彬和他的管理团队从 2012 年初开始酝酿公司战略转型，已经有一年时间。

年会伊始，等待唐彬演讲的员工们其实五味杂陈，这源于 2012 年易宝交出了一份令人担忧的成绩单：公司利润急剧下滑，首次出现年度亏损，大批骨干员工纷纷离职，更有公司即将搬离 CBD 的传言。看着台下表情凝重的员工，唐彬回顾了公司始创时的激情，追忆了易宝发展历程中的种种坎坷，在谈及上年公司的经营状况后，他顺势引出了酝酿已久的转型计划——支付—金融战略目标和信用支付金融创新服务。唐彬向全体员工勾勒出公司未来的发展前景，慷慨激昂的演讲好比冬天里的一把火，把员工们低落的士气重新点燃。

春节前的北京，外面车水马龙，到处是奔波的人流，充满着欢乐的气氛。年会结束后，唐彬望着窗外，心中踌躇满志。他深知，2013 年是易宝关键的一年，信用支付是易宝支付—金融战略的第一步，只有把信用支付推广下去，易宝的战略转型才能成功，而这将为易宝带来新的辉煌，并为公司今后更长远的规划打好坚实的基础。

1. 创业发展梦

1973 年出生的唐彬是易宝的创始人兼 CEO，在南京大学物理系获得学士学位，之后赴美国斯坦福大学电子工程系攻读硕士学位，回国之前在美国硅谷多家公司担任重要开发和管理职位。2003 年 8 月，唐彬创建易宝，致力于为广大商家和消费者提供"安全、简单、快乐"的专业电子支付解决方案和服务。公司成立初期，易宝主要开展互联网电话、手机充值业务。2006 年以前，做此类业务的公司并不多，与其他互联网公司相比，易宝的利润空间较大，唐彬因此挖到了公司成立以来的第一桶金。

随着互联网行业的发展，不断有竞争对手进入互联网充值业务领域，利润空间有所下降。2005 年唐彬判断互联网充值业务将面临激烈的竞争，从那时起，他就有意识地开始业务转型，不断尝试新的业务模式，最终选择了支付服务业务——通过把互联网、手机、固定电话整合在一个平台上，推出电话支付业务，为航空旅游、游戏、网上购物、教育考试等行业提供专业支付解决方案。

随后，易宝陆续推出网上在线支付、非银行卡支付、信用卡无卡支付、POS 支付、基金易购通等创新产品，先后为数字娱乐、航空旅游、电信移动、行政、教育、保险、基金、快消连锁、电商物流等众多行业提供量身定制的解决方案，在航空旅游、数字娱乐、行政、教育等多个领域保持领先地位。易宝从创业初期的互联网充值服务公司，成功转型为多行业全面支付解决方案与服务提供商。完成转型后，居安思危的唐彬并没有停下来，而是继续思索易宝未来的发展方向，以及如何完成易宝"交易服务改变生活"的使命。

2. 第三方支付行业状况

第三方支付是指具备一定实力和信誉保障的独立机构，采用与各大银行签约的方式，提供与银行支付结算系统接口的交易支持平台的网络支付模式。在第三方支付模式中，买方选购商品后，使用第三方平台提供的账户进行货款支付，并由第三方公司通知卖家货款到账、要求发货；买方收到货物并检验商品进行确认后，通知第三方公司将款项转至卖家账户。第三方支付作为主要的网络交易手段和信用中介，最重要的作用是在网上商家和银行之间建立起连接，实现第三方监管和技术保障。

2.1 行业兴起

第三方支付是伴随着互联网经济兴起而产生的全新行业。虽然其出现仅有10余年的时间，但发展速度很快。目前，国外较知名的第三方支付机构有美国的 PayPal、英国的 Moneybookers 等。其中，创办于 1998 年的 PayPal 是最早从事第三方支付的公司之一，也是迄今为止全球最成功的第三方支付机构。目前该平台拥有 7 亿活跃用户，在全球 190 个国家和地区支持多达 24 种货币的交易。统计数据表明，2009 年 PayPal 的交易量已超过 630 亿美元，年度业务收入近 28 亿美元，约占全球电子商务总交易额的 18%，而且其业务量还在不断高速增长。

国内第三方支付服务兴起于 20 世纪 90 年代末，1999 年首信易推出网关支付平台，标志着中国第三方支付平台的正式产生。依托于电子商务的繁荣，第三方支付服务实现了跨越式大发展。根据艾瑞咨询的数据，2003 年，第三方支付服务的市场规模不到 10 亿元；2004 年达到 74 亿元；从 2005 年起，该市场进入爆发式增长阶段；2009 年非金融机构支付市场规模达到 3 万亿元；2012 年第三方支付业务交易规模达到 12.9 万亿元，同比增长 53.6%，预计到 2016 年，整体市场交易规模将突破 50 万亿元（见图 1）。

图1 2009—2016年中国第三方支付市场交易规模

资料来源：根据艾瑞咨询《2012—2013年中国第三方支付行业发展研究报告》整理。

2.2 政府监管

随着支付市场不断发展，从事支付服务的公司也越来越多。为了加强对第三方支付行业的监管，规范行业市场秩序，2010年6月中国人民银行（以下简称"央行"）发布了《非金融机构支付服务管理办法》，其中规定非金融机构提供支付服务应当依据本办法规定取得"支付业务许可证"（也叫支付牌照），成为支付机构。支付业务包括网络支付、预付卡的发行与受理、银行卡收单及央行确定的其他支付服务。第三方支付公司的收入来源于其所提供服务带来的手续费收入、客户备付金的利息收入及主营业务配套的其他衍生收入。

央行的这一举措给支付行业带来了巨大的震动，标志着第三方支付行业结束了原始成长期，正式纳入国家金融监管体系，并开始拥有合法的身份。唐彬反复学习央行的新规，认为易宝走到了一个重要关口，因为新规必将引起第三方支付行业重新洗牌，易宝转型势在必行。公司必须改变以往单一依赖获取支付服务手续费的收入模式，进一步拓展业务收入来源，否则就有可能在第三方支付行业洗牌过程中被其他公司吃掉。

为了获得行业准入资质，第三方支付公司陆续按照央行的要求申请支付牌照。2011年5月，央行颁发首批27张支付牌照。截至2013年5月，央行共发放支付牌照223张。这标志着第三方支付市场格局已基本形成，国家对第三方支付行业的金融监管也步入了正轨。

2.3 行业格局

从运作模式分析，第三方支付机构可分为三大类：以银联商务体系为代表的具有官方背景类机构，以支付宝和财付通为代表的依托于淘宝、QQ等相关电子商务平台类机构，以及以易宝、快钱、汇付天下等为代表的独立支付类机构。

其中，银联商务及其关联公司凭借强大的政府背景及科技实力，先后推出了线下收单、在线支付、认证支付、快捷支付等产品，并依托其传统金融机构背景优势，拓展了铁路、航空等行业票务的主要相关交易。支付宝借助淘宝网海量的客户群体，一直处于第三方支付领域的绝对优势地位，并通过收购安卡支付等资本运作，进一步开拓航空等传统领域的市场。与前两类第三方支付机构相比，易宝、快钱和汇付天下等独立支付类机构主要面向行业应用和企业定制服务，一方面专注于为各类电子商务企业提供专业化的网络购物与商旅支付，另一方面逐步向传统金融、直销、物流等行业拓展，为用户提供行业解决方案。

2012年，整体支付市场中，中国银联依然占据核心地位，全年交易规模达7.76万亿元；互联网支付公司迅速崛起，支付宝、财付通交易规模分别达到1.86万亿元、0.74万亿元；主营收单的杉德支付、通联支付交易规模也分别达到0.92万亿元和0.32万亿元；而作为综合支付平台代表的易宝交易规模也达到0.28万亿元，它正尝试线上和线下业务相结合的方式，试图迅速壮大（见图2）。

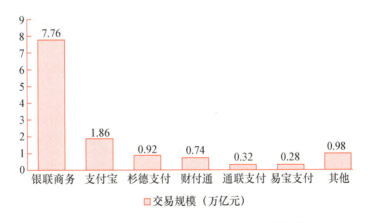

图2 2012年中国第三方支付核心企业交易规模

资料来源：根据艾瑞咨询《2012—2013年中国第三方支付行业发展研究报告》和易宝内部资料整理。

3. 支付—金融战略

央行发布《非金融机构支付服务管理办法》后，易宝董事会一致认为应该尽快申请支付牌照，获得市场准入资质。经过近一年的准备工作，2011年5月，易宝成为首批获得央行支付牌照的27家公司之一。

3.1　易宝困境

获得支付牌照后的半年时间里，易宝有过短暂的竞争优势：签约银行有所增加，银行通道也得到升级完善，支付成本显著下降。由于易宝是首批获得支付牌照的公司，更容易得到用户的接受与认可。配合公司宣传与资源拓展，易宝签约了不少大型企业用户，交易规模、收入和利润都有大幅提升。

但好景不长，随着获得支付牌照的公司增多，第三方支付行业的竞争越来越激烈。第三方支付公司与银行之间普遍采用的是纯技术网关接入模式，这种支付网关模式容易造成市场严重同质化，挑起行业内激烈的价格战。那些后来获得支付牌照的公司为了抢占市场，纷纷以较低的价格拓展市场，拉开了行业价格战的序幕。易宝为了保住已有交易规模和业务收入，被迫通过降低支付服务价格来迎合市场。价格战让易宝损失惨重，利润急剧下滑，大批骨干员工被竞争对手挖走，更有传言称公司即将搬离CBD。

3.2　困中求变

价格战打响后，第三方支付全行业出现了"利润下滑快过收入增长"的情况。面对这样的竞争格局与易宝所处的行业地位，唐彬为公司的前景感到忧虑。经过反复思索，唐彬认为易宝可以采用低成本和价值创新两种战略突破目前的瓶颈。低成本战略需要与银行加强合作，提高公司支付服务效率，降低公司整体运营成本。价值创新战略需要公司上下齐心协力，发挥主动创新精神，推出具有价值创新意义的产品和服务，超越用户需求，为易宝开辟新的市场发展空间。战略方向的选择，将决定易宝未来的发展方向和前途命运。

为了确定战略方向，唐彬反复研究国内外第三方支付行业的发展历史，试图从中寻找灵感。在研究欧美的行业发展史时，他发现欧美的第三方支付行业是在自由竞争的市场环境中，通过不断完善信用体系，向用户提供金融类服务，逐步把支付与金融相结合，最终趋于成熟的。金融服务是欧美第三方支付行业突破传统支付业务，结合产品、业务和服务创新的必然选择。全球最成功的第三方支付机构PayPal也通过与银行、世界范围内发卡机构合作，向用户提供金融服务。于是，支付—金融战略的雏形在唐彬的脑海中逐渐浮现出来。

唐彬认真分析了易宝的资源情况：易宝长期专注于行业应用和企业定制服

务，在数字娱乐、航空旅游、保险、教育、行政、物流、快消、电信、基金等行业积累了大量的企业用户，对公司来说，这是很好的资源，也是独特的优势。结合国外第三方支付行业的发展历程，唐彬逐步理清了自己的思路：为企业用户提供支付服务和解决方案时，易宝为什么不向它们提供相关的金融服务，解决它们的资金融通问题呢？易宝是否可以通过为企业用户提供金融服务，拓宽市场边界，增大支付交易规模？能不能通过创新金融服务与银行保持更紧密的合作呢？唐彬反复思考这些问题，尽管低成本战略对易宝来说相对稳妥，支付—金融战略具有一定的风险，但低成本战略不是长久之计。当前支付行业正处于亟须价值创新、重建市场边界和超越现有客户需求的关键时期，这是第三方支付行业发展的必然趋势，何况此时的易宝正处于收入增长缓慢、利润下滑、人心思变的境地，已经没有退路，必须大胆放手一搏。

3.3　明确战略

2012 年 1 月，易宝召开了关于公司向金融服务类企业转型的董事会会议，核心议题就是讨论支付—金融发展战略。

会上，唐彬阐述了自己的支付—金融理念。这个当时看来还有些遥远的构思经过唐彬的描述，在董事会上引起了不小的震动，各位董事纷纷议论，消化着唐彬的大胆想法。

负责产品和风险管理的副总裁邓凯第一个发难表示反对，他认为易宝应该选择低成本战略而非重新开疆扩土。"易宝刚获得支付牌照时间不长，向金融服务类企业转型风险实在是太大！"话音未落，负责银行合作的副总裁陈志华也接着道："对，我觉得老邓的说法很正确。目前是第三方支付市场高速发展时期，机会难得，公司应该从丰富银行支付通道、降低产品和服务成本、增强竞争力、扩大交易规模和提高市场占有率入手，实现收入与利润的增长。这才是我们最擅长的老本行啊！"

这些合作多年的老战友纷纷站出来表示反对，在唐彬意料之中。他们说的虽然有一定的道理，但是并未拿出有力的证据来否定支付—金融战略实施的可行性。在这种情况下，如果给予充分的解释以打消反对者的顾虑，自己的战略还是很有可能获得大家的支持。唐彬深吸几口气，理清思路，镇定地看着所有董事会成员，拿出自己之前做功课时准备的材料，向大家分析第三方支付行业的发展趋势和易宝的现状。"虽然第三方支付市场发展迅速，但最近几年的增长速度明显放缓，获得支付牌照的公司已经很多，以后还会更多，第三方支付公司之间的竞争势必越来越激烈。僧多粥少，行业整体利润将会下滑。"唐彬扫了一眼大家的表情，继续说道："难道大家忘了去年惨烈的价格战给公司带来的恶果吗？易宝已经在面对行业的价格肉搏战了！"

听完唐彬的解释，有的董事仍心存疑虑。财务总监李贞子说道："去年易宝利润下滑的主要原因是公司与银行合作的深度还不够，银行收取的交易费用太高，公司应该与银行进一步加强合作，通过更大的业务量获得更优的支付通道，使支付成本更低。"

唐彬耐心地解释："只有易宝能给银行带来更大的交易规模和资金沉淀，银行才能给予易宝更好的合作政策。我们和银行的关系就像是先有鸡还是先有蛋的关系。一味地要求银行降低成本不是长久之计，何况这样还会使易宝过多地依赖银行，受制于银行。"

这时，一直未动声色的高级副总裁余晨离开座位走到台前，他主管市场和创新部门，是易宝的联合创始人。从国外留学到国内创业，他一直是最理解唐彬经营理念的人。易宝走到今日，唐彬和余晨两人，一文一武、一静一动的组合构成一种异常和谐稳定的关系，推动着公司稳步向前发展。余晨在唐彬身边站定，坚毅地望着大家，"我同意唐彬的观点，为了公司的长远发展，我们应该利用自己独特的资源和优势，突破现有局限性，向新的市场空间扩展。"唐彬接过话尾，"通过实施支付—金融战略，公司可以向金融服务类企业转型，避开支付行业激烈的同质化竞争，在金融服务领域寻找新的发展空间！"

经过董事会的激烈讨论，最终认可了唐彬的支付—金融战略，明确：易宝不仅应该坚持差异化和低成本战略，更需要进行产品创新，实现价值创造；通过为用户上下游渠道提供超越传统支付的金融服务，为易宝带来新的发展空间，以成为支付行业领导企业为目标。

4. 信用支付的价值创新

董事会虽然确定了做支付行业领导企业的目标，明确了支付—金融这一价值创新战略，但公司战略和目标的实现必须落到一系列具体产品和服务上。经过大量的调查研究，唐彬和他的管理团队发现信用支付可以为用户带来全新价值，能使易宝避开支付市场的同质化竞争，获取新的市场空间。易宝的信用支付是在传统信用支付基础上的价值创新，在交易过程中，易宝充当第三方的角色，为买卖双方提供资金服务。

4.1 打破支付市场边界

随着第三方支付市场的成熟发展，易宝面对的竞争对手除了其他第三方支付公司外，还包括直接投身支付服务领域的各大商业银行，它们与易宝形成了直接的竞争关系，打破了双方以往单纯的合作关系。传统的竞争战略是通过增加支付交易量，扩大沉淀资金规模，以获取与银行谈判的先决条件，向银行申请更优的支付通道，满足用户低成本的要求。2012年初，公司董事会决定易宝在执行低成本战略的同时，实行支付—金融战略，把优势资源投入到开发价值创新的产品上。

与银行合作过程中，唐彬发现银行因难以全面了解企业的经营状况，出于风险控制的考虑，无法向很多"轻资产"的优质企业发放贷款。但是，易宝与银行不同，易宝在为企业用户提供支付服务时，实现了企业的订单数据与支付信息的匹配，可以实时了解企业用户的经营状况，同时还掌握了它们多年的历史业务数据和支付信息。因此，唐彬认为易宝应该做信用支付，在银行和企业之间搭起一座桥梁，解决银行发放贷款的风险评估问题。

4.2 超越用户的支付需求

经过对易宝经营活动的分析，唐彬发现，公司为了保住市场份额将注意力一直集中在有支付需求的用户上，很少关注"非用户"。正是公司目前的做法，导致易宝提供的支付服务仅停留在满足现有客户需求的水平上，无法创造新的价值。

最近几年，金融危机的冲击使得更多企业面临资金压力。易宝的企业用户主要集中在数字娱乐、航空旅游、保险、教育、行政、物流、快消、电信、基金等行业，这些行业的上下游企业资金结算周期差异大，普遍存在较大的资金缺口。易宝对其企业用户进行市场调研，结果显示接近80%的现有用户支持信用支付，如果易宝向它们提供信用支付服务，它们愿意使用并支付一定的费用。

信用支付打破了第三方支付企业只为用户提供单一支付服务的传统观念和做法，在帮助企业减轻资金压力的同时，易宝不仅有资金收益，而且可以提高传统支付服务的竞争力，提高市场占有率。通过发掘用户深层次需求，为它们提供价值创新的信用支付服务，易宝意在回避支付行业激烈的同质化竞争，增强传统支付服务用户的黏性，确保对支付服务价格敏感的用户不流失，同时把原先对第三方支付企业持怀疑态度的用户一并吸纳进来成为新用户。

4.3 借助银行解决资金问题

虽然信用支付有一定的市场需求，能给公司带来比较可观的预期收益，但是提供信用支付服务需要大量的资金做支撑，以易宝目前的资金规模来看，根本不能满足需求。同时，受制于信贷市场环境和央行关于第三方支付公司融资的政策，易宝短期内很难筹集到大量资金。

2011年7月，央行公布《支付机构客户备付金存管暂行办法（征求意见稿）》，明确指出备付金必须由第三方支付公司的备付金存管银行监管，第三方支付公司不能挪作他用。虽然只是征求意见稿，但使用备付金来做信用支付有一定的政策和法律风险，不是长远之计。为了解决资金问题，唐彬想到了商业银行，由银行提供信用支付的资金，易宝与银行共享收益。虽然把银行拉进来一块做信用支付会摊薄易宝的收益，但现实让唐彬没有其他选择。

唐彬首先想到与易宝的备付金存管银行和备付金合作银行共同推动信用支付业务，这些银行与易宝长期保持着良好的合作关系，对易宝的业务和资金状况都比较了解，合作会更加顺畅。唐彬最初的想法是，让易宝最大限度地扮演金融服务者的角色。唐彬向银行提出：由易宝为银行提供企业的业务数据，银行给易宝整体授信；易宝再根据企业的状况和业务特点，确定给企业的授信额度和授信期限。唐彬给出的理由是：易宝能掌握企业实际业务交易的数据，对企业的业务状况有比较全面的了解，能比较准确地判断企业在不同时期对资金的实际需求，灵活给予授信额度和授信期限。同时，银行的资金压力也不会太大，因为易宝用户的资金可以在这些银行形成短期的沉淀，这些沉淀资金还可以成为银行授信资金来源。相对于银联只为银行提供数据转接功能，易宝的信用支付业务不仅可以为银行带来客户，还能为银行提供资金授信，为银行带来收益。

银行对易宝的信用支付业务表现出了浓厚的兴趣，只是合作模式与唐彬的设想不同。银行方面认为，易宝是一家轻资产重服务的公司，资产规模太小，无法向易宝提供足够的授信额度。但如果易宝能向银行提供企业的业务数据，易宝承担授信的担保责任，银行可以直接向企业授信。虽然银行的方案并不符合唐彬对易宝金融服务角色的设想，但为了得到银行的资金支持，尽快推出信用支付，唐彬只能暂时妥协，被迫接受银行方面提出的方案。

多次谈判后，易宝与银行最终达成合作意向，确定了信用支付的合作模式。易宝的企业用户如果使用信用支付，需要与易宝、银行签订三方协议。易宝向银行提供企业的历史业务数据，银行由此确定企业的授信额度和授信期限；授信资金由银行通过易宝平台提供给企业，企业承担偿还资金的责任，易宝作为担保方承担担保责任。企业需要支付银行的资金利息和易宝的服务费用，所有费用由易宝统一收取，易宝再与银行做结算。银行资金利息＝实际使用金额×日利率×使用天数，日资金利率为 0.15‰～0.2‰不等。

4.4 确定目标行业

通过与银行合作，唐彬解决了信用支付资金问题。接下来摆在唐彬面前的问题是：如何选择信用支付的目标用户？向哪些用户提供信用支付服务？

2013 年 2 月春节前，唐彬组织召开了部门经理级别的公司研讨会，本次会议的目的是确定信用支付的目标行业客户。易宝的业务部门是根据行业划分的，主要包括数字娱乐、航空旅游、电信移动、行政、教育、保险、基金、快消连锁、电商物流等部门。为信用支付确定目标行业客户，其实也就是明确信用支付在哪个业务部门优先推出。各部门的负责人心里很清楚，信用支付是非常有竞争力的产品，如果能在本部门优先推出，将大幅提高自己部门的经营业绩，带来更为广阔的市场和可观的利润，有利于完成本部门全年的业绩指标。因此，各部门负责人都希望在本部门首先推广信用支付。

结合行业的经营特点和支付模式，易宝最终决定首先在航旅代理和快消渠道两个行业试水，开展信用支付业务。航旅代理和快消渠道的上游企业都需要快速回笼资金，而最下游的代理商和批发商往往资金回笼较慢，从而产生了较大的资金缺口。经过对成本、风险等方面的综合考虑，易宝确定信用支付的价格为：实际使用金额×日利率×使用天数，日资金利率为 0.25‰～0.3‰不等。

5. 尾声

从 2012 年 1 月唐彬提出支付—金融战略、2012 年 6 月董事会通过信用支付方案，到 2013 年 2 月易宝正式推出信用支付服务，前后历时一年多，易宝取得了向金融服务类企业转型的实质性进展。2013 年 3 月初，易宝与一家航旅代理公司签署了第一份信用支付合作协议。自此，易宝的信用支付正式投入运营。同时，为了摆脱银行的制约，配合信用支付业务的开展，2012 年易宝成立了天津保理业务公司，其小额信贷公司也在筹建中。

然而，易宝并未止步于信用支付。在追寻金融梦的蓝海征途中，唐彬将如何应对前行中的艰难险阻，让我们拭目以待。

启发思考题

1. 第三方支付行业的现状如何？易宝为何要转变公司的发展战略？你能否分析易宝目前在行业内的地位？

2. 在易宝寻求蓝海的过程中，做了哪些准备工作？为什么最终选择支付—金融作为战略转型的目标？

3. 易宝在确定支付—金融战略后，为什么选择信用支付作为其战略实施的第一步？易宝从哪几个方面落实该战略？

4. 易宝在执行战略时面临哪些困境？银行方面给易宝施加了哪些压力？易宝是如何通过谈判确定与银行的最终合作模式的？

5. 易宝选择信用支付的首批目标客户的主要依据是什么？对于这些目标客户来说，它们已经获得的服务是什么？易宝的信用支付满足了它们哪些新的需求？

6. 回顾易宝实施战略转型的过程，说说它是从哪几个维度逐步实现企业战略转型目标的。如果你是易宝的CEO，你将如何继续推进易宝的蓝海战略，为易宝寻求更大的发展空间？

公司背景信息

易宝于2003年8月成立，总部位于北京，是中国领先的独立第三方支付公司。公司注册资金1亿元人民币，其中北京快网科技有限公司持股20%，包括创始人兼CEO唐彬在内的九位自然人共持股80%。公司现有员工近千人，在北京、上海、天津、广东、四川、浙江、山东、江苏等20多个省市设有分公司。

易宝现有产品包括：网上在线支付、非银行卡支付、信用支付、信用卡无卡支付、POS支付、基金易购通等，行业部门包括：数字娱乐、航空旅游、电信移动、行政、教育、保险、基金、快消连锁、电商物流等。易宝签约商家数十万，每季度覆盖用户过亿，年交易额达数千亿元，并保持每年100%以上的高速增长。先后获得网民最信赖的支付品牌、最佳电子支付平台、中国互联网 100 强、互联网公益创新奖、最具投资价值企业等奖项。

"聚焦关键行业"是易宝长期坚持的核心战略，易宝确立了"支付＋金融＋营销"升级战略。2011 年 5 月，易宝成为首批获得央行支付牌照的 27 家企业之一。2012 年 3 月，易宝获得中国证监会颁发的基金销售支付结算许可证。2012 年 1 月易宝董事会确定支付—金融战略，向金融服务类企业转型。2012 年 6 月规划支付—金融战略的第一步——信用支付。2012 年年底，易宝与备付金存管银行、备付金合作银行达成合作意向，共同推动信用支付业务；2012 年天津保理业务公司成立。2012 年，易宝交易规模达 2 800 亿元。2013 年1 月确定首先在航旅代理和快消渠道两个行业试点信用支付，之后，董事会决定建设易宝电子商务平台，发展个人用户和小微企业用户，推广信用支付。

教学用途与目的

1. 本案例主要适用于"财务管理""战略管理"等课程中蓝海战略等相关理论的教学。

2. 适用对象：本案例主要针对 MBA、EMBA 和企业管理人员，以及经济类、管理类专业的高年级本科生及研究生。

3. 教学目的：依托互联网蓬勃兴起的第三方支付行业已成为当前中国发展迅速的行业之一。易宝公司作为一家独立的第三方支付企业率先实施向金融服务类企业的战略转型，通过开展全新的"信用支付"业务，为特定客户提供差异化服务。通过对本案例的研究和分析，帮助读者理解和掌握以下重要知识点：

（1）蓝海战略的基本特征与原则；

（2）蓝海战略的分析工具与框架；

（3）蓝海战略与红海战略的异同。

理论依据与分析

1. 蓝海战略的基本特征与原则

蓝海战略（Blue Ocean Strategy）是由欧洲工商管理学院的金和莫博涅

(Kim and Mauborgne)提出的。蓝海战略认为,聚焦于红海等于接受了商战的限制性因素,即在有限的土地上求胜,却否认了商业世界开创新市场的可能性。运用蓝海战略,视线将超越竞争对手移向买方需求,跨越现有竞争边界,将不同市场的买方价值元素筛选并重新排序,从给定结构下的定位选择向改变市场结构本身转变。价值创新(value innovation)是蓝海战略的基石。价值创新挑战了基于竞争的传统教条(即价值和成本的权衡取舍关系),让企业将创新与效用、价格与成本整合一体,改变产业边界重新设定游戏规则,面向存在潜在需求的买方大众,合并细分市场整合需求。而蓝海战略开创无人争抢的市场空间,超越竞争的思想范围,开创新的市场需求,经由价值创新来获得新的空间。价值创新所依据的观点认为,市场界限及产业结构并不是给定不变的,而是可以为企业个体的行动和信仰所重新建造。金和莫博涅把上述观点称为重建主义(The Reconstructionist View)。蓝海战略必须具有三个互为补充的特征:重点突出——伟大的战略必须具有重点;另辟蹊径——若单纯为追赶对手制定战略,则失去独特性;令人信服的宣传主题——清晰传达战略信息。如果不具有这些特征,一个企业的战略必然是混乱无序、随波逐流、成本高昂的。这三个特征可被看成是蓝海战略最初的试金石。

金和莫博涅提出,蓝海战略应包含六大基本原则,其中有四项战略制定原则,即重建市场边界、注重全局而非数字、超越现有需求、遵循合理的战略顺序;有两项战略执行原则,即克服关键组织障碍、将战略执行变成战略的一部分。

蓝海战略原则之一:重建市场边界。这是制定蓝海战略的基础,目的在于搜寻现有风险。一家企业不仅与自身产业对手竞争,而且与替代品或服务的产业对手竞争。企业应重新界定产业的买方群体,关注由购买者、使用者和施加影响者共同组成的买方链条;还应打破传统静止观点,动态地考虑企业自身发展,从商业角度洞悉技术与政策潮流如何改变顾客获取的价值,如何影响商业模式。

蓝海战略原则之二:注重全局而非数字。该原则旨在降低计划风险。蓝海战略要开启企业组织各类人员的创造性,把视线引向蓝海。为此,常使用战略视觉化四步骤,即视觉唤醒、视觉探索、视觉战略展览与视觉沟通。

蓝海战略原则之三:超越现有需求。为使蓝海规模最大化,企业不应只把视线集中于顾客,还需要关注非顾客。不要一味通过个性化和细分市场来满足顾客差异,应寻找买方共同点,将非顾客置于顾客之前,将共同点置于差异点之前,将合并细分市场置于多层次细分市场之前。通常,企业为增加自身市场份额努力保留和拓展现有顾客,常常导致更精微的市场细分。然而,为使蓝海规模最大化，企业需要反其道而行，关注非顾客。非顾客可以分为三个层次。第一层次：徘徊在企业的市场边界，随时准备换船离开的"准非顾客"。第二层次：有意回避市场的"拒绝型非顾客"。因为市场现有产品或服务不可接受或者超出他们的经济承受能力而不被使用。第三层次：远离市场的"未探知型非顾客"。产业内的企业通常从未把这些"未探知型非顾客"确定为目标顾客，实际上这些顾客的数量往往十分庞大。

蓝海战略原则之四：遵循合理的战略顺序。该原则要求企业建立强劲的商业模式，确保将蓝海创意变为战略执行从而获得蓝海利润。一般来说，合理的战略包括四个维度：买方效用——产品或服务是否具有杰出的效用和令人信服的理由促使买方购买；价格——能否被买方轻松接受；成本——是否为目标成本；接受——可能遇到接受性障碍。这一原则是六大原则的一部分，也在一定程度上为使用其他原则规定顺序。

蓝海战略原则之五：克服关键组织障碍。蓝海战略提出引爆点领导法，其理论是在任何组织中，当数量达到临界规模的人们以信心和能量感染了整个组织而行动起来去实现一个创意时，根本性变化就会发生。与组织变革理论以转变大众为基点不同，引爆点领导法认为转变大众就要把力量集中于极端，也就是集中在那些对组织业绩有超凡影响力的人、行为和活动之上。实践证明，执行蓝海战略的挑战是严峻的，需要面对四重障碍：一是认知障碍——沉迷于现状的组织；二是有限的资源——执行战略需要大量资源；三是动力障碍——缺乏有干劲的员工；四是组织政治障碍——来自强大既得利益者的反对。

蓝海战略原则之六：将战略执行变成战略的一部分。执行蓝海战略，企业最终需要求助于最根本的行动基础——组织基层员工的态度和行为。要想在基层建立信任与忠诚，企业需要将战略执行变成战略的一部分，借助"公平过程"来制定和执行战略。公平过程来源于社会科学家对心理学的研究，他们研究确认，当程序公正得以实施，人们对结果的满意度和支持度就上升。有三个因素在公平过程中至关重要，这就是 E^3 原则：邀请参与（engagement）、解释原委（explanation）和明确期望（clarity of expectation）。邀请参与即表达允许、发表意见或反驳；解释原委让所有相关者了解最终战略决策为何如此制定；明确期望是清晰讲述新游戏规则，如何评价业绩和惩罚不佳。围绕公平过程这一原则组织蓝海战略的制定，一开始就将战略执行变成战略创建的一部分，能够将政治游说和偏袒减至最少，使人们集中精力执行战略。

2. 寻求蓝海的工具与方法

（1）战略布局图。战略布局图是建立蓝海战略的诊断和分析框架。使用战略布局图，可以获取当前市场的竞争状况，了解竞争对手的投资方向、在产品服务和配送等方面的主要竞争因素以及顾客得到的实际效用。战略布局图通过图形的方式，描绘出一家企业在行业竞争各因素上表现的相对强弱。横轴显示行业内竞争和投资所注重的各项因素；纵轴显示在所有这些竞争因素方面，购买者得到了多少，数值越高表明企业为购买者提供的效用高，在该因素上的投资也较多。通过价值曲线可以了解企业的战略轮廓。

要想从根本上改变行业的战略布局图，必须将战略重点从竞争者转向其他可选择的市场，从顾客转向非顾客。为了同时考虑价值和成本，就必须拒绝比照现有竞争对手，以及在差异化和成本领先之间进行选择的旧逻辑。将战略重点从当前的竞争转向其他选择市场和非顾客之后，就能够重新定义行业所面对的问题，进而跨越行业边界，重建买方价值曲线。与之相对，传统的战略逻辑则是驱使企业针对已经定义好的问题，寻求优于竞争对手的解决办法。

（2）四步动作框架。四步动作框架（又称"剔除、减少、增加、创造"坐标格），是指以剔除、减少、增加、创造四个关键词为核心，重新构建买方价值元素，塑造新价值曲线，回答四个核心问题是对行业现有的战略逻辑和商业模式的挑战（见图3）。

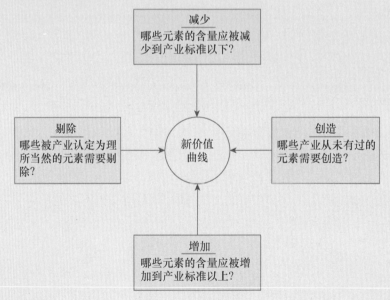

图3　四步动作框架

第一个问题迫使企业剔除其所在产业中企业长期竞争攀比的元素。这些元素通常被认为是理所当然的，虽然它们不再具有价值，甚至还减少了价值。有时，买方所重视的价值出现根本性变化，但互相比照的企业却不采取相应行动来应对这种变化，甚至都没有发现这种变化。第二个问题促使企业做出决定，看看现有产品或服务是不是在功能上设计过头，只为打败竞争对手。在这种情况下，企业给顾客提供超出他们需求的产品或服务，徒然增加企业成本却收效甚微。第三个问题促使企业发掘和消除产业中消费者不得不做出的妥协。第四个问题帮助企业发现买方价值的全新源泉，以创造新需求，改变产业战略定价标准。解决前两个问题（剔除和减少），能让企业明白如何把成本降到竞争对手之下。研究发现，在产业惯于攀比的元素方面，企业经理很少系统性地剔除、减少投资。结果是成本不断增加，商业模式也日趋复杂。与之相对，后两个问题教我们如何去提升买方价值，创造新需求。总括起来，这四个问题能够让我们系统地探索如何跨越现有产业，重构买方价值元素，向买方提供全新体验，同时降低企业自身成本。这其中最重要的就是剔除和创造两个动作，它们使企业超越以现有竞争元素为基础追求价值最大化的境界，促使企业改变竞争元素本身，从而使现有的竞争规则变得无关紧要。

3. 蓝海战略与红海战略的比较

与蓝海战略相对的概念是红海战略，是指在现有市场空间中竞争，通过降价获得竞争优势或者在推销中采用降价竞争，在争取效率的同时却增加企业销售成本或减少利润（见表1）。

表1　　　　　　　　　　　红海战略与蓝海战略的对比

红海战略	蓝海战略
在已有市场空间中竞争	开创无人争抢的市场空间
打败竞争对手	规避竞争
开发现有需求	创造和获取新的需求
在价值与成本之间权衡取舍	打破价值与成本之间的权衡取舍
按差异化或低成本的战略选择协调公司活动的全套系统	为同时追求差异化和低成本协调公司活动的全套系统

在红海中，产业边界是明晰和确定的，竞争规则是已知的。身处红海的企业试图超过竞争对手，以攫取已知需求下的更大市场份额。因此，竞争是红海战略永恒的主题。公司提升市场份额的典型方式，就是努力维持和扩大现有顾客群。而这通常引发对顾客偏好的进一步细分，以便提供量身定制的产品。通过对顾客需求变化的追踪来提升自己的应变能力，这可以称为"随需应变"。前文已述，蓝海战略的基石是价值创新，就是创造需求。蓝海意味着未开垦的市场空间、需求的创造以及利润高速增长的机会。以竞争为导向的战略思维使得红海中的企业先将行业分为有吸引力和没有吸引力两类，然后决定是不是要进入该行业。而在

蓝海探索者看来，市场从本质上不存在有吸引力和没有吸引力之分，因为这些是可以通过企业自身努力和再造加以改变的，市场结构可以改变，市场博弈规则也可以改变。原来博弈规则中的竞争可以变得无关，通过刺激需求，市场可以扩大进而被创造出来。价值通过创新来获得，而不是通过竞争来获得。

重塑价值曲线是建立蓝海战略至关重要的一步。红海中的企业在价值曲线上有很大的趋同性，结果将是比照竞争对手，在相同的元素上给予顾客多一点或少一点，并希望因此在竞争中胜出。蓝海战略需要在原有的价值曲线基础上，通过"剔除、减少、增加、创造"四步动作创造出新价值曲线以避开竞争，另辟蹊径。尽管有些蓝海是在现有的红海领域之外创造出来的，但绝大多数蓝海是通过扩展已经存在的产业边界而形成的。蓝海战略适用于各种行业以及行业生命周期的各个阶段。蓝海战略的意义在于创造需求、开辟市场、消灭竞争、避免形成红海的趋势。但是任何成功企业都无法避免其他企业的模仿跟进，当一家企业的价值曲线和竞争对手趋同时，该企业就有陷入红海的危险。所以关注价值曲线，在趋同趋势出现之时采取措施，积极创造新的蓝海（即新需求和新市场），才能使企业可持续发展，永立不败之地。

从以上论述可以看出，红海和蓝海并不是互相取代、非此即彼的关系，而是并存的、可以相互转化的。企业需要根据行业、市场、内外部环境的变化和趋势，审时度势地制定自己的战略，在搏击于红海的同时把握时机，积极开创蓝海。

主要参考文献

[1] Kim W C, Mauborgne R. Value Innovation：The Strategic Logic of High Growth. Harvard Business Review，2004，82：172-180.

[2] W. 钱·金，勒妮·莫博涅. 蓝海战略：超越产业竞争 开创全新市场. 古宓，译. 北京：商务印书馆，2005.

[3] 王建军，吴海民. "蓝海战略"的经济学解释. 中国工业经济，2007 (5).

[4] 中国人民银行. 非金融机构支付服务管理办法实施细则，2010.

[5] 中国人民银行. 支付机构客户备付金存管暂行办法（征求意见稿），2011.

CHINA
MANAGEMENT CASES
中国管理案例库

光线传媒：
基于价值链的价值创造

摘要：

从一个普通的媒体记者，变成今天的文娱圈首富；从一个10万元起家的电视策划机构，成长为市值200多亿元的上市传媒娱乐集团，王长田带领北京光线传媒股份有限公司（以下简称"光线传媒"）跨过了一个又一个里程碑。面对先天的政策劣势和激烈的市场竞争，经过10余年的惨淡经营，光线传媒通过不断整合内外部价值链来提升核心竞争力，扩大公司价值增值空间。本案例通过对光线传媒的价值链分析，挖掘其立足于市场的竞争优势，并考察影响其价值创造的重要因素，破解其价值创造运行机制的奥秘。通过对光线传媒由价值链价值创造形成的竞争优势是否可持续发展加以探讨，以期为更多文化传媒企业在当前社会环境下构建竞争优势提供借鉴。

关键词： 光线传媒；横向价值链；纵向价值链；价值创造要素；竞争优势持续性

0. 引言

2013年10月的一个周末，王长田又一次坐在位于公司走廊尽头的小书房中，提起笔来练书法。10分钟前，王长田接到一个老友的电话，调侃他变成了中国文娱圈最有钱的人。王长田不知该如何接话，因为前不久发布的福布斯中国富豪榜上的确有王长田夫妇的名字，身家152.5亿元人民币，排在第45位，居文娱圈第一。挂断电话，王长田舒了口气，这些天加在身上的光环太多，委实需要平静一下。看着笔下的字，过去一年纷繁忙碌的一幕幕在王长田的眼前浮现。

2013年初，《泰囧》的票房最终收官12.6亿元，将常被圈外人忽略的光线传媒一下子推到了风口浪尖，成为万众瞩目的一匹黑马。加上紧跟着上映的《致青春》和《中国合伙人》，仅这三部大热影片的总票房就超过25亿元。尽管王长田对于成功早有预期，但这种一飞冲天的感觉还是让他有些意外，不过，这至少证明了光线传媒的成功并不只是撞大运。一时间，光线传媒成了电影圈的"暴发户"，王长田也被冠以"娱乐之王"的头衔。

在扬眉吐气的同时，王长田心里还有些许忐忑，一直以传媒人自居的他，并不希望媒体把自己和娱乐圈过度捆绑在一起。回想过去一年的工作，光线传媒可不只投资了这几部电影，只不过相对于电影，其他业务显得暗淡无光。"这是不是说明光线传媒其他方面做得不够成功？"一种莫名的压力由心底升起。

"如果下一部电影票房不高，会对公司有多大影响？光靠电影业务能支撑公司发展下去吗？公司未来的业务走向应当如何？"这些问题最近总在王长田的脑子里打转。搁下笔，刷开微博，签名上的"传媒娱乐两手抓，两手都要硬"总是能提醒他光线的目标究竟是什么。"是时候好好捋一捋了！"王长田若有所思地看了一眼桌上刚刚挥就的《观沧海》，起身朝走廊另一头的办公室走去。

1. 缘起

1.1 一个梦

1984年的秋天，王长田从大连县城中学考上了复旦大学新闻系。走进偌大的复旦校园，王长田感觉有些憋闷，或许是因为彼时上海还潮湿闷热的天气，也或许是因为思乡。想到家里的困难，还有姐姐为了成全他的大学梦而弃学养家，王长田没有时间让自己沉浸在背井离乡的伤怀里，他深知肩上责任重大，必须混出个样子来。于是，王长田抓紧一切时间拼命看书，不论是专业内的还是专业外的。每次看着枕边整摞的报纸和经济类图书，王长田的心里总有些小小的成就感，虽然他并不确定这些书能给他带来什么，但他清楚，必须充分利用一切资源充实自己，珍惜这来之不易的机会。

偶尔也会有闲暇的时刻，王长田最喜欢到灯火辉煌的外滩，想想新闻理想，想想未来。外滩的灯火总是能给他光明的感觉。有时，王长田对着那些灯光想："虽然我现在什么都不是，但总有一天，我要成为一个很大的富翁，成为一个对别人有很大影响力的人。"这或许听起来很可笑，但这个梦常常让王长田的心里生出一股莫名其妙的信心。

不知是不是命运的驱使，王长田的职业生涯并不一帆风顺。十几年间，他从毕业分配的全国人大常委会办公厅新闻局跳到了《中华工商时报》，又从报社跳到了北京电视台，期间甚至还跟着下海经商潮到哈尔滨去做进口涂料生意，结果不赔不赚地回到北京，重操旧业做起了新闻记者。王长田的家人朋友都嫌他太爱折腾，但他自己不以为然。1995 年，王长田在北京电视台作为总策划创办了一档创新节目《北京特快》，节目一经播出大受好评。如果按照这种人生轨迹发展下去，王长田现在可能已经是北京电视台的一个频道负责人。但意外发生了……

1.2　背水一战

1998 年 7 月，就在王长田以为自己可以在北京电视台大展拳脚之时，在外地出差的他突然接到朋友的电话，说因为一个特殊事件，北京电视台要对他"停职检查"。王长田火速赶回北京，但只等来一纸停职令，何时复职没有下文。时值盛夏，王长田的心却如数九寒天。这是他的人生轨迹第一次脱离了自己规划的曲线，该何去何从？

辗转难眠的王长田最终拨通了好友刘永利的电话，此时的刘永利已是北京影都影视传播有限公司总经理。没有寒暄，王长田直奔主题。在他看来，现在有三条路摆在面前：第一，是去中央电视台，毕竟是做新闻出身，之前的《北京特快》也算是成功的先例，去中央电视台或许能有一番作为；第二，也是最保险的一条路，就是继续待在北京电视台，换个部门，另起炉灶；第三，就是自己搞个公司单干，走制播分离的道路。王长田拿不定主意，只得寻求好友的帮助。

刘永利耐心听完，思索了片刻，首先否定了王长田去中央电视台的想法，原因很简单，毕竟是同一个圈子，就算王长田思路灵活，北京电视台出身的他在中央电视台未必能得到重用。听到这里，王长田在电话那头嗯了一声，心里有些发凉，但同时也明白好友说的是实话。刘永利清楚，王长田并不想继续待在北京台温水煮青蛙，但话说回来，没有了北京电视台、中央电视台的光环，王长田或许什么也不是，如果真要单干，可谓背水一战。反复提醒好友要慎重之后，刘永利也陷入了沉默。

挂掉电话，王长田窝在沙发里，思绪万千。在眼下的大环境下，电视台都是自己做节目自己播出，这种模式存在硬伤，不仅节目的地域局限性大，而且电视台没有销售压力自然也没有动力把节目做好，长此以往，电视台的发展迟早要出问题。如果制播分离的话，只要有好节目，总能找到婆家。只是制播分离虽然传言很多，但毕竟没有明文规定，如果走这条路，前途相当不明朗，风险也很大。在大脑激荡中，他想起了年少时的那个梦，最终做出了决定。

　　王长田拿出 10 万元，与做《北京特快》时认识的四位朋友成立了一家名为"北京光线电视策划研究中心"（后改为"光线传媒"）的公司，自己占股 40%。但随着节目竞标失利和公司问题频出，到 1999 年 3 月，公司的其他四名股东无一例外地选择了退出。孤独和无助向王长田袭来，他别无选择，只能孤身一人扛起光线传媒的大旗。

　　所有的商业模式都需要一个起点，光线传媒的起点在哪里？肯定还得做电视节目，王长田毫不犹豫，毕竟这是自己最擅长的。但是，什么样的节目足以支撑一个公司的运转？王长田细细思索。新闻类？监管太严，限制太多，不行。教育类？节目很难做好看，不行。财经类？有专业局限，不利于营销，不行。娱乐类？市场还是空白，监管相对放松，适合大众娱乐，发展前景巨大。王长田找到了突破口！随后，他研究了全球所有大型综合性传媒集团的运营模式，发现都有一个共同点——传媒搭配娱乐。用传媒的渠道和娱乐的内容相互支撑，应该会产生新的化学作用。

　　经过大半年的苦心摸索，1999 年 7 月，光线传媒的第一档电视节目《中国娱乐报道》（《娱乐现场》前身）诞生了。"我要打造一个中国最大的民营传媒娱乐帝国。"尽管只是个开始，但王长田的梦想逐渐清晰。

1.3　修成正果

　　对光线传媒来说，《中国娱乐报道》是一座里程碑，集成了王长田的许多理念。作为在体制内摸爬滚打多年的传媒人，王长田有着极强的政治敏感性，他邀请北京电视台的专业人士来担任主编和制片，通过北京电视台了解最新的宣传政策，以保证《中国娱乐报道》的舆论导向与政府一致。同时，作为一个资深策划，王长田对大众需求有很强的洞察力，他常对做节目的编导讲："如果一个节目老百姓不看，肯定完蛋。"所以节目首先得满足大众娱乐需求，其次才是传递信息。

　　这种洞察力让王长田关注每一个细节，比如在节目中创新性地制作了"不要走开，广告之后，马上回来"的温馨提示片花，这种改变一下子拉近了观众和节目的距离。王长田深知在竞争激烈的传媒圈，只有努力把内容做好，才有生存下去的可能。正是因为王长田的谨小慎微和苛求完美，光线传媒的节目很快得到了电视台和观众的认可，开始有广告商来做冠名或贴片广告，公司的钱袋子鼓了起来。

2000年，王长田又提出把节目改为日播的想法。日播，对光线传媒意味着素材的需求量增大，员工的工作量增加，自然还有成本的增加，各种潜在风险使得公司的许多高管提出了反对意见，王长田却很坚持。"如果有一些周播的节目影响力很大，要想进一步扩大影响力，最好的选择就是加大节目的播出频率。否则，最终不可能有很大的影响力。因为从国际电视行业来看也是这样，中间形态的节目很难存在下去。"王长田向不理解他的高管解释道。

后来的事实证明了王长田的果敢决断。在《中国娱乐报道》的辐射下，短短几年，光线传媒创办了不少品牌节目，并开始在电视圈小有名气。通过制作电视节目，光线传媒积累了丰富的明星资源和宣传资源。基于此，光线传媒深入到娱乐业的更多细分领域。2001年，光线传媒举办了首届"音乐风云榜"，在其影响下，大型活动和颁奖礼业务逐渐成为公司重要的业务板块和品牌资产，同时也成为娱乐界重要的行业标杆。王长田坚信，有规模才会有影响力，有影响力才会有效益。

与传统制造业不同，传媒娱乐业的产品很难实现标准化批量生产。然而，光线传媒根据多年节目制作经验，总结形成了一套完整的电视节目工业化流水线，这套体系使得光线传媒的内容体量远远领先于行业内其他节目制作机构。但好景不长，2004年，节目制作行业遭遇严冬，许多节目制作公司被迫转型或关闭，光线传媒依靠其领先优势勉强维持。

2006年，光线传媒进军电影行业。从电影发行开始，再逐步延伸到电影投资，王长田谨慎地走好每一步。为了进一步加强协同效应，2007年，光线传媒又开始做线下活动，公司业务也由单一的节目制作发展到集电视节目制作与运营、演艺活动、影视剧投资制作与发行、艺人经纪、整合营销以及新媒体业务等于一体，几乎涉及产业价值链的各个环节，成为一家综合型传媒公司。图1显示了光线传媒的主营业务、工业化流水线及主要发行渠道的内容及构成。

经历了十几年起起落落，光线传媒终于走上了稳定发展的道路，进一步拉开了与其他民营节目制作公司的距离。但王长田的目标远不止于此，要建立传媒娱乐帝国，就必须继续做大做强，酝酿已久的上市计划再次提上日程。尽管早在2007年光线传媒就有过海外上市的尝试，但因种种缘由终未能实现。2009年年底，国内资本市场正式推出创业板，这让王长田觉得时机渐近成熟。2011

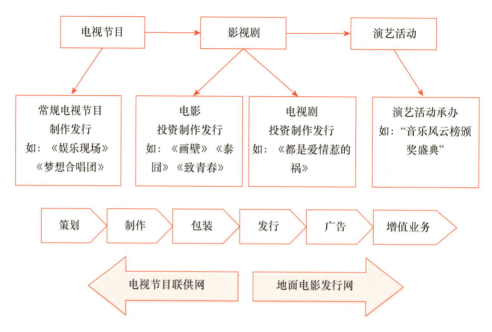

图1　光线传媒主营业务内容、节目制作流水线及主要发行渠道

年 8 月 3 日，光线传媒在深圳证券交易所上市交易，股票代码为 300251。

有了资本市场的助力，光线传媒的各项业务特别是电影业务得到了迅猛发展。上市不过一年的光景，公司的盈利结构就发生了变化，电影业务创造的利润首次超越节目制作和广告，将公司带入新的发展天地。走到这一步，王长田感觉不过弹指一挥间。到达阶段性胜利的里程碑，王长田这才停下来回首往昔，细品过往的坎坷经历。

2. 乘风破浪

2.1　先天不足

如今在外界眼里，光线传媒是知名的影视公司，但王长田知道，光线传媒骨子里是一家传媒公司，不论其他业务多么繁花似锦，节目制作业务始终是支撑公司运转的轴承，只是这轴承有先天不足的硬伤。

与其他产品不同，电视节目可以说是广电传媒的核心领域，尽管政策已经一步步放开，但时至今日，对于民营传媒企业而言，传统的广电传媒领域仿佛仍然写着大大的禁字，一不小心就会触到底线。而光线传媒的核心业务在于此，这多少让王长田的心里有种靠天吃饭的不安感。

其实不怪王长田多虑，事实正是如此，光线传媒视电视台为合作伙伴，而电视台却常把光线传媒定位为竞争对手。在光线传媒发展初期，就遭遇了种种不平等待遇：寄到电视台的样带常会因为节目中出现公司标志而被退回，节目被安排在深夜或清晨的时段，甚至原本谈好的贴片广告在播出时也要被砍掉，等等。不允许上标志，品牌就无法传播；不给好时段，收视率势必会受影响；砍掉贴片广告，更是断了财路，影响公司发展。怎么办？

王长田无力抵抗，只能选择先活下去，毕竟手下还有那么多兄弟。只是屋漏偏逢连夜雨，2000年，就在光线传媒的事业蒸蒸日上之时，受广电总局出台相关规定的影响，光线传媒三大品牌节目相继更名，公司的品牌受到一定影响；2004年，受国内省市电视台与有线电视台全面合并的体制改革影响，电视节目市场急剧萎缩，随后大批民字头的制作公司相继倒地，与光线传媒并称"民营电视四公子"的其他三家均退出电视制作舞台；2005年，光线传媒的王牌节目《娱乐现场》被调整出已经播了5年的北京电视台四套；就算后来《娱乐现场》好不容易找到了在北京落地的新平台——中国教育电视台三套，由于和北京电视台形成了声势不小的竞争，没过多久，北京地区一些有线电视的用户突然发现收不到中国教育电视台三套的节目信号。

这一番折腾让王长田更深地体会到，在国内传播平台没有市场化的前提下，所谓的"内容为王"是不成立的，内容必须与传播平台相结合。其实早在2004年，王长田就试图和南京、西安等地的电视台、教育台成立合资公司，以期介入电视台频道的整体运营。然而，这条路很快被主管部门堵死，甚至连付费的数字电视频道也不得其门而入。

接二连三的打击，将王长田的不安进一步放大，他感到民营传媒企业实在太不容易，既要承受市场的马蹄，更要面临国家政策的风云突变。电视台与制作公司本来应该形成上下游的依存关系，是紧密的合作伙伴，事实却是电视台视制作公司为敌，挟平台以令诸侯。对于与光线传媒类似的民营传媒企业，这就像一堵推不倒的墙、突不破的壁垒。如何破局，是王长田亟须解决的问题。

2.2 突出重围

面对堵在眼前的重重高墙，王长田心想光线传媒绝不能坐以待毙。在一次公司高管内部策划会上，王长田和分管电视业务的几个元老一同商讨对策。

王长田看见在座的几位元老都眉头紧锁，便知大家都为光线传媒目前的处境担忧。电视台再这样限制下去，光线传媒的电视业务未来要怎样发展呢？一贯沉稳的王长田有些坐立不安。

身旁的李德来挪了挪身子，接过话茬，分析起目前的困境。一直以来，光线传媒和电视台是单纯的卖节目和给制作费的关系，由于这种模式利润空间有限，光线传媒才拓展贴片广告的盈利空间。眼看广告费都落入了制作公司的口袋，同样以广告为主要收入来源的电视台怎能不动心？更为关键的是，李德来直言光线传媒的节目并非不可替代，所谓的竞争优势不过是比其他节目多积累了几年人气。

李德来话音一落，王长田看见其他人的脸上都流露出不快的神情。李德来是王长田在《北京特快》时的主编，后来被拉到光线传媒主管电视业务。王长田早已习惯他的快人快语，也知道他一定是心中有数才会发此牢骚。果然，李德来没有就此打住，又抛出一句：光线传媒的问题不在于电视台的限制，而是思路的限制。

王洪田有点听不下去了，急着向李德来要个说法，思路的限制是什么意思？作为老板王长田的弟弟，王洪田在公司行事尽量低调，但脾气并不是容易掩饰的。王长田对王洪田使了个眼色，暗示他不要着急，接着问李德来觉得应该如何转换思路。

李德来认为要突破现有的思路，首先要解决几个问题。第一就是明确定位，光线传媒究竟是为谁服务，怎么服务。是为电视台服务，还是为广告客户服务，抑或是为观众服务？定位不同，意味着相应的做法也不同。

在王长田看来，节目就是做给观众看的，要是观众不捧场，节目就失去了它的价值，更别说服务广告客户了。所以王长田用五个字回答了这个问题，"为人民服务"。对此，在座的几位都点头表示赞同。

李德来也颔首，同时抛出第二个问题：光线传媒的优势是什么？李德来认为光线传媒的特长是内容制作，但是否能称其为优势，他表示持保留意见。王长田环顾四周，却迎来大家的沉默，更像是无声的叹息。紧接着李德来又问：电视行业竞争的关键是什么？

副总裁李晓萍首度开腔，她始终认为内容产品的品质才是关键，只有质量好的节目才能赢得受众。

李德来则认为，品质很重要，但更重要的是品牌。节目再好，如果没有形成品牌，光线传媒和其他竞争对手的差异还是无法体现。既然现在强势的电视台对公司有限制，那么公司是否可以去团结相对弱势的电视台？光线传媒可以为这些电视台提供高质量的电视节目，电视台则为光线传媒提供播出时段和广告时段。如此一来，公司的品牌影响力可以扩大，同时可以通过广告盈利，而电视台一方不用出钱就能拿到节目，岂不是一举多得。

王长田听罢猛拍大腿，脑子飞速运转。李德来的这个想法的确是个好思路，没有渠道的内容就像飘在空中的云彩，难以落地。或许公司可以像美国的辛迪加一样，打造一个电视节目联供网。这样既可以扩大光线传媒的播出面，提升品牌形象，同时又可以打造属于自己的渠道，这样一来公司的核心竞争力就不限于内容制作。

王长田素来雷厉风行，当下便作出工作安排。一方面，和所有电视台谈合作，只要有意向，就可以加入光线传媒的联系网络，光线传媒要搭建自己的渠道网；另一方面，在搭建渠道网络的同时，内容的数量和质量也要有保证。

这的确是个一举两得的方法，电视台不需要付出成本就能获得内容，光线传媒则可以拥有随着市场需求增大而不断增加的广告时段，在这种模式下收入自然要比纯卖内容高得多。

光线传媒从两个维度实施上述策略。一是，基于节目经验总结形成由策划、制作、包装、发行、广告和增值业务等六个环节构成的一套完整的电视节目工业化流水线，利用这个体系，只要增加制作人员，就可以不断增加新节目，而流水线上的各个环节专业分工、环环相扣，加上强势的品牌影响力和资源共享的内容协同效应，使光线传媒可以在控制成本的同时，不断扩大生产规模并保持稳定的质量。

二是，光线传媒通过盘活自身的各种资源，建立包括时段联供网、频道联供网、新媒体联供网在内的节目发行网络。这一举措将地面频道和各地卫视价值不大的散乱播出时段拼成了一张独特的经营网，不仅降低了渠道限制的风险，而且利用电视台扩大了自身节目品牌知名度，从而实现循环收益，可谓名利双收。正是上述模式让公司夯实了原始积累。现在对节目制作公司来说，以节目换广告时间的运营模式很是寻常，但能够与各级电视台合作、形成网络化运营规模的竞争对手却寥寥无几。

2.3 "冬天"里崛起

在王长田的记忆里，能让他落泪的时刻并不多，有一次是父亲过世的时候，还有一次是在 2006 年光线传媒的年会上。

其实就在那次寻找突破的策划会后不久，节目制作圈内出现了剧烈的动荡。因为电视台的压制，节目制作企业成长速度变慢，大批企业亏损倒闭，只有不到两成公司盈利，新节目开发速度放缓，节目质量下降，资金和人员都面临挑战。这种恶性循环将整个节目制作行业带入了严冬。尽管王长田还在突破，还在坚持，但看着曾经强有力的竞争对手或关闭，或转型，王长田的心里也很不是滋味。光线传媒的许多节目也受到了影响，播出范围进一步紧缩。面对行业不景气，王长田第一次感受到了自己的渺小。

那一天，王长田缓慢走上台，看着400多名员工交织着期待、不安、失望甚至不满的复杂眼神，还未发言便已泪流满面。他努力平复自己的情绪，检讨道："公司会有今天的状况，是我这个做家长的对不起大家，是我没有让在座的兄弟姐妹们过上更好的日子……"台下一片静默，开始有人小声地啜泣，悲伤的气氛很快弥漫全场。

年会结束后，光线传媒的副总裁李德来和李晓萍又聚在了王长田的办公室，他们和王长田一起被称为光线传媒管理层的三驾马车。

"最近我一直在检讨，公司出了状况，效益不好、士气不高，作为公司的管理者，我要负主要责任。但很多时候不是我们不努力，也不是我们真的做得不好，这是行业的问题。当行业出了危机，一个大浪打过来，你就是一粒沙子，连个大坝都不是。"王长田的语气有些苦涩，李德来和李晓萍只好默默陪着他。这时的王长田深刻地认识到，光线传媒现在所做的不过是价值链上的小小一环，如果整个价值链断了，光线传媒也就失去了存在的意义。在对未来发展的思考中，王长田想到了转型。

但是转型做什么呢？三位电视人有些茫然。

"做电影。"一个答案砸在了王长田的面前。他想起某次和艺术总监张昭聊天时，对方曾半开玩笑地问他要不要考虑做电影。王长田忽然有一个感觉，光线传媒必须形成产业矩阵，公司不仅要做报道娱乐界的传媒事业，还要深度参与到娱乐产业中去。

电影是个不错的选择，而且张昭是纽约大学电影制作专业的硕士，对电影有些了解。从1993年到2003年10年间，中国电影产业走上了市场经济的道路。2005年，中国电影总票房超过20亿元，一部《神话》的内地总票房接近1亿元。对比节目制作市场的垄断景象，电影市场的繁荣触动了王长田。

"真干吗？能行吗？"跟随王长田多年的李德来和李晓萍心里打起了鼓。王长田却很有信心，光线传媒凭借多年来在传媒领域的耕耘和对娱乐新闻的把握，即便没有身处娱乐圈中，也对这个行业极其了解。

王长田很清楚光线传媒的优势，多年的娱乐报道使得公司熟悉这个行业中每一个有影响力的人，同时公司本身就拥有节目资源，可以用来宣传和推广自己的电影。的确值得一试，王长田越想越兴奋。看到李德来和李晓萍的脸上仍有疑惑的表情，王长田又补充道："你们看，电影可以作为我们的节目内容，我们的节目又可以给电影做宣传，然后我们再建立一条像电视节目联供网一样的渠道，这样一打通，我们几乎能把整个产业价值链穿起来了。"

2006 年，光线传媒开始进军电影产业，比起当时的业界三巨头——创立于 1994 年的华谊兄弟传媒集团、创立于 1999 年的保利博纳影业集团、创立于 1999 年有着国资背景的中影集团，光线传媒晚了 10 年左右的时间。王长田再一次参考美国模式，直接瞄准了商业类型片。光线传媒从电影发行入手，以最快速度学习电影市场的经验和运作。但几年后，其局限性也显现出来。一些大公司制作的影片，不容易被光线传媒拿到发行权，即使拿到了，收益和利润也比较低。此时，随着政策的松动和市场的需求，节目制作行业又出现复苏景象，公司的业绩也好了不少，拿电视业务来反哺电影业务变得可能，王长田忽然看到了希望。冬天来了，春天还会远吗？

3. 大局初定

2012 年年底，光线传媒的新导演策略试水一举成功，徐峥第一次导演的《泰囧》获得了前所未有的好成绩，击败了同期李安导演的《少年派的奇幻漂流》和冯小刚导演的《一九四二》登上票房榜榜首，还刷新了当时的华语影片票房，王长田被卷进了这场名利双收的旋风。随着光线传媒电影业务的成功，王长田也肯定了自己的判断：必须占领产业链的顶端，只要有足够的内容原材料，光线传媒这架娱乐内容生产机器就会持续运转。此时，光线传媒基本确定了以"内容为王"为核心、整合和品牌双加冕的平台布局。

这天中午，王洪田兴冲冲地走进王长田的办公室。《泰囧》走红之后，光线传媒的关注度直线上升，最近王洪田身边的朋友经常会将光线和华谊相比较，他觉得这是个好消息。没想到，王长田不以为然，反而问他华谊是不是光线的竞争对手。

王洪田一时摸不准哥哥的意图，没有回答。王长田却自顾自地说："其实，华谊是娱乐公司，而我们是传媒公司。"

王洪田清楚这句话背后的含义。娱乐公司的运作模式是项目化，一个项目的收入对应一个项目的成本，彼此之间无法复制。比如，一部电影大卖并不意味着下一部走红，下一部也许会赔钱，因为作为单个项目，每部电影之间没有关联。而传媒公司的理念是，长期持续运作而非项目化运作。王长田的想法是，光线传媒先搭建起平台，然后不断地往里装内容，由内容带来产出。一旦平台建立起来，收入的增长并不一定会带来成本的增长。只要在盈亏平衡点以上，多出来的部分就都是利润，这是传媒公司的一个优势。

王长田进一步解释，现在光线传媒已经搭建好了平台，仅自己制作的节目内容就不在少数，如电影、大型演艺活动等，足以支撑节目的常规运行。更重要的是，即便光线传媒一年没有电影产出，由于电视节目的持续稳定播出，公司的经营风险也是可以控制的。而华谊也是光线电视节目内容的提供者，从这个意义上说，华谊不应该是光线的竞争对手，而应该是合作伙伴。

听王长田讲完这看似复杂的逻辑，王洪田若有所思，看来哥哥在思考未来的战略布局。的确，现在公司在内容领域的几个细分市场已经占据重要地位，但仍有许多可挖掘的空间，只有不断地提供内容，公司才能持续经营。

没有给王洪田太多思考的时间，王长田又向他抛出一个问题：光线传媒的核心能力到底是什么？

沉默片刻，王洪田回答了两个字：整合。

的确，光线传媒通过节目制作拥有明星资源、媒体资源和客户资源，通过对资源进行整合，才顺理成章地拓展了演艺活动业务。对于将这些业务整合在一起所产生的效果，王长田认为可以称得上是"超乎想象"。

王洪田明白哥哥所指的是什么。市场是根据客户需求变化的，客户赞助广告都希望得到好的传播效果。为此，光线传媒成立了专业化分工的营销团队，分别针对大企业客户营销、演艺活动营销和节目广告营销三种类型，根据不同需求由各中心进行分工协作。这样做超越了常规的以单个节目为主的广告营销模式，提高了整合营销方案的短期影响力和有效性。

以前客户在做广告时只有简单的贴片广告可选，现在光线传媒能提供加入娱乐、明星、时尚元素的立体化整合营销手段，而大型活动业务又可以把所有的整合营销落到实处。光线传媒每年固定承办音乐风云榜颁奖礼、娱乐大典、国剧盛典、慈善大典、时尚风云榜、模特大典、新人盛典等围绕娱乐圈的主题活动。这些活动可以作为内容散布到各娱乐节目中，支撑节目的持续发展，同时又可以通过活动制作费、销售冠名权、植入式广告来实现收入。

王长田的思路越来越清晰，但始终有一个问题困扰着他：光线传媒的品牌，真的出名吗？真的产生价值了吗？

想起当年就推广公司品牌还是节目品牌而与其他高管起争执，王长田也有些唏嘘。内容发展到一定程度，必然是品牌的竞争。对于王长田来说，尤其如此，因为传媒行业是一个依靠影响力赚钱的行业，而形成品牌是带来影响力的最佳手段。光线传媒恰好把握住这一点，利用品牌效应不断扩大自己在娱乐圈的影响力，从而赢得更大的利润。

然而，王长田的品牌建设目标并不仅仅停留在产品层面，而是期望形成公司层面的一体化品牌。光线传媒所有的产品都有统一的标记——"e"。与以往电视台一个节目一个标志不同，光线传媒所有节目右下角的压角标、各类颁奖礼背板，甚至主持人以及记者的话筒标等各种包装上都以"e"露脸，使节目和公司整体形象合而为一。其他如"一""意"等同音的字眼，也全部以"e"替代，比如光线传媒的宗旨就是："对电视，我们有 e 些不同的做法"，极尽所能深化"e"的形象，形成品牌记忆。尽管很多观众可能不知道节目或活动是光线传媒制作或举办的，但对这个"e"标志并不陌生。

王长田曾在一次采访中对记者说，在电视台总编室里堆放着各个电视制作单位的节目，但是只要带着光线传媒标志的带子拿过去，他们都会第一时间审看，因为你不看，其他竞争对手电视台就会拿走。

言语间不难看出王长田的自信，现在光线传媒的大部分节目的收视率都能够达到同类节目的第一。文化娱乐品牌最主要地体现在商标上，一个知名的商标代表着该品牌的高信任度。品牌的口碑传播建立在优质内容的基础之上，光线传媒电影业务的开展，更加快速地对其品牌起到传播作用。光线传媒多业务的协同作用，使得光线传媒的品牌效应进一步扩大。

4. 居安思危

光线传媒的成长有目共睹，越来越多的人开始看好光线传媒，从其股价便可窥得一二。2013 年光线传媒的股价涨了近 7 倍，这让王长田压力倍增，他清楚业绩只是影响股价的一个方面，其他因素也将使股价产生巨大波动。

股票走势与投资者预期有重要关系，单片票房虽不能代表公司的整体业绩走势，却能影响投资者预期。正因如此，电影业务在为光线传媒带来巨额利润的同时，也带来了巨大的品牌影响力。正所谓，成也萧何，败也萧何。对于电影带来的"江湖地位"，王长田有着极强的忧患意识。单片票房和上市公司股价之间的关系日益密切，像《一九四二》导致华谊市值蒸发超过 10 亿元那样，光线也很可能面临同样的遭遇。他常常提醒投资人，不要过于迷信电影票房。

2013 年，光线传媒发行了 15 部电影，除了《泰囧》《致青春》《中国合伙人》这样好口碑的电影外，也有一些票房惨败的电影，如根据同名电视节目改编的电影《中国好声音之为你转身》以及歌手卢庚戌导演的电影《怒放之青春再见》，一个是 700 万票房惨淡，另一个是撤档后上映回天乏力。王长田深知电影制作最大的问题就是项目连续性不强，短期内一两部影片可给相关上市公司带来较高的收入，但这种情形能否持续，实在要打一个问号。光线传媒需要尽力规避对单部电影过度依赖带来的财务风险。

另一方面，搭上行业发展的顺风车，使光线传媒获得事半功倍的成功。可是，继电视和电影之后，还能搭上哪一个内容领域的快车呢？对王长田而言，下一个布局即将展开。

跳出电影的小圈子，王长田重新审视了自己手上的这副牌。电视节目市场政策进一步宽松，呈现市场份额向优质节目供应商集中的发展趋势，光线传媒凭借多年经验，有机会令电视节目制作业务再度蓬勃发展；电影市场呈现上升趋势，需要保持当前的口碑，稳步增长；电视剧市场毛利高，公司在行业内还没有做到数一数二。市场上还有很多没有进驻的领域，如手游、动画、新媒体等，都有很大发展潜力。公司的下一步该何去何从？

光线传媒就像一只储备好粮草的骆驼，期待开启新的征程。这次王长田没有等待，而是大刀阔斧地搞起资本运作。他的思路很清晰，有些领域如果自己做，资源分配和精力都有问题，不如直接收购。

4.1 联姻新丽

新丽传媒股份有限公司（以下简称"新丽传媒"）成立于 2007 年，是一家集电视剧、电影、网络剧制作以及全球节目发行、娱乐营销和艺人经纪于一体的专业综合性影视机构。2013 年 10 月 25 日，光线传媒与新丽传媒及其股东王子文签订股权转让协议，以自有资金 8.29 亿元购买新丽传媒股东王子文持有的 27.64% 股权。

光线传媒的这一大手笔收购却遭遇了股价下跌的尴尬局面。电视剧制作竞争激烈，许多电视剧拍完直接进库房。光线传媒在公告中也指明了这一风险：获得发行许可证的电视剧每年约有 20% 无法播出，20% 只能在卫视非黄金时段或地面台播出，销路较差，仅能保本甚至亏损。

正因为如此，新丽传媒 586.16% 的超高溢价率带来了投资者的质疑。但王长田不以为意，他觉得这是因为其他电视剧制作公司在市场诱惑面前降低了标准，而之所以选择新丽传媒，就是因为其剧目的高品质。新丽传媒所有剧目都实现了在主流卫视同步播出，在每年的热门电视剧排行榜中，新丽传媒都能占据一席之地。王长田认为，好公司值得付出比市场平均成本更高的代价。

同时也有消息称，新丽传媒正在筹谋上市。如果未来新丽传媒上市成功，给光线传媒带来的很有可能是一个大惊喜。当然，这将是另一个故事。

4.2　试水游戏

另一个有趣的故事发生在游戏领域。2012 年 8 月 20 日，光线传媒发布公告称，母公司及子公司光线影业分别以 1 亿元和 2 500 万元收购北京天神互动科技有限公司（以下简称"天神互动"）10％和 2.5％的股权，共持有 12.5％的股权。

2014 年 1 月 10 日，天神互动与科冕木业及其控股股东 Newest Wise Limited 签订重组协议，科冕木业资产与天神互动资产进行置换，重组后科冕木业总股本增至 2.23 亿股，光线传媒与全资子公司光线影业认购科冕木业非公开发行 1 618.86 万股，占重组后科冕木业总股本的 7.26％。

一方面，光线传媒进一步拓展了价值链布局；另一方面，以科冕木业停牌前的 15.77 元/股收盘价计算，光线传媒持有的股权已价值 2.55 亿元。不到一年半的时间里，光线传媒及光线影业的这笔投资潜在收益约 1.3 亿元。

5.　尾声

经过一年多的探索和思考，王长田的眼前仿佛看到光线传媒的未来版图缓缓展开。向美国传媒娱乐集团看齐，价值链进一步扩张，业务可能涵盖电影、电视剧、电视节目、电视频道、出版、游戏、动画、主题公园、体育等。以内容创意为核心，制作、发行、营销、渠道等各环节相互支撑，资源共享，形成一个利益循环体。

"将来我们做到几百亿，这个收入所带来的影响远远超过一个销售几千亿的消费品公司所带来的影响，这就是娱乐业的乐趣，它是个名利双收的行业。"这是王长田在"长江商学院 2014 三亚论坛暨高层管理教育十周年"活动上的演讲。显然，经过一番整理，王长田充满信心。不论前路如何，此刻的他意气风发，心情一如几个月前，在小书房写下的那幅《观沧海》：

> 东临碣石，以观沧海。水何澹澹，山岛竦峙。
>
> 树木丛生，百草丰茂。秋风萧瑟，洪波涌起。
>
> 日月之行，若出其中。星汉灿烂，若出其里。

幸甚至哉，歌以咏志。

启发思考题

    1. 光线传媒在发展初期面临的困境有哪些？公司是如何应对的？

    2. 光线传媒的纵向价值链由哪些板块组成？其横向价值链有哪些竞争对手？

    3. 光线传媒的内部业务之间有何联系？产生了什么效应？

    4. 哪些外部因素会影响光线传媒的价值创造？光线传媒在实践中如何运用这些要素实现公司价值增值？

    5. 光线传媒的竞争优势是否可持续？如果你是光线传媒 CEO，你将如何继续推进光线的价值链战略，持续实现公司的价值创造？

公司背景信息

    北京光线传媒股份有限公司起源于 1998 年设立的北京光线电视策划研究中心，前身为北京光线广告有限公司（由股东王长田、杜英莲于 2000 年共同发起设立）。2009 年 6 月 30 日，北京光线广告有限公司整体变更为北京光线传媒股份有限公司。光线传媒于 2011 年 8 月 3 日在深圳证券交易所挂牌交易，总股本为 1.096 亿股。经 2012 年资本公积金转增股本后，股本增至 2.411 亿股。

    光线传媒专注于向 15～40 岁观众群体提供内容产品。其内容产品聚焦于娱乐领域，包括日播资讯类节目、电影和电视剧等。通过创新性地进行植入式广告和娱乐营销，吸引了 500 多个著名品牌成为其客户。在演艺活动方面，光线传媒推出了娱乐界最权威的音乐和电视剧大奖。公司每年举办 80 多场娱乐活动，包括颁奖典礼、娱乐秀和推广活动，是中国最大的娱乐活动公司之一。

    光线传媒拥有中国最大的娱乐视频资料库，素材总量超过 5 万小时。公司同时在电视、互联网、无线和线下活动等多个平台上运作，从而使内容价值最大化。光线传媒在北京、上海、广州、香港、台北、首尔均设有分公司或办事处，形成了覆盖主要华语地区的内容生产和经营能力。

光线传媒 2013 年年报显示，其总资产达 25.91 亿元，实现营业收入 9.04
亿元，营业利润 3.85 亿元，归属于上市公司股东的净利润为 3.28 亿元，每
股收益 0.65 元/股。

教学用途与目的

1. 本案例主要适用于"财务管理""战略管理"等课程中价值链分析、
价值创造等相关领域的教学。

2. 适用对象：本案例主要针对 MBA、EMBA 和企业管理人员，以及经
济类、管理类专业的高年级本科生及研究生。

3. 教学目的：在企业经营管理实践中，价值创造能力是企业获取竞争优
势并得以发展壮大的根本。近年来，价值链分析逐渐引起实务界的广泛关注，
企业不仅可以通过内部资源创造价值，更要整合横向价值链和纵向价值链资
源实现价值创造。对于价值链模式，需要从价值链价值创造体系的特征出发，
重点关注价值链价值创造体系的要素构成及其作用机理。通过对本案例的分
析和探讨，帮助读者理解和掌握以下重要知识点：

(1) 价值链分析；

(2) 价值链价值创造的要素体系。

理论依据与分析

1. 价值链分析

价值链 (value chain) 是企业一系列价值创造活动的集合。该理论的提出
者波特 (Porter，1985) 从企业价值创造流程角度，将企业活动分为五种基本
价值活动 (内部后勤、生产经营、外部后勤、市场营销、服务) 和四种辅助价
值活动 (企业基础设施、人力资源管理、技术开发、采购)。这些价值活动共
同作用，为企业创造利润，并有机整合成一个相互关联的整体，这个整体就
是企业价值链。此后，一些学者在 Porter (1985) 研究的基础上对价值链理
论进行了拓展，完善了价值链分析方法。作为战略成本管理的基本分析方法，

价值链分析具体可划分为内部价值链分析、纵向价值链分析和横向价值链分析（见表1）。

表1　　　　　　　　　　　价值链分析方法的具体内容

价值链分析方法	定义	作用及特征
内部价值链分析	指企业的内部价值运动，始于原材料、外购件的采购，终于产品的销售——顾客价值的实现，是纵向价值链分析和横向价值链分析的交叉点。	内部价值链分析的目的是区分增值与非增值的作业，探索提高增值作业效率的途径。内部价值链分析强调通过对企业的生产经营活动、基本职能活动、人力资源管理活动的组织，达到成本最低、差异最佳，从而实现价值增值最大的目标。
纵向价值链分析	指将企业看作整个行业价值生产的一个环节，与上游和下游存在紧密的相互依存关系。	企业可以通过协调与上游供货商和下游销售渠道的关系来优化价值链的流程。纵向价值链分析对价值链体系进行优化甚至重构，以帮助企业建立更持久的核心竞争力。
横向价值链分析	指对一个产业内部的各个企业之间的相互作用进行分析。	企业通过横向价值链分析可以确定自身与竞争对手之间的差异，从而确定能够为企业带来相对竞争优势的战略。横向价值链分析的目的在于通过产品创新、技术开发、优质服务等形成差异，或使总成本最低，获得竞争优势。

企业通过对上述三个维度的价值链进行分析，挖掘企业的战略价值活动，并对这些战略价值活动进行管理和整合，使整条价值链产生协同效应，从提高消费者可察觉收益或降低生产成本的角度，实现企业价值增值和价值创造，进而形成企业的竞争优势。

2. 价值链价值创造的影响要素

对于价值的影响要素（或称驱动因素），国内外学者从不同层面进行了诸多探讨。Thakor（2000）指出，价值驱动因素是影响或推动价值创造的一个决策变量，是价值创造的有效载体和具体方式。Copeland（1994）则认为，价值的根本驱动因素就是投资资本回报率、企业预期增长率，这两个财务指标可以反映企业从日常经营管理、投资到企业资本结构的许多问题，同时又较其他方式简洁，因而得到诸多学者认同。

以上观点都可归结为企业内部价值创造的影响要素。在当今环境下，一个成功的企业在进行价值分析时，不仅要对企业自身和行业进行分析，更要对价值链的价值创造体系进行分析。Kothandaraman and Wilson（2001）提出，在价值链模式下，优越的顾客价值、核心能力和价值链节点企业间的相互关系是价值创造的主要外部影响要素（见图2）。

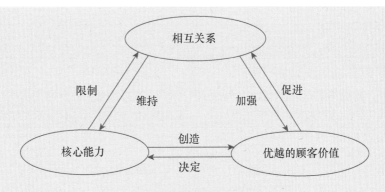

图 2　基于价值链的价值创造要素体系

（1）优越的顾客价值。是价值创造体系的核心，也是价值链模式下价值创造的目标。顾客需求激活了整个价值系统，因此价值链价值创造要素体系是一种需求拉动系统。优越的顾客价值既决定了价值链节点企业的核心能力，同时又强化了价值链节点企业间的相互关系。

（2）核心能力。是价值创造体系得以存在和运行的关键环节，是价值链节点企业合作关系建立的基础，具有不可交易、不可模仿等特性。通过对价值链节点企业核心能力的优化整合，可以发挥整个价值链的协同效应，最有效地达到实现顾客价值的目的。价值链节点企业的核心能力对相互关系的质量有所限制，核心能力的组合则可以创造优越的顾客价值。

（3）相互关系。这里主要是指价值链节点企业之间的相互关系，有时表现为竞争，有时表现为合作。价值链价值创造要素体系把这种相互关系联结成一种动态、有机的价值创造体系。相互关系既可以促进优越的顾客价值的实现，同时也可以维持价值链节点企业核心能力的动态均衡。将相互关系考虑在价值创造体系内，是价值链模式下价值创造体系与传统价值创造体系相比最大的不同之处。

从上述模型可以看出，价值链模式下的价值创造，就是通过价值链对企业内外部价值环节进行整合，以实现优越的顾客价值为核心目标，通过对价值链节点企业核心能力和相互关系的整合重组，集中优势资源，使它们的交易产生协同效应，最大限度地实现整体效应最大化。

主要参考文献

［1］Copeland T E，Koller T，Murrin J. Valuation：Measuring and Managing the Value of Companies. 2nd Edition, New York: Wiley, 1994.

財务管理案例——中国情境下的"哈佛范式"案例

the Value of Companies. 2nd Edition, New York: Wiley, 1994.

[2] Kothandaraman P, Wilson D T. The future of competition: value-creating networks. Industrial Marketing Management, 2001, 30: 379-389.

[3] Porter M E. Competitive Advantages. New York: Free Press, 1985.

[4] Thakor A V. Becoming a Better Value Creator. New York: Wiley, 2000.

40

快钱：
供应链变革助力"终端争夺战"

摘要：

自 1999 年初步萌芽，中国第三方支付行业迄今已走过 10 余年，随着 2011 年第三方支付牌照的发放，传统金融收单机构（商业银行、银联）作为唯一正规支付渠道的时代一去不复返。第三方支付企业在告别"野蛮生长"之后，尽管生存天地更为辽阔，但竞争态势更趋白热化。本案例以快钱支付清算信息有限公司（以下简称"快钱"，品牌名：快钱 99BILL）为例，描述在线下销售终端（point of sale, POS）收单产品经历了爆发式增长后，如何破解自身产品运营效率瓶颈和政策环境突变的困局，积极探索解决之道的决策场景。案例中，快钱公司通过对线下 POS 收单产品进行供应链一体化建设和业务流程重塑，在满足央行监管要求的同时，实现成本控制和运营效率的双赢目标，并最终凭借该产品卓越的运营能力超越竞争对手，构建自身竞争优势。

关键词： 快钱；供应链一体化；供应商管理库存；供应链组织间成本管理；外包

0. 引言

2014 年春节，快钱公司的创始人兼 CEO 关国光是在美国度过的，但 10 天不到，他就匆匆启程回国了。在美国期间，他接到了公司合规部总经理维克托（Victor）的电话，同业八家支付公司的线下 POS 收单业务被央行紧急叫停，主要原因是这些支付公司涉及未落实特约商户实名制、交易监测不到位、风险事件处置不力等问题。除了在全国范围内停止接入新商户外，央行还将暂停这八家支付公司部分创新产品的推出。此消息一出，关于支付行业未来走向的新闻铺天盖地，新金融和传统金融隔空论战，观点交锋"电闪雷鸣"。

10多个小时的飞行，关国光辗转反侧找不到一个舒适的位置入睡，是兴奋还是惆怅，他自己也说不清。在过去的一年里，线下POS收单市场硝烟渐浓，先有中国银联欲以中国银行卡联合组织的身份"收编第三方"之说闹得沸沸扬扬，后有央行发布政策抬高线下POS收单行业准入门槛，再到支付宝隔空宣战退出所有线下POS收单业务……对于业内来说，这并不是一个好的年份，多数第三方支付公司进入线下POS收单市场后都挣扎在盈利的边缘。值得欣慰的是，在这个行业剧烈演变的当口，快钱线下POS收单业务不但逆势增长、步步为营，还在这次央行整改风波中"安然无恙"。关国光深知，这一切得益于快钱提早一年启动了线下POS收单产品的运营改革。不过，欣慰之余依然有种莫名的压力涌上他的心头，快钱成立以来，从彷徨到坚定、从忧伤到喜悦，那些熟悉的场景一幕幕闪现在他的脑海……

1. 触电互联网经济

1.1 跨领域初探

1988年，关国光从上海交通大学船舶及海洋工程系毕业，来到美国亚利桑那大学攻读工业管理硕士，在不经意间对金融产生了较浓厚的兴趣。1993年，他成为全球持有美国特许金融分析师（Chartered Financial Analyst，CFA）资质的两万人之一。之后，他来到华尔街，进入一家私募基金，并在金融领域"越陷越深"。

1997年，他敏锐地发现，美国以资本主导的互联网行业开始蓬勃发展，股价不断飙升，崭新的行业给美国带来了很多市场机会。关国光暗自琢磨，虽然中国IT行业的发展相对美国有一定的滞后，但中国人多，消费量大，市场机会更多，如果将美国的模式复制到中国会怎样呢？1999年夏天，在香港香格里拉酒店，关国光和网易创始人丁磊一见如故，随后关国光正式加盟网易，出任网易资深副总裁，掌管公司发展与战略合作，并参与网易开曼群岛控股公司的组建。关国光加盟网易第一年，帮助网易完成了4次私人募资。2000年6月，抢在搜狐之前，网易在纳斯达克正式挂牌上市，一举奠定了中国概念股第三大门户网站的地位。

然而在事业辉煌时刻，关国光退出网易。他倔强地认为，互联网时代是容不得犹豫的，一轮热潮退去，没有太长时间的沉寂，新一轮互联网风暴就会来临，而这一次它会爆发出更大的潜力。任何细分化的领域，都有可能成为盈利的引爆点，谁都有机会成为互联网大亨，这就是互联网领域的真实写照。

1.2　开疆扩土

离开网易后，关国光探索过多个行业，华尔街的工作经验带给他更具前瞻性的思考方式：这是一个信息技术和传统商业模式相结合的时代，正如信息技术跟媒体结合就产生新浪、百度，跟零售结合就产生当当、淘宝，跟旅游结合就产生携程、艺龙……如果跟他的老本行金融结合，会变成什么样？关国光清楚地看到了商机：假设电子商务就是一个大型商场，Google、百度只是给它做广告的，价值就已经如此之大，那么商场内的销售量会有多少？进一步讲，电子支付的重要性在于帮助企业连通电子商务的"最后几公里"，它的规模比我们能看到的门户大得多。于是，2004年4月，关国光创立了快钱公司，开始涉足第三方支付行业。

那是一段让关国光十分难忘的创业历程，"一开始没有人相信我们"。彼时的第三方支付环境远没有今天这么成熟，就连电子商务也刚刚起步，只有几十亿元交易规模，更别说网上支付这些新手段了。人们听到"快钱"这个名字，很容易将它和"热钱""黑钱"等带有负面色彩的金融词汇联系起来。当时，这个领域很长时间内没有民营资本进入，作为一家民营的第三方支付公司，为了说服商业银行向快钱这样只有几十个人的小公司开放网关，关国光亲自带领市场人员，到银行行长的办公室门口候着，甚至要等行长去卫生间的时候，赶紧凑上去谈开放网关的事。

"无论是和银行还是和企业打交道，关键的一点就是脸皮要厚。其实当你对自己做的事有信心的时候，脸皮就会比你自己想象的还要厚。而基于你做事的态度、敬业的精神，客户会建立起对你的信任。"关国光并没觉得当年低声下气谈业务的经历羞于见人，反而从中悟出了更深层次的契约精神。

有一次，为了说服福州一家银行的支行行长开放网关，关国光专程飞到福州，之后又把这位行长接到上海，实地考察快钱是怎样运营的。

"你一年的业务指标是多少？"关国光问行长。

行长说了个数字。

"那我替你背三分之一到一半。"关国光许诺道。

行长自然喜不自禁。

"那我要做业务，你得向我开放网关，否则业务怎么做？"关国光不失时机地提出要求，这笔业务就这样谈成了。

2005年年初，快钱正式上线人民币支付、外卡支付、神州行卡支付、联通充值卡支付、信用卡无卡支付等众多支付产品，打造了跨银行、跨地域、跨网络的电子支付平台。虽然是电子支付领域的新进入者，但快钱凭借管理层丰富的互联网发展经验以及领先的技术创新实力，快速扩大了业务规模。

2. 行业纵深战略，催生线下收单业务布局

2.1 另辟蹊径，大显身手

随着快钱在支付圈崭露头角，受到媒体和记者的关注，他们有成堆的问题希望关国光给予解答。"快钱成立较晚，凭什么赚钱？""快钱会上市吗？""淘宝推出了支付宝，腾讯推出了财付通，快钱拿什么和强大的竞争对手竞争？"……

不仅外界对快钱的竞争优势提出质疑，连快钱的员工也没有十足的信心。有一次，关国光听到公司一个销售人员沮丧地说："支付宝最新的宣传口号是'你敢用，我敢赔'，吸引了海量用户的眼球，淘宝平台那么大，对个人用户黏性又好，我们才几十人的规模，怎么与他们竞争？"一丝阴云掠过关国光的心头，支付宝的每一个动作，都让当时的快钱员工备感压力，如果再继续这样下去，对公司会产生不利的影响。关国光开始带领管理团队寻找破解之法。

于是，"服务企业，坚持独立"成为快钱对自己的定位的诠释。"服务企业"——既然支付宝、财付通定位于"以网络购物为主的个人应用型电子支付"，快钱就确立"为企业量身打造支付服务"的发展战略。快钱向企业客户展示的价值主张是通过快钱跨银行跨地域的支付平台，一站式解决收付款问题，帮助企业覆盖更多的用户。"坚持独立"——支付工具传递的是商户最核心、最真实的资金流和信息流，信息和数据的安全必会成为商户选择支付合作伙伴的重要因素。坚持第三方独立性意味着快钱不挂靠任何电子商务平台，只专注于做支付这一件事，避免了与商户的竞争，消除了商户对于信息和数据安全的担忧。艺龙、百度、京东、当当等知名企业开始转向与快钱合作，无疑印证了快钱"服务企业，坚持独立"的战略没有错。

另一个值得快钱人骄傲的突破是行业纵深战略的成功。当时全国工商注册企业上千万家，快钱一个个地发展新客户好比大海里捞针，无法形成规模效应。关国光开始思考如何构筑行业性的解决方案，将单一客户的成功复制到行业中，再根据行业的上下游关系构筑产业链解决方案，这样就能形成由点到线、由线到面的覆盖，让快钱在电子商务的海洋中形成自己的疆域。随后，快钱率先深入了解行业需求，挖掘行业应用，不但走出了一条差异化道路，而且得到持续迅猛的发展，前景一片大好。

2.2 涉足线下，持牌无忧

快钱在不断探索新的产品和服务方向时，发现多个行业的营销方式都是朝着复合化方向发展，既有直面客户的线上营销，也有传统的门店或代理渠道。企业客户往往需要同时使用线上通道和线下 POS 终端收款，并希望收上来的资金能够实现总部财务的统一管理。基于这个需求，2007 年快钱成立了 VPOS 中心（VPOS 即 virtual POS，指虚拟销售终端），作为新产品孵化中心，负责线下电话收单和线下 POS 收单两大产品的设计、研发、运营、业务推广、后期服务等。至此，快钱成为国内首家集成线上和线下综合产品解决方案的第三方支付公司。

快钱的线上线下综合解决方案一经推出，广受好评。比如在连锁酒店行业，传统金融收单机构的服务体系和标准要求各门店必须在当地银行机构申请 POS 终端并开设银行对公账户，相当于各门店的资金单独管理，给集团总部的财务核算和管理带来诸多不便。而通过快钱的连锁酒店行业解决方案，不仅能实现总部实时监控网站、呼叫中心以及实体门店的所有收款情况，还能帮助总部对资金实时归集和调拨，实现便捷、高效的财务管理。到 2010 年年底，短短几年，快钱已经在保险、连锁、航空、酒店、教育、租车、物流等多个行业部署了数万台 POS 终端。

2011 年 5 月，随着央行陆续发放第三方支付牌照，获牌企业进军更广业务领域得到认可。快钱成为第一批获牌机构，令关国光长长舒了一口气——快钱跨过了发展道路上最大的障碍。值得一提的是，第一批获得牌照的 27 家优质企业里，只有快钱和支付宝的业务许可范围是最广的，包括互联网支付、外卡支付、货币汇兑、固定及移动电话支付、预付卡受理、银行卡收单等，几乎囊括了央行所许可的全部业务。

从正式获牌之日起，快钱开始对线下 POS 收单、移动支付等业务线布以重兵，目标是全面满足企业客户的多方位收款需求，打通线上、线下和移动端收付资金链条，帮助企业提高资金利用效率。与此同时，快钱成立了快钱（天津）金融服务有限公司，为企业客户叠加便捷的增值服务，如财务管理、金融保理等。

2.3 "大象"起舞，暗藏玄机

在接下来的半年里，快钱线下 POS 收单业务的规模逐步扩大，2011 年年底 VPOS 中心由原来的 50 人发展为 200 人，公司高管对这一市场规模颇有信心。中国支付清算协会发布的中国金融 POS 终端行业发展现状及投资前景预测分析报告数据显示，2012 年中国线下支付规模将超过 20 万亿元，但是人均拥有 POS 终端数量远低于国外，截至 2011 年年底，中国每百万人占有 POS 量为 3 592 台，在国际支付结算体系委员会（Committee on Payment and Settlement Systems，CPSS）有统计记录的 21 个国家和地区中排名第 19 位，相当于第 1 名澳大利亚的 1/10。由此可见，中国银行卡受理环境还不能满足银行卡市场快速发展的需要。随着人们生活水平的提高，二、三线城市居民的购买力上升，POS 终端建设仍有很大增长空间，而这也成为各家第三方支付公司日益看重的市场。

随着第三方支付公司进入线下 POS 收单市场的大潮浩浩荡荡席卷而来，作为传统金融收单机构的商业银行、中国银联逐渐意识到竞争危机，"大象"惊醒后也开始革新互联网技术，利用垄断地位以及促进建立行业监管等多种手段进行反击。

首先采取行动的是中国银联，在中国所有收单机构中，中国银联旗下全资子公司银联商务为龙头老大。公开数据显示，2011 年之前，银联商务在线下市场占有 70% 以上的市场份额，但自从央行颁发牌照后，整个市场格局发生震荡性变化，银联商务的市场份额下滑明显，压力重重。于是，中国银联利用其垄断地位，多次公开宣称"非金融机构的线下银联卡交易需统一上送银联转接"，名为"规范支付市场，维护成员银行和银联权益"，实为"收编"之举。

商业银行对收单业务也越来越重视，一些银行出于存贷款业务的需求，以免费或很低的成本发展商户，牺牲收单业务的收益，促使线下 POS 收单市场陷入恶性竞争。

摩擦在所难免，但竞争中需要合作。基于互联网技术的第三方支付公司对于线下 POS 收单行业的颠覆在于，它们可以绕过银联，单独和商业银行协定分成比例。为了打压第三方，中国银联把银行归为利益共同体，并试图与银行建立战略联盟，但这只是中国银联的一厢情愿。因为在长期线下 POS 收单市场的竞争中，中国银联长期利用垄断地位和一些不公平竞争方式与银行争利，银行对中国银联越来越不信任，反而对第三方支付公司的态度越来越"暧昧"。不过，头顶"卡组织"身份的光环，中国银联在各商业银行系统间互联互通的资源也是很难被替代的。因此，从目前的发展态势来看，"第三方支付公司——中国银联——商业银行"这种"间联合作"手续费按 2∶1∶7 分成的模式可能会是发展主流。在这种模式下，第三方支付公司、银联与商业银行之间是支付产业链前后台分工，支付公司负责拓展市场，银行作为发卡行始终享有最高收益，中间转接和清结算由中国银联承担，既适应市场需求又均衡了各方利益。因此，业内普遍认为三者之间合作大于竞争。

2.4　跑马圈地，加速布局

对于和商业银行、中国银联这样的"央行嫡系"竞争，关国光仔细揣摩和考虑过，这是一盘不好下的棋局。央行发放支付业务许可证之前，线上支付是第三方支付公司的主要业务类型，规模很大，但技术门槛较低，同质化现象严重。与线上支付不同，线下 POS 收单业务有硬件设备铺设成本、推广渠道、风险防范经验等条件限制。虽然快钱几年来凭借行业纵深战略已经在多个行业积累了丰富的客户拓展和运营经验，但关国光清楚，接下来将要面临线下 POS 收单业务爆发性的增长，优势如果利用不好就会变成劣势，仅 POS 硬件设备的投入就相当惊人。以快钱未来 3 年业务规划为例，除了在一线城市加大覆盖外，还以点带面，由省级中心向二、三线城市和乡镇地区以及海外地区延伸，这意味着每年至少要投入 10 万台 POS 终端，每台 POS 终端设备按型号不同，价格为 1 000～3 500 元不等，一年的 POS 终端投入就达数亿元。特别是在如此广阔的地区开展 POS 收单业务，前期建设、中期运营与推广、后期维护等方面都有很大难度。

在一次管理层会议上，财务总监莫妮卡（Monica）开玩笑说："这几亿元放到银行生利息，可能比我们赚的多。"但关国光敏锐的战略前瞻力说服了公司股东和管理层，与支付宝、财付通定位于个人用户服务不同，快钱坚持走企业客户战略。"想致富，先铺路"，要想帮助企业朝着电子商务的大趋势挺进，快钱必须先建设一条"资金的高速公路"。一旦快钱为企业建好这条高速公路，培养企业客户使用快钱综合性解决方案的习惯，自然而然就可以构建起独特的竞争壁垒。除此之外，关国光还清楚地看到了线下收单市场的新机会——未来建立在收单通道化基础上的数据分析和增值服务将成为叠加盈利点（见图1）。

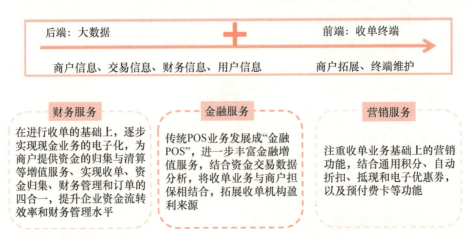

图 1　快钱针对线下 POS 收单市场未来趋势的预测

为了匹配业务拓展规划，快钱完善了配套的产品开发和直销团队，做足了市场营销、采购供应的准备，集合了所有优势资源对线下 POS 收单市场布下重兵。看似一切都准备好了，意外还是不期而至。

3. "捆绑"与"束缚"

3.1　运营部门的"四面楚歌"

随着行业纵深战略的成功，合同纷至沓来，交易量每个季度都在翻番。VPOS 中心成为各个大区销售团队的"必争之地"。销售的订单是弹性的，客户需求也是多种多样的，可对 VPOS 中心来说，生产运营能力基于系统、库存、人力资源进行匹配，相对而言是定量的。销售部门和生产部门的冲突连续几个星期没能得到妥善解决，几个大区销售经理将问题升级抄送给了公司高管邮箱。

关国光让运营副总裁约瑟夫（Joseph）尽快拿出解决方案。约瑟夫对运营上的困难早就有所了解，他曾在惠普打印机事业部负责生产工程多年，非常理解销售和生产的矛盾。通常销售部门的考核指标是销售收入，而缺货、不能按时交货或者服务问题将导致客户满意度下降，甚至失去客户，这是销售部门所无法容忍的。而生产部门是以成本和利用率作为绩效考核依据，相对而言生产能力问题是刚性的，往往受人力、库存、采购成本等条件约束，很难满足销售灵活多变的要求。有些原本可以解决的问题因为销售预测和生产计划之间缺少有效的沟通、协调而激化，最终导致冲突，这是大多数企业都存在并令管理层困惑的难题。除了解销售部门与生产部门的冲突外，约瑟夫带领项目组还对多个相关部门进行了调研和访谈，结果不容乐观。项目组发现在业务爆发性增长的背后，整个线下 POS 收单产品线遭遇了财务部、客服部、运营部、风控部的"四面楚歌"（见表1）。

表1 快钱线下 POS 收单产品线面临的问题举例

部门	问题反馈	举例描述
财务部	预算管理难度大	CAPEX（capital expenditure，指 POS 终端的固定资产投入）的预算和实际差异大，影响预算管理的执行
		KA（key account，重要客户）项目现场实施要求多，差旅预算高
	产品线运营费用高	安全库存 4 000 台，占用大量现金流
		仓储网点为北京、上海、广州三地，异地配送费用居高不下
客服部	远程服务体验差	现场服务和远程服务比例为 1∶9，远程服务虽然成本低，但客户体验差
	终端故障处理周期长	终端维修流程是首先由快钱 VPOS 中心检测、维修，疑难问题再转移至供应商处理，周期一般达 2 个月
	产品定制化需求无法满足	定制化服务需要供应商支持，经过厂商上门调研、确定方案后定价评估、双方签订开发合同等环节，周期一般为 3 个月
运营部	密钥环节瓶颈	纯人工操作，VPOS 日受理容量 300 台/天，但需求弹性大，一般 300～1 000 台/天，灌装密钥环节经常出现延迟
	远程培训瓶颈	培训部人员有限，VPOS 日受理容量 160 台/天，但需求弹性大，一般 150～300 台/天，培训环节经常出现延迟
	仓储覆盖指标低	北京、上海、广州三地仓储仅能覆盖 60%KA 客户
	装机服务效率低	现场远程装机效率平均为 T＋4 天，但部分地区商业银行服务效率为 T＋2 天
风控部	商户现场巡检能力弱	分公司所在城市巡检周期为 1 个月一次，商户串用 MCC 和套现的风险隐患几乎没有；但在其他城市，面临数十万台终端，风控部门人力有限，只能做到 3 个月一次，存在隐患

一个个问题摆在了约瑟夫的面前，经验告诉他，这些预算、库存、配送、服务水平方面的问题不能一个个孤立地解决，重新设计和运作一整套运营保障方案势在必行。约瑟夫一贯推崇的理念是公司应该"轻松"运行，但这次面临

的难题真的"不轻松"。一方面，国内没有成熟的模式可以借鉴；另一方面，公司好像一匹志存高远的千里马，却不幸拉着一辆沉重的牛车前行，解决问题刻不容缓，否则会影响到公司整体规划。

3.2　一波未平，一波又起

约瑟夫刚忙碌了两天，突然接到 CEO 办公室的通知，让他紧急参加一个会议。约瑟夫满腹疑虑：难道又起火了？他刚踏入会议室，就听到合规部总经理维克托语气凝重地说："刚从央行开会回来，央行一直筹划的《银行卡收单业务管理办法》已经基本定稿，其中有两点值得我们关注，一是本地化收单、落地化服务，要求收单机构不得在未设立分支机构的省、自治区、直辖市开展实体特约商户收单业务；二是交易转接和清结算要通过银联进行。"

话音未落，华北区销售总监欧文首席财务官（Owen）急了："这是什么要求？分明是银联的保护伞嘛，银联自己既做业务又想定规则，就是足球场上'运动员''裁判员'于一体，让别人怎么玩？"欧文是个有冲劲的小伙子，华北区的销售业绩占全国 1/3，他着急也是可以理解的。长期以来，脱胎于互联网公司的第三方支付公司一般采取大区化的管理模式，并不会在各省市设立分支机构。这也是第三方支付公司轻资产运营模式的优势。这条央行规定更像是为中国银联和商业银行等传统收单机构定制的，徒增了第三方支付公司进入线下 POS 收单市场的难度。被欧文一吼，几个大区销售负责人都面露难色，议论纷纷。

乔伊（Joy）是公司首席财务官（CFO），她心思缜密，冷静地问："维克托，相信会上很多机构持有不同意见吧？凭你的经验，这两条最终落实成文的可能性多大？"周围人立刻停止了讨论，都在等着维克托的答案。

维克托稍稍思考了一下，说："从会上反应和私下与央行领导的交流来看，第一条可能性非常大，九成把握要落地执行。第二条还有待商榷，分歧比较大，有些央行领导觉得，这条背离了之前倡导的不能扼杀创新的监管思路。"

乔伊稍稍松了口气："由此看来，第二条可能性不大，虽然有意保护，但央行还是很谨慎的，如此强制要求转接银联很容易落下话柄。不过，第一条就比较麻烦了，别看我们现在市场迅速扩张，交易额逐年翻番，但 POS 终端、仓库、物流已经占用了上亿元资金。而且合规要求的，不仅仅是开分公司那么简单，而是要求本地化服务。从我们之前在天津、福州等地分公司的投入来看，每年需要 80 万～100 万元。若一下子开设 30 多个分公司，投入又要增加 4 000多万元，再考虑到后期巡检、运营及产品的风险计提，这个产品的投资回报率成问题了！我听说支付宝已经开始重新评估这块市场了，政策风险太大，我们是不是……”乔伊有意没有把话说完，谨慎地观察其他人的反应。

产品总监威廉（William）一直沉默不语，POS产品作为后起之秀，给公司业绩创造了一个又一个高峰，在他心里割舍不下。他也在观察关国光，作为关国光的老部下，他知道关国光内心极其强大，在一次次遭遇发展瓶颈时，他总能找到坚持下去的理由和办法。威廉希望从他身上看出点端倪。

关国光神态凝重，但语气铿锵有力：“谁来决定这个市场发展或不发展？不是银行，也不是我们，是客户。还是那句话，我们做决策的时候，先考虑为客户提供价值。既然有需求，就得有人去满足。我的建议是，我们要想办法融入外部政策环境，而不是抵御它们。我们需要在行业变革中找到机会，要在各种星星之火中找到燎原之势，这就是管理者最重要的责任。我给咱们的底线是，早期摸方向的时候，容许一定尝试，要尽快找到目标点，实现路径、资源的聚焦。”

约瑟夫点点头，说道：“其实也挺有趣的，我们一直强调快钱的使命是加速资金流转，使企业血脉畅通。现在，需要咱们自己先打通任督二脉了。之前还有一堆运营问题没解决，现在又增加了合规要求。依我看，单靠运营部门的力量不行了，我申请建立一个跨部门的项目组，一起研究应对方案，最好能建立一套柔性的运作模式，既合规又能灵活应对各种需求。”

关国光和与会高管纷纷表示支持。

4. 有破有立，格局朗阔

为了寻找一种有效的方案来破解目前合规监管、运营瓶颈的困局，快钱公司迅速筹建了项目组。由约瑟夫牵头，精心挑选了项目成员，他们大多不是管理人员，而是被称为“十米内的管理人员”、来自各部门最接近线下收单产品线的精英，还有来自外部供应商、物流公司和咨询公司的顾问。项目组根据公司长远业务拓展规划，立足实际需求，围绕几个目标进行方案的设计：（1）流程改进。重新设计产品链和开发链，使运营流程与产品特性匹配。（2）成本改进。突破公司墙和部门墙，从供应链角度寻求库存、物流资源的有效利用。（3）服务改进。本地化服务队伍建设，提高服务水平，并达到合规要求。

正如“罗马不是一日建成的”，快钱公司经过一年的磕磕绊绊，最终形成供应链一体化方案，其中的辛酸甘苦只有亲历者深知其味。

4.1 改进作业流程，突破灌装瓶颈

快钱原来的模式中加密程序复杂且无法远程自动灌装，每一台 POS 终端必须经过快钱 VPOS 中心灌装组手工操作，这大大限制了产能规模，而且后期维护成本高。项目组重新设计供应链一体化方案时，不仅从技术开发层面考虑优化，而且从产品链的合规、运营多层面考虑，最终形成"预灌装＋远程升级"方案。新方案的加密技术依然由快钱公司掌控，但灌装环节先由快钱预灌装到多个母 POS 中，再通过母 POS 将密钥下载灌装给更多的子 POS。新方案改造后，从母 POS 下载密钥的操作简单易行，销售人员和客户都可以自行操作，完全突破了原来仅限于专业工程师操作的运营瓶颈。

4.2 收获同道挚友，合作实施减法

为了解决库存和配送管理低效的问题，满足供应和需求之间的匹配，关国光鼓励项目组在快钱与上游供应商的合作模式上大胆尝试、勇于创新，最好能将原来买卖双方的"交易式合作"转变为相互信任、分享进而紧密融合的"战略式合作"。但这不是一件容易的事，需要说服供应商接受改变并作出妥协，这一步是对合作关系真正的考验。

约瑟夫在与一家主要供应商谈判时开门见山地说："管理层给了我很大压力，让我降低直接的 POS 采购开支，市场越来越苛刻，我们别无选择，只能从价格入手增加竞争优势。因此，我们需要将目标设定为，在今后的 3 年里，每年的采购开支都要降低 10%。现在，我可以用取消业务或其他方式来威胁你，迫使你在价格方面不断做出让步，但是我不想这样做。我想跟你共同分析一下咱们双方的生产运作模式，看看我们能做哪些改变，比如通过合并或减少一些引发成本的活动，在双方不损失很多利润的情况下优化彼此的生产费用。当然，如果你不愿意的话，我会坚持我的降价目标，让你自己想办法降低成本。"约瑟夫强硬但公平的方式，让供应商不得不思考，原来讨价还价的合作方式可以维持多久。

大浪淘沙始见金，多年的信任基础让一部分供应商选择支持快钱的做法。经过双方反复调研，一套快钱公司可实现"零库存"的方案得到多方认可。新方案主要有以下几项措施：（1）采用供应商管理库存（vendor managed inventory，VMI）策略，按需采购。快钱与供应商签订"定价不定量"的年度框架采购协议，由供应商负责管理库存，快钱每季度初向供应商更新各区域市场需求预测，季度末结算时以实际采购量为准。虽然双方的 POS 终端产成品存储在

同一仓库里，但快钱的客户订单一旦流转至出库环节，系统自动与供应商库存系统进行交割，实现虚拟的物权转移。快钱只需要分担小部分管理费用即可实现零库存，供应商也在新方案中得到更精准的预测，缓解了牛鞭效应。（2）灌装和检测前置。改良后的灌装技术可以远程实施，新方案设计时将灌装和检测环节前置在供应商的仓库进行处理，减少原来供应商与快钱之间的物流传递。（3）增加全国分仓，降低物流成本。快钱公司和供应商实现仓储网络共享，使快钱公司由原北上广三地的仓储，扩展到几十个地区仓。对快钱来说，分仓策略让越来越多的仓库更靠近客户，缩短了运输距离，降低了第三方物流的包裹换手率，货损减少，到货时间缩短，用户体验得到改善。对供应商来说，原有地区仓资源得到有效利用，库存周转率大大提高。

多管齐下的措施非常有效，经过与供应商深入合作，双方资源得到充分利用，同时，调配的敏捷性让公司更从容地应对由于战略变化、业务量波动、业务分布不均衡所带来的营运难题。

4.3 渠道叠加外包，展业服务并行

满足本地化收单、落地化服务的合规要求是项目组面临的又一个考验。央行明确要求，收单机构不得在未设立分支机构的省、自治区、直辖市开展实体特约商户收单业务，这意味着快钱需要改变原来的大区经营模式，在全国范围内开设分公司，并且部署各个职能的地面团队。面对动辄几千万元的费用支出，约瑟夫觉得有必要召开一次公司高管会议。

会上，约瑟夫简要介绍了情况：在全国范围内搭建分公司网络，既能满足合规要求，又能提升服务水平，可是这个方案的问题在于成本投入太大，某些覆盖客户少的地区无法收回成本。他把问题抛出来，希望集思广益，找到更好的办法。

欧文首先发言："我们最关注效率和服务水平，建分公司的好处显而易见。我看大区模式也不用变，在原来大区的基础上，看管辖范围内哪几个城市建分公司合算，就去建呗。"

约瑟夫耐心解释说："建分公司不难，不过这么大的一个地面团队，后期需要大量人力物力的投入，前期必须筹划清楚，分公司要承担哪些职能，建不建库存，承接什么服务，招多少人等。"

托马斯（Thomas）是西北区销售总监，虽然西北区的业绩在公司的占比不高，但他为人成熟沉稳并且有多年银行从业经历，在销售团队里声望很高。他不紧不慢地说："其实，咱们也可以参考一些地区性银行的做法。很多地区性银行不像大银行有实力，因为人力成本、管理等问题，更倾向于将业务外包给当

地专业化服务机构，用这种方式来拓展业务和服务，既省了麻烦，还能躺着挣钱。但有个问题，这些外包商分散在各个城市，不好管理，而且碍于竞争关系，与我们合作的意愿可能不强。"

约瑟夫对此非常感兴趣，他说："管理上倒没什么问题，传统行业建立渠道代理的很多成熟经验可供参考。我一直觉得应该轻装上阵，咱们完全依靠自身资源进行调整，速度总是赶不上市场的变化，外包是个好思路。银行外包商不愿意合作，我们就找别人。上次我和供应商老胡谈分仓的事，他还提到他们有些网点工作不饱和，可能要取消呢，咱们不如另辟蹊径，找供应商谈谈。"

风控部负责人布伦特（Brent）说："我插一句，你们谈的时候要加上一条，把现场风险巡检的服务也外包，我们风控也借借光。现在 POS 移机、串行业行为很多，日常巡检咱们人力不够，而且这没什么高技术含量，经过统一培训，外包可以做。"

随着会议讨论接近尾声，关国光说出了他的两点担心：一是成本投入方面要把好关；二是建议项目组充分考虑外包的两面性，在他看来，外包就像一杯高乐高，能"长高"，固然是好事，但对副作用也要事先考虑到，比如建立怎样的机制确保服务响应效率。

会后，约瑟夫带着项目组历时 3 个月对全国各地供应商的分支机构、服务外包商进行全面考察，一个遍布全国二、三线城市的网络平台浮出水面（见图2）。项目组精心制定了全国统一服务标准、服务外包商审核体系和绩效考评规

图2　快钱全国渠道和服务外包网络覆盖图

范，不仅要求每家服务外包商签署保密协议、奖惩条款，还需要缴纳一定数额的保证金。至此，全国网络搭建已具雏形，原来无法及时处理的硬件问题，也因有供应商专业化团队的加入，实现现场诊断和更换。快钱成为首家全面满足政策合规要求的第三方支付公司，并且在综合服务水平和服务响应上远超竞争对手。

4.4 夯实技术平台，解决信息孤岛

项目组深知，要使供应链一体化更加高效地执行，主要途径之一就是建成一个层次清晰、便于管理的供应链管理系统，将原来供应链上不同公司的信息孤岛联动起来。因此，项目组设计系统架构时，配合供应链中各实体的业务应用场景，使操作流程和信息系统紧密配合，做到各环节无缝连接，形成信息流、产品流、服务流、资金流和知识流"五流"合一，实现对整个线下 POS 收单产品供应链条的配置、管理和监控。

项目组通过三个关键步骤实现基础生产运作系统及各种决策支持系统的无缝隙融合（见图 3）。（1）将各企业内部 POS 收单外围系统，如客户服务系统、商户欺诈监控系统、报表管理系统、物流系统、分销系统等系统接口标准化，目的是使其与外部系统或者各系统之间容易对接。（2）将供应链各种信息、流程、访问数据等决策功能集成在系统内，做到协同决策流程自动化。（3）将不

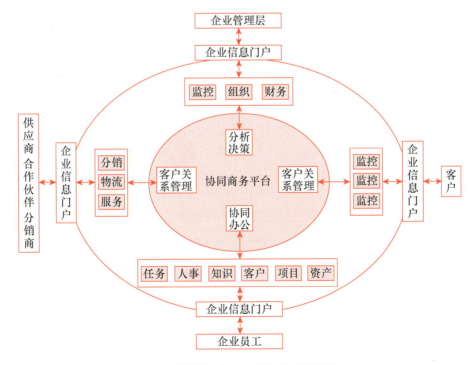

图 3 快钱供应链一体化信息系统概况

同企业的系统利用接口集成在一起，模糊它们之间的界限。当然，快钱将系统传递的信息分类保护，将那些与供应链上下游不直接相关的内部决策和部分客户信息进行加密屏蔽。

4.5　方案的实施效果

经过一年的不断摸索与改进，快钱公司的供应链一体化战略广受好评，图4显示了方案实施后的业务流程情况。

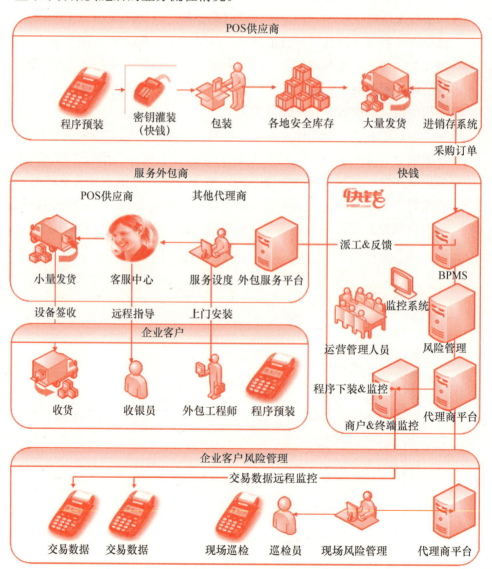

图4　快钱供应链一体化实施后的流程设计

该方案帮助企业解决了原来生产瓶颈、运营效率、风险防范等方面的掣肘问题（见表2），让整个供应链变得更加敏捷、可控。综合来看，运营效率提升100%，成本较上年没有大幅增加。"T日申请，T+1装机；T日刷卡，T+1结算"成为业内服务标杆。公平合理的收益分享机制，充分调动了服务外包商拓展业务的积极性，使得快钱线下POS收单业务迅速突围到二、三线城市。在业务攀升的同时，定期风险巡视服务让快钱总部风险部门实时掌握客户应用场景和动态，适当调整交易审核频率、设定交易风险限额等，弥补了原有风控体系以远程控制模式为主的不足，使风险防范体系更加行之有效。

表2   **方案实施策略和实施效果的介绍**

部门	问题反馈	实施策略	实施效果
财务部	CAPEX预算管理难度大	按需采购+服务外包	按需采购，不产生虚高支出
	KA项目差旅预算高		本地化项目支持，无远程差旅预算
	库存影响现金流	VMI+按需采购+分仓	按需采购，少占用现金
	配送费用高		通过增加仓储站点，物流环节80%的快件运费价格下降38%
客服部	远程服务体验差	服务外包	现场服务增至50%，客户体验满意度大幅提升
	终端故障处理周期长	服务外包	维修外包给供应商，按数量付费，效率提升100%
	产品定制化需求无法满足	服务外包	定制化外包给供应商，按次数付费，效率提升100%
运营部	灌装环节瓶颈	灌装前置	在供应商处操作，消除运营瓶颈
	远程培训瓶颈	服务外包	现场服务增至50%，大幅降低远程培训比例，消除瓶颈
	仓储覆盖指标低	分仓	分仓实现87%KA客户的覆盖
	装机服务效率低	分仓+服务外包	实现"第1天申请，第2天装机"，运营效率提升100%
风控部	商户现场巡检能力弱	服务外包	实现全国各二、三线城市巡检周期至少为一月一次，对商户串用MCC和套现等风险时时监控，在监管机构来检查前做好防控

5. 尾声

收回思绪，飞机已经缓缓降落在虹桥机场。虽然夜幕已经降临，关国光还是选择直奔办公室与维克托碰面。维克托递过来央行正式下发的文件，该文件要求八家支付机构2014年4月1日起停止发展线下POS收单新商户，这八家是汇付、随行付、易宝、盛付通、卡友、北京科海融通、捷付睿通和富友。关国光从头到尾读完后，头朝后一仰，靠在高背椅上，慢慢地转向窗外，上海的夜景如同一幅魔幻色彩的光影图画，霓虹闪烁，车流如织，整座城市像浮在这片巨大的光海之上。关国光耳边响起维克托难掩兴奋的声音，"利好形势现在又出现了，听销售部门说，客户来电应接不暇……"他闭上眼睛，深深地吸了一口气，又长长地呼了出来，任重而道远的感觉油然而生，他起笔给全体员工写了一封信。

　　　　各位同事：

　　　　近日关于支付行业的新闻和讨论甚嚣尘上，前有支付宝、财付通相关业务被叫停，后有八家支付机构被勒令暂停新商户接入。同业的风险事件对我们是鞭策，更是警醒。我们应该清醒地认识到，快钱一直以来严格遵守的高合规、高风控准入准则是我们确保业务能够持续健康发展的基石。市场需要创新，金融服务更需要专业严谨。唯有如此，才能长久服务客户，最终取得行业领先。

　　　　乱花渐欲迷人眼的行业纷争，更需快钱人沉静心绪，用更加严肃的态度和更加严苛的规范来约束自己。因此，再次重申，请公司各部门坚守我们严谨专业的从业态度，从每一个细节确保我们的增长稳步、健康、可持续。

　　　　沧海横流方显英雄本色，更好的时代在不远处等待不断强大的快钱。

　　　　　　　　　　　　　　　　　　　　　　　　　　　　　　关国光

启发思考题

　　1. 第三方支付行业在线下 POS 收单市场的竞争环境如何？支付宝已经退出线下 POS 收单市场，为何快钱还要坚守？

　　2. 行业纵深战略成功后，快钱运营团队面临哪些困境？

　　3. 快钱是如何实现"零库存"的？具体运用了哪些策略和技术？

　　4. 快钱面临央行的"本地化经营和管理"新规有哪些应对方案可以选择？快钱为什么倾向于选择服务外包？

　　5. 快钱公司供应链一体化战略的执行效果如何？快钱如何满足供应链不

同伙伴之间的目标冲突？

公司背景信息

　　快钱成立于 2004 年，公司总部位于上海。公司拥有由互联网行业资深创业者、优秀金融界人士和顶尖技术人员组成的国际化管理团队，在产品开发、技术创新、市场开拓、企业管理和资本运作等方面都具有丰富的经验，其中有多位高管持有美国特许金融分析师资格。出众的执行力和快速的发展，使得快钱一直赢得多家美国硅谷大型风险投资基金机构的青睐，获得长期稳定的风险投资。

　　2005 年，快钱正式上线人民币支付、外卡支付、神州行卡支付、联通充值卡支付、VPOS 支付等众多支付产品，支持互联网、手机、电话和 POS 等多种终端，打造了跨银行、跨地域、跨网络的信息化支付平台。虽然是电子支付领域的新进入者，但快钱凭借其互联网发展的经验以及资本力量的推动快速扩大规模。

　　2007 年，有别于以网络购物为主的个人应用型电子支付，快钱确立了其为企业量身打造支付服务的发展战略，率先深入了解行业需求，挖掘行业应用，走出了一条差异化道路。通过为各个行业量身定制支付解决方案，快钱为传统企业降低了转向全面电子商务的进入门槛，提高了资金流转效率，并在一定程度上引导企业提高了经营效率和综合竞争力。快钱公司所倡导的电子支付行业应用已渗透到航空、保险、教育等近 20 个领域，实现了资金流与信息流的有机整合，促进了企业资金效率的提升。在市场研究机构艾瑞和易观发布的 2007 年行业报告中，快钱均跃升至年度在线支付市场第三的位置。

　　2009 年，快钱意识到，在信息技术高速发展的态势下，电子商务的应用范畴已经由最初的 B2C 零售扩展到更为广阔的 B2B 领域，越来越多的传统企业依托电子商务来改善产、供、销整体效率，以提高竞争力。这对企业的流动资金管理提出了严峻的挑战，同时也为企业加速发展创造了机遇。快钱把握市场脉搏，积极探索供应链融资，确定"支付＋金融"的业务扩展模式，全面推广供应链金融服务，形成一整套专业高效的流动资金管理解决方案，实现了商流、物流、资金流与信息流的无缝整合，帮助企业提升资金流转效率，从而加快发展。

2011 年，获得央行发放的第三方支付牌照后，快钱开始对预付费卡、线下 POS 收单、移动支付等业务线布以重兵。在探索行业解决方案的过程中，快钱发现要想全面满足企业的多方位收款需求，打通资金链条，提高资金利用效率，就不能仅着眼于在线支付市场，而要帮助企业解决传统收单效率低下的问题，全面打通线上、线下和移动收款渠道，同时叠加便捷的增值服务，如财务管理、资金归集以及基于供应链的金融保理等。

如今，为了推进信息化金融服务的发展和落地，快钱在国内已形成完善的战略布局。公司总部位于上海，在北京、广州、深圳等地设有分公司，在天津设有金融服务公司，在南京设立了全国首家创新型金融服务研发中心，建立了一支超过 1 300 人的专业化服务团队。目前，快钱正与超过 300 万家商业合作伙伴一道，共同见证信息化金融服务的巨大价值。快钱的流动资金解决方案不仅广泛应用于商旅、保险、电子商务、物流等现代服务产业，也渗透到制造、医药、服装等传统领域；合作伙伴覆盖东方航空、南方航空、平安集团、中国人寿、京东商城、当当网、宅急送、百度、新浪、李宁、联想、戴尔、神州数码等各行业领军企业。2012 年，快钱交易总额突破 40 000 亿元。

教学用途与目的

1. 本案例主要适用于"财务管理""战略管理"等课程中供应链管理相关领域的教学。

2. 适用对象：本案例主要针对 MBA、EMBA 和企业管理人员，以及经济类、管理类专业的高年级本科生及研究生。

3. 教学目的：在过去由商业银行和中国银联为主导的线下 POS 收单市场，随着第三方支付公司制衡力量的进入，行业竞争日益激烈。与此同时，国家监管政策不断推陈出新，陆续提高了行业准入门槛。快钱公司在市场前景堪忧的背景下，跟随技术、监管、市场需求的变化不断前行，积极探索出一套切实可行的供应链一体化战略，不但满足了监管要求，而且突破自身运营瓶颈达到快速赢得市场的目的。通过对本案例的研究和分析，帮助读者理解和掌握以下重要知识点：

（1）供应链一体化理论；

（2）供应商管理库存；

（3）供应链组织间成本管理；

（4）外包理论。

理论依据与分析

1. 供应链一体化理论

鲍尔索克斯（Bowersox et al.，2002）在《供应链物流管理》一书中提出了供应链一体化模式，如图5所示。这张图用箭线将供应链成员企业连接在一起，形成了一个协同合作、具备竞争力的整体，很好地阐述了供应链一体化这个基本概念。供应链一体化指的是在关键资源受限制的情况下，多个企业之间形成的一种合作关系。为了获得竞争优势，企业必须与客户、起支持作用的分销网络和供应商网络结成联盟，从而形成供应链结构和战略。因此，供应链模式集成了多种活动，包括从最初的原材料采购到将最终产品和服务送到客户手中的一系列运作过程。

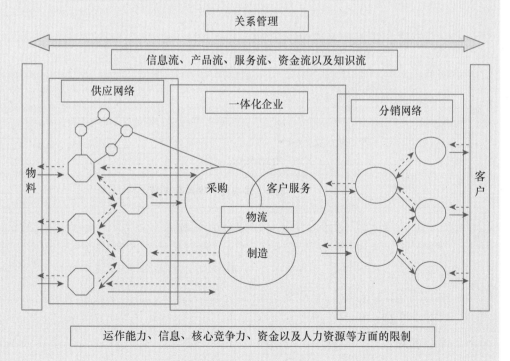

图 5　供应链一体化基本模式

供应链中的价值来源于供应链成员企业之间的协同作用，其中，五种关键的流对价值有重要的影响，它们分别是：信息流、产品流、服务流、资金流和知识流（见图5上方的双向箭头）。一体化整合产生价值的过程要求企业必须对从物料采购到把产品或服务送抵最终客户的一系列运作过程进行管理。

供应链一体化通过科学的管理方法将彼此独立、从事买卖的企业连成一个整体，提高了企业的市场影响力、整体效果和竞争力，并能不断进行完善。这是供应链一体化与传统渠道运作的根本区别。然而，在实践中，大量复杂的原因导致供应链无法像单线图所示那么容易理解。例如，许多个体企业同时也是多个相互竞争的供应链中的成员。由于供应链已经成为竞争的基本单位，因此，在多个供应链中从事活动的企业难免会遇到保密问题以及潜在的与利益冲突相关的忠诚度问题。

2. 供应商管理库存

供应商管理库存（VMI）是一种供应链环境下的库存运作模式，本质上是将多级供应链问题变成单级库存管理问题（见图6）。VMI是以实际或预测的消费需求和库存量，作为市场需求预测和库存补货的解决方法，使供应商可以更有效地计划，对市场变化和消费需求做出更快速的反应。

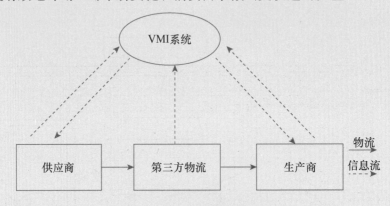

图6　供应商管理库存系统

VMI是以供应商为中心，以双方成本最低为目标，在一个共同的框架协议下把下游企业的库存决策权代理给上游供应商，由供应商行使库存决策权，并通过对该框架协议经常性的监督和修改来实现持续改进。供应商收集分销中心、仓库的数据，实现需求和供应相结合，下游企业通过帮助供应商制定计划来实现零库存，供应商的库存也会大幅减少。VMI是一种很好的供应链库存管理策略，它能够突破传统的条块分割的管理模式，以系统集成的管理思想进行库存管理，使供应链系统能够获得同步化的运作。

VMI 要求整个供应链上的各个企业共享生产、销售、需求等信息，以加强供应链上下游企业之间的合作，减少由于信息不对称或不完全带来的风险，优化供应链。需求信息能够真实、快速地传递，信息的透明度增加，可以缓解下游企业的库存压力。

VMI 的实施要求企业有较完善的管理信息系统，在 VMI 运作过程中，供应商、零售商、制造商和客户通过网络，在各自的信息系统之间自动交换和处理商业单证，这样就可以统一整个供应链上所交换的需求数据，并将处理后的信息最终全部集成到供应商处，以便供应商能更准确及时地掌握消费者的需求以及需求变化情况，快速做出库存和补货决策，从而大大弱化牛鞭效应。

3. 供应链组织间成本管理理论

供应链成本包括企业在采购、生产、销售过程中为支撑供应链运转所发生的一切物料成本、劳动成本、运输成本、设备成本等。供应链成本管理可以说是以成本为手段的供应链管理方法，也是有效管理供应链的一种新思路。供应链成本管理是一种跨企业的成本管理，其视野超越了企业内部，将成本的含义延伸到整个供应链上企业的作业成本和企业之间的交易成本，其目标是优化、降低整个供应链上的总成本。

组织间成本管理（Interorganizational Cost Management，ICM）理论是供应链成本管理的理论基础。组织间成本管理是对供应链中有合作关系的相关企业进行成本管理的一种方法，其目标是通过共同的努力来降低成本。为了实现这个目标，所有参与的企业应该认同"我们同坐一条船"这个观点，并且努力提高整个供应链的效率而不是它们自身的效率。如果整个供应链变得更加高效，那么它们分得的利润也就更多。因此，组织间成本管理是一种增加整个供应链利润的方法。由于它在很大程度上依赖于协调，因此只适用于上下游紧密合作的供应链类型，因为买卖双方互相影响，信息共享程度也很高。为了使组织间成本管理行之有效，任何改进措施取得的超额利润应该让所有参与的企业共享。这种共享可以刺激所有参与企业更好地合作。

4. 外包理论

外包（outsourcing）是指企业动态地配置自身和其他企业的功能和服务，并利用企业外部的资源为企业内部的生产和经营服务。

服务外包是指经济环境中的任何经营主体将其不具有优势的非核心的业务外包给专业化的服务机构，由外部最优秀的专业化团队来承接其业务，从而使其专注核心业务，达到降低运营成本、提高工作效率、增强核心竞争力和提高对环境的应变能力的一种经营模式。最初,服务外包只覆盖客户服务、IT服务领域,后来慢慢扩展到人力资源管理、金融、会计、研发、产品设计、市场营销等众多领域,服务层次不断提高,服务附加值明显增大。服务外包的本质在于做你最擅长的,把其余的外包出去。它是市场运行中经济分工原理运用的典范,打破了"自力更生"的传统观念,更深刻更彻底地改变当代经营管理理念,是生产方式的巨大变革。

主要参考文献

[1] Anklesaria J. Supply Chain Cost Management:The AIM & DRIVE Process for Achieving Extraordinary Results. AMACOM,2008.

[2] 唐纳德·J. 鲍尔索克斯,戴维·J. 克劳斯,M. 比克斯比·库珀. 供应链物流管理. 马士华,张慧玉,译. 4版. 北京:机械工业出版社,2014.

[3] 埃里克·诺林,彼得·布鲁尔,雷·加里森. 经理人员管理会计. 李丹,译. 北京:中国人民大学出版社,2009.

[4] 查尔斯·T. 亨格瑞,斯里坎特·M. 达塔尔,乔治·福斯特,马达夫·V. 拉詹,克里斯托弗·伊特纳. 成本与管理会计. 王立彦,刘应文,罗炜,译. 北京:中国人民大学出版社,2010.

[5] 大卫·辛奇-利维,菲利普·卡明斯基,伊迪斯·辛奇-利维. 供应链设计与管理:概念、战略与案例研究. 季建华,邵晓峰,译. 3版. 北京:中国人民大学出版社,2010.

[6] M. 苏珊娜·奥利弗,查尔斯·T. 霍恩格伦. 管理会计. 王满,译. 大连:东北财经大学出版社,2012.

公司融资篇

CHINA
MANAGEMENT CASES
中国管理案例库

分众传媒：
私有化与借壳上市的资本运作

摘要：

从一家传媒公司成长为首只回归 A 股实现估值翻番的中概股，分众多媒体技术（上海）有限公司（以下简称"分众传媒"）在创始人江南春的带领下，走过了一春又一春，公司以其特有的楼宇视频广告商业模式、媒体传播的分众性、生动性赢得了业界的广泛认同。面对激烈的市场竞争，分众传媒通过赴美上市、私有化再到借壳上市回归 A 股等一系列资本运作，使公司始终处于行业前沿。本案例通过对分众传媒私有化与借壳上市行为的分析，探求资本市场时机对其资本运作路径的影响机制，以期为其他类似公司合理利用资本市场实现公司价值最大化提供借鉴。

关键词： 分众传媒；纳斯达克上市；私有化；借壳上市；市场时机

0. 引言

2016 年 3 月，春节刚过，万物复苏。兴国路 78 号人头攒动，热闹非凡，分众传媒 2016 年第二次临时股东大会正在位于此地的上海兴国宾馆宴会厅召开。会议刚刚表决通过了更改公司名称的决议，A 股市场即将出现分众传媒的身影。

江南春，分众传媒创始人兼董事长，广告传媒行业的黑马，此时终于松了一口气，望着窗外的车水马龙，回想创业以来的跌宕起伏，展望分众传媒在自己的带领下即将进入的崭新阶段。

21 世纪初，户外广告开始在中国受到关注，已在广告圈打拼 10 年的江南春发现了电梯电视广告的商业价值，于是分众传媒应运而生，并且很快得到了市场的认可，开业一个月营收就达到 100 万元。优秀的业绩吸引了资本方的关注，在高盛等几家投资机构注资后，分众传媒进入发展的快车道，成为中国创业公司赴美上市中的一员，一度登上中概股龙头宝座。然而，上市后的分众传媒并非一帆风顺，特别是 2008 年以后历尽波折，先后经历了金融危机、"短信门"、做空风波、业绩下滑等事件，股价也一度从 88.5 美元跳水到 4.84 美元，市值严重缩水。面对重重困境，江南春果敢前行，利用中美资本市场估值差异，带领分众传媒迅速完成了私有化退市，再借壳上市登陆 A 股，走出了凤凰涅槃般的发展之路。波折和困难时刻考验着江南春，面对瞬息万变的市场，唯有把握好时机，提前做好准备，方能运筹帷幄，决胜千里。想到这，江南春露出久违的微笑。

1. 缘起

1.1 丹凤朝阳

2003 年，中国是除日本以外亚洲最大的广告市场，全年广告支出 77 亿美元。此时的江南春已是一个在广告行业闯荡近 10 年的老兵。1994 年，还在华东师范大学就读的江南春，通过为无锡的一项市政工程做户外创意赚了 50 万元，获得人生的第一桶金。他在大学三年级出任永怡广告公司总经理，承揽了上海 IT、互联网广告业里最大一部分业务，在上海广告界声名鹊起。

也许是长时间在广告行业打拼的缘故，江南春对广告商机有着独特而敏锐的嗅觉。一个偶然的机会，江南春看到了电梯门上贴着的小广告，由此产生了灵感：如果把小广告换成电视屏幕那将是一个崭新的媒体平台，电梯口这个特定地点的广告价值也将孕育出新的广告商业模式。于是，以楼宇视频广告为商业模式的全新广告公司——分众传媒应运而生并很快在竞争中脱颖而出，成为行业巨头。

江南春曾经评价盛大游戏的陈天桥："当一般人在人满为患的巴士车上厮打，为自己赢得一点空间而自我感觉良好时，陈天桥已经坐上没人抢的巴士狂飙而去，令你望尘莫及。"同样，分众传媒独特的商业模式绕开了传统媒体的惨烈竞争，在"没人抢的巴士"上，分众传媒成立一个月后通过 55 栋楼的广告屏幕就获得了 100 万元的销售收入。成立一年后，公司就拥有了中国楼宇广告

70%以上的市场份额，实现销售收入 2.4 亿元，令同行望尘莫及。

江南春深知广告行业进入门槛低，唯有迅速占领市场，形成行业壁垒，才能抵挡住其他竞争者。分众传媒在深挖楼宇广告市场的同时不断扩展分众模式的应用场景，先后建立了高尔夫广告联播网、美容美发机构联播网、卖场终端联播网等。

截至 2005 年 3 月底，分众传媒已在中国 22 个大中城市直销其广告网络，并通过与区域分销商的合作覆盖另外的 22 个城市。如此快速的业务发展，充足的资金是必要的条件，因此当务之急是寻求资本助力。

1.2 百鸟朝凤

分众传媒独创的商业模式在国内外并没有成熟的经验可以参考，但江南春及其创始团队凭借近 10 年广告代理的行业经验，率先开创适合中国国情、符合自身发展的盈利模式，吸引了众多资本关注。

2003 年 5 月，分众传媒首先赢得日本软银约 50 万美元的投资，开始凭借资本力量在全国展开圈地圈楼运动，推动中国商业楼宇联播网的建设与运营。

2004 年 3 月，维众创投、鼎辉投资和 TDF 基金联手国际知名风险投资基金 DFJ、美国中经合集团以及麦顿投资等，联合注资数千万美元给分众传媒，推动其全国网络的铺开。

2004 年 11 月，维众创投、美国高盛集团和英国 3I 集团共同投资 3 000 万美元入股分众传媒。

在获得外部资本助力之后，分众传媒迅速占领市场上的高档写字楼，创建行业壁垒。此时江南春对分众传媒的定位是成为中国最大的生活媒体空间，公司要在都市白领回家、上下班、娱乐、购物的必经之路的封闭空间中实现广告高频次到达，潜移默化地影响人们，从而形成强大的品牌引爆和广告宣传效果。为了达到这一目标，公司急需不断的后续资金支持，而利用资本市场无疑是最好的选择。

2. "远嫁"美国

2.1 激流勇进，浪潮淘金

中国公司在国内上市应为首选，天时地利人和，还没有文化、语言的障碍，但国内 A 股市场的高门槛让刚刚成立两年的分众传媒望而却步。另外，从技术

中国管理案例库

财务管理案例——中国情境下的"哈佛范式"案例

角度来看，由于分众传媒的海外注册背景、多元的境外投资方以及复杂的股权结构（见图1），使其很难落地A股。

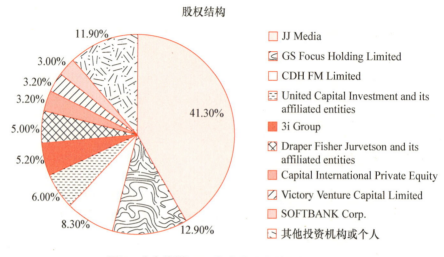

股权结构

- JJ Media
- GS Focus Holding Limited
- CDH FM Limited
- United Capital Investment and its affiliated entities
- 3i Group
- Draper Fisher Jurvetson and its affiliated entities
- Capital International Private Equity
- Victory Venture Capital Limited
- SOFTBANK Corp.
- 其他投资机构或个人

41.30%、12.90%、8.30%、6.00%、5.20%、5.00%、3.20%、3.20%、3.00%、11.90%

图1 分众传媒2005年美股上市前股权结构

2005年是中国股市股权分置改革的关键之年，股市1 000多点，估值较低。像分众传媒这样的创业公司大多选择赴美上市。在2000年的第一波浪潮中，新浪、网易、搜狐三大门户网站接连登陆美国纳斯达克；在2004年、2005年的第二波浪潮中，盛大游戏、百度登陆纳斯达克。到纳斯达克上市似乎成了中国创业公司成功的标志。分众传媒的投资者大多是国际知名投资公司，在资本方的推动下，公司赴美上市看似前景一片大好。

中国公司赴美上市，最早采取的是红筹模式，2000年新浪在美国上市首次创造了VIE模式，这一模式后来成为中国公司赴美国上市的主要模式。其实分众传媒早在成立之前就开始了VIE的搭建。

第一步，设立香港公司Focus Media（China）Holding Limited（FMCH）。2003年3月，设立FMCH，并向Bosco Nominees Limited及Bosco Secretaries Limited各发行1股股份，向其境外控股母公司Focus Media Holding Limited（FMHL）发行9 998股股份；2003年4月，Bosco Secretaries Limited将其持有的1股转让给FMHL，Bosco Nominees Limited将其持有的1股转让给投资人余蔚；2005年1月，余蔚将其作为受托人持有的1股FMCH股份转让给FM-HL。转让完成后，FMHL持有FMCH100％的股权。

第二步，设立境内公司分众传媒、分众数码。2003年6月，FMCH设立分众传媒，并持有分众传媒100％的股权；2004年11月，江南春、余蔚设立分众数码，股权比例分别为90％，10％；同年12月，分众传媒收购江南春持有的分众数码90％股权，分众传播收购余蔚持有的分众数码10％股权。

　　第三步，设立境内公司分众传播、分众广告。2003年6月，江南春持有分众传播70％的股份；到2004年12月，江南春、余蔚分别持有分众传播85％、15％的股份。2004年10月，分众广告设立，分众传播持有分众广告90％的股份，余蔚持有分众广告10％的股份。分众传播及分众广告陆续设立并收购了多家经营广告业务的子公司，开展广告经营业务。

　　最后一步，2005年3月，签署VIE控制协议。根据协议安排，FMHL间接控制分众传媒和分众数码，分众数码通过VIE协议控制分众传播及其下属境内经营实体的日常经营、高管选聘以及需获得股东批准的重要事务，从而实现FMHL对分众传播及其下属境内经营实体的实际控制。

　　上述VIE协议签署后，分众传媒、分众传播及相关境内经营实体的控制关系如图2所示：

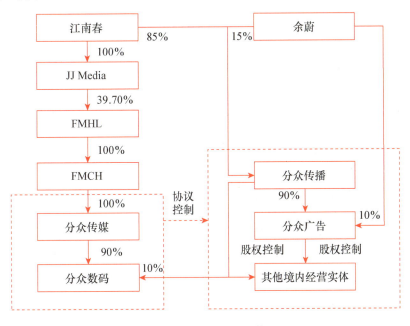

图2　分众传媒VIE架构

　　2005年7月13日，分众传媒成功在美国首次公开发行股票（initial public offerings，IPO），成为海外上市的中国纯广告传媒第一股，融资总金额达1.717亿美元，创造了当时中国公司上市融资的纪录。上市首日的开盘价为19美元/ADS，整个交易期间股价一路攀升至21美元/ADS，收盘价20.2美元/ADS。

2.2　跑马圈地，埋下祸根

　　IPO之后，分众传媒迅速跑马圈地，一步步构筑其广告王国。2005—2008

年是分众传媒最疯狂的 3 年，进行了大约 60 次收购。

为了扩展新业务增长点，2005 年 10 月 16 日，分众传媒以 3 960 万美元现金及 5 540 万美元股份收购了当时中国社区媒体的先锋和领导者——框架传媒100％的股份。通过这次收购，分众传媒将能够为广告客户提供更完整的解决方案，进一步强化其在中国广告市场的领先地位。

2006 年 1 月 7 日，分众传媒以 9 400 万美元现金和 2.31 亿美元股票（等同于 7 700 万普通股）收购了聚众传媒，进一步奠定了其市场霸主地位。

为了进军中国手机广告市场，分众传媒在 2006 年 3 月 21 日又收购了手机无线广告商凯威点告。收购后，分众传媒将开发一个独特的手机广告服务系统，提高现有技术和服务水平。江南春说："我们的目标是建立多层次、可定制的广告渠道，相信 3G 网普及后手机广告将成为我们广告客户的重要选择。"但这一业务为公司后续发展埋下了一个隐患。

随后，分众传媒又收购了影院广告公司 ACL、互联网广告公司好耶、卖场室内电子广告公司上海玺诚传媒文化有限公司等。

如此频繁的收购，使分众传媒的商业模式扩张开来，将其新媒体的版图一步步扩大到涵盖楼宇、互联网、手机、卖场、娱乐场所等。正如一个缺血的人输入其他人的血液后有可能融合，也有可能产生排斥，这些被分众传媒收购的企业是否都和分众的文化、战略、发展相契合？表面上看，公司上市之后风生水起，其实背后波涛汹涌……

2.3 一波未平，风波再起

2.3.1 "短信门"风波

2008 年由美国次贷危机引发的全球性金融危机，给资本市场带来了巨大冲击，全球股市一片跌势。分众传媒股票也难独善其身，从年初 57.13 美元/ADS跌到年末的 9.09 美元/ADS。屋漏偏逢连夜雨，2008 年"3·15"晚会曝光了垃圾短信制造内幕，同时对分众传媒旗下分众无线进行了重点曝光和暗访，揭开了垃圾短信制造的流程和内幕。

分众无线的前身是北京凯威点告技术有限公司，2006 年 3 月被分众传媒以约 3 000 万美元收购。在曝光后的第一个交易日（2008 年 3 月 17 日），分众传媒股票在纳斯达克市场大幅下跌 26.59％，报收 32.19 美元/ADS。

随后分众无线旗下 SP 公司被取消了 SP 资格。2008 年 11 月 11 日，分众传媒公布第三季度财报，其业绩远低于分析师预测值，公司股价大跌 45.12％，报收于 8.83 美元/ADS，创上市以来最大单日跌幅。

在经历了 2008 年的挫折之后，2009 年 1 月 26 日，江南春重出江湖，负责分众传媒业务发展及非核心业务剥离。2009 年被外界认为是分众传媒最黑暗的一年，全年亏损 2.208 亿美元。其中，第三季度的业务重组亏损 1.276 亿美元。此时，江南春不得不有所取舍，重新专注于楼宇、卖场、框架三大核心业务，并剥离利润相对较低的非核心业务。

2.3.2 五战浑水

从 2009 年江南春重新担任 CEO 起，分众传媒吸取之前的教训，3 年内没有再收购，公司业绩大幅上升。分众传媒 2010 年的平均市盈率达到 40.34 倍，较 2009 年大幅增长，逐步恢复到 2008 年金融危机之前的水平。

但好景不长，2011 年 11 月 21 日，美国浑水公司在其发布的研究报告中称，分众传媒 LCD 显示屏数量被欺骗性地夸大，在并购中故意支付过高价格，存在内幕交易等问题。分众传媒成为继雨润、多元环球水务等之后又一个被浑水公司猎杀的中概股公司。报告一出导致分众传媒股价应声暴跌 39.49%，报收于 15.43 美元/ADS，盘中一度下跌到 8.79 美元/ADS。

江南春在第一时间通过微博回应浑水公司造谣，这一夜，分众传媒高管都接到了江南春的电话，开始急寻对策。22 日美股开盘之前，分众传媒发布公告，否认浑水公司指控，与此同时召开投资者电话会议回应质疑，公司股价开盘上涨超过 10%，当天收盘上涨 14.71%，报收于 17.70 美元/ADS。

2011 年 11 月 29 日，浑水公司第二次质疑分众传媒在好耶投资中存在内幕交易。30 日，分众传媒发布官方回应，否认浑水公司指责。当日公司股价几经波动，收盘时小幅上扬 0.53%。但浑水公司的攻击远未结束。

2011 年 12 月 10 日，浑水公司三度攻势来袭，此前分众传媒已公布第三方机构对分众数码液晶屏的调查结果，但浑水公司认为研究机构和分众传媒之间相互勾结。周一开市后分众传媒股票继续下跌。分众传媒副总裁嵇海荣表示，只要找到证据，一定起诉浑水公司。

2012 年 1 月 6 日，浑水公司第四次攻击指向分众传媒在中朝俄边界的种植园收购，称此项收购存在内幕交易。公司股价当日下跌 5.43%。分众传媒在 7 日发布公告披露收购细节，予以回击。

2012 年 2 月 9 日，浑水公司公布第五份报告，焦点仍是数码液晶屏的规模。当日分众传媒股价未受影响，报收于 24.23 美元/ADS，达到遭做空以来的股价最高值。

经过多次的做空，虽未致命，但足以令众多投资者在短时间内陷入混乱，选择抛售股票而离场观望。2012 年分众传媒的平均市盈率只有 16.59 倍。虽然江南春在接受媒体采访时坚称浑水事件并不是分众传媒私有化的根本原因，但在美国股市被持续质疑，使得江南春心灰意冷，一路拼命反击和解释也抵不过市值的低估给公司带来的损失（见图3）。分众传媒在美股市场沉浮7年，退市寻求更好的发展空间已成为公司的战略选择，分众传媒与美股的缘分走到了尽头。

收盘价（美元/ADS）

图3　分众传媒美股股价走势图（2005.7—2013.5）

3. 凤引九雏

再好的梦，终究是一场梦，分众传媒的"美国梦"已到梦醒时分。

2012年8月，江南春联合相关私募投资人向 FMHL 董事会提出了一份私有化提案。发起人包括 Giovanna Investment，Gio2 Holdings，Power Star 以及 State Success 四家公司（私募发起人）。根据该私有化提案，发起人 Giovanna Investment 和 Gio2 Holdings 随后在开曼群岛设立了四层控股公司作为实施私有化的主体，从上至下分别为 GGH，Giovanna Intermediate Limited，Giovanna Parent Limited 和 Giovanna Acquisition Limited，具体见图4。

完成私有化收购体系搭建后，2012年8月13日，江南春及其一致行动人向分众传媒发出了私有化要约。Giovanna Parent Limited 将收购分众传媒，收购价格为5.50美元/股，或27.50美元/ADS，该价格比2012年8月10日收盘价23.38美元/ADS溢价17.6%，比8月13日前30个交易日成交量加权平均

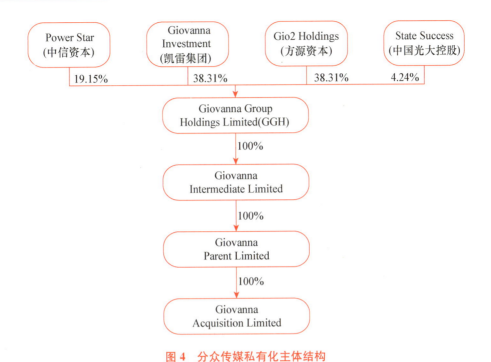

图4　分众传媒私有化主体结构

收盘价溢价 36.6%，比前 60 个交易日成交量加权平均收盘价溢价 33.9%。分众传媒股份交易价值约 37 亿美元，股本包括普通股、限售股与期权合计 6.6 亿份，收购采用现金和换股两大方式进行。

对于现金部分，一方面各投资方根据自身在 GGH 所占股份，提供总计约 11.8 亿美元融资额以支持私有化（其中凯雷集团、方源资本分别提供 4.522 亿美元，中国光大控股提供 0.5 亿美元，中信资本提供 2.26 亿美元）；另一方面债务融资是辛迪加财团（包括美国银行、国家开发银行香港分行、民生银行香港分行、花旗、瑞银等）提供的 15.25 亿美元贷款（10.75 亿美元定期贷款和 4.5 亿美元过桥贷款）。

2012 年 12 月 19 日，FMHL 与 Giovanna Parent Limited 和 Giovanna Acquisition Limited 签订了一份合并协议。根据合并协议，私有化将通过 Giovanna Acquisition Limited 和 FMHL 合并的方式实施，合并后 Giovanna Acquisition Limited 将注销，FMHL 作为合并后的存续主体成为 Giovanna Parent Limited 的全资子公司。在签署合并协议的同时，江南春、私募发起人以及当时 FMHL 的第二大股东复星国际另行签署了一系列相关交易文件，据此江南春和复星国际各自同意将其所持有的 FMHL 股份的一部分通过约定的转换方式转换成 GGH 的股份。

2013 年 4 月 29 日，FMHL 召开临时股东大会，审议通过了合并协议及其所规定的各项交易；5月23日，FMHL向开曼群岛公司注册处报备并登记了合并计划；6月3日，FMHL终止了作为纳斯达克上市公司向美国证券交易委员会（SEC）提交报告的义务。

截至2013年5月23日，私有化完成后FMHL的控制权关系如图5所示。

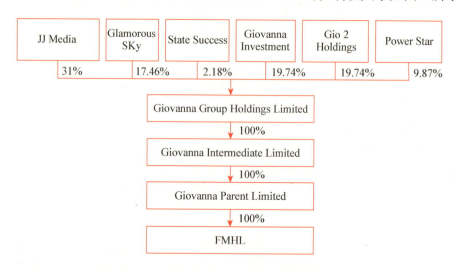

图5 分众传媒私有化完成时的股权结构

2013年5月24日，分众传媒宣布私有化完成，江南春持有的分众传媒股份由私有化前的19.38%上升到31%，对分众传媒的控制更加稳固。同样，原分众传媒第二大股东复星国际在新公司中持股17.46%，超过了原来的16.82%。

私有化完成后，江南春不仅增强了对分众传媒的控制权，还收获了股票变现收益，但是私有化带给公司的压力才刚刚开始。一方面，投资机构在退出机制上给公司做出了硬性规定：如果分众传媒私有化完成4年后也就是2017年之前仍未重新上市，将至少分配75%的利润给GGH，这意味着给江南春提出了分众传媒再上市的时间表。另一方面，私有化所花费的15亿美元左右债务也给公司带来了沉重的财务压力。这些债务大部分在4～5年后到期，这也要求江南春尽快将分众传媒重新上市，通过资本市场融资获得必要的偿债资金。

此时，中国资本市场对广告行业的公司上市正好有优惠政策，至少前途是乐观的。分众传媒历尽千辛万苦私有化退市，实则是以退为进，俗话说得好：退一步，海阔天空。

4. 涅槃重生

4.1 重塑架构，再起征程

分众传媒与纳斯达克的"七年之痒"终究未能顺利度过。对江南春来说，通过上市公司这个资本平台，收购了框架、聚众，吞并了强劲竞争对手，与此同时，还实现了减持套现，所得颇丰。

不过，面对私有化后沉重的债务压力和上市承诺，江南春包袱沉重。更为严峻的是，从退市到再次上市，期间还有数年的过渡期。在这段时间内，如何满足投资者和债权人的需求是江南春必须考虑的问题，而他所能依靠的只能是分众传媒这个"聚宝盆"。

分众传媒私有化后江南春曾考虑过去香港上市，但与内地资本市场相比，H股显然没有A股具有估值优势。中国内地资本市场经过20多年的发展日趋壮大，也期待着像分众传媒这样的潜力股回归。

回国内上市的首要任务就是拆除VIE架构。早在2010年8月，江南春、余蔚、分众传媒、分众数码、分众传播及部分境内经营实体签署了《终止确认协议》。2014年12月，各方签署《终止协议》，确认终止其于2005年3月签署的《股权质押协议》《股东表决权委托协议》《转让期权协议》中的所有权利和义务，并已采取必要的措施使上述终止协议完全生效；不存在各方之间依然有效的、与控制协议性质类似的任何协议安排。协议终止后，各方均不再享有该协议中约定的任何权利，也不再承担任何义务。至此，分众传媒的VIE架构拆除，公司股权结构如图6所示。

既然决定回归A股，是排队等待IPO还是选择借壳上市，是向左走还是向右走，选择又一次摆在江南春的面前。目前，中国资本市场股票发行仍然实施核准制，所有IPO企业都要经中国证监会审核后上市。分众传媒在海外退市后的两年期间一直没有出现在中国证监会IPO申请名单中。与IPO相比，借壳上市程序相对简单，审核周期较短，受二级市场股票波动影响小。经过慎重考虑，江南春最终决定通过借壳实现分众传媒进入中国资本市场。

分众传媒原为FMCH的全资子公司，为尽快实现借壳上市目标，分众传媒于2015年4月进行第一次股权转让，FMCH将其持有的共计89%的股权分别转让给FMHL原股东的附属公司（包括 Media Management（HK），Giovanna

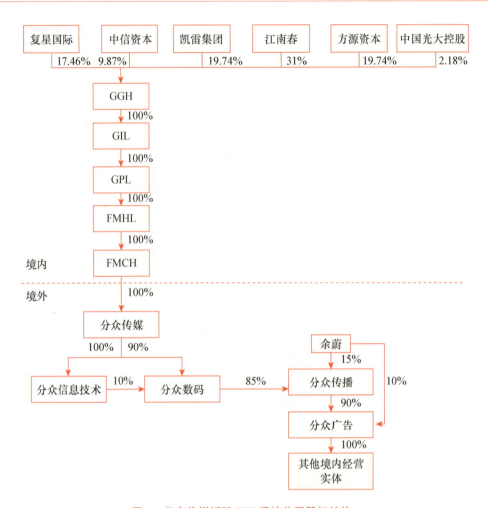

图6 分众传媒拆除 VIE 后的公司股权结构

Investment（HK），Gio2（HK），Glossy City（HK），Power Star（HK），CEL Media（HK），Flash（HK），HGPLT1（HK）及 Maiden King Limited），目的在于将 FMCH 的境外股权结构平移至境内。分众传媒借壳上市前第一次股权转让后的股权结构如表1所示。

表1 分众传媒借壳上市前第一次股权转让后的股权结构

序号	股东名称	认缴出资（美元）	实缴出资（美元）	持股比例
1	FMCH	4 180 000.00	4 180 000.00	11.000 0%
2	Media Management（HK）	9 042 083.73	9 042 083.73	23.795 0%
3	Giovanna Investment（HK）	6 666 242.71	6 666 242.71	17.542 7%
4	Gio2（HK）	6 666 242.71	6 666 242.71	17.542 7%
5	Glossy City（HK）	5 896 719.53	5 896 719.53	15.517 7%

续前表

序号	股东名称	认缴出资（美元）	实缴出资（美元）	持股比例
6	Power Star（HK）	3 333 121.36	3 333 121.36	8.771 4%
7	CEL Media（HK）	737 106.88	737 106.88	1.939 8%
8	Flash（HK）	368 536.50	368 536.50	0.969 8%
9	HGPLT1（HK）	1 058 594.00	1 058 594.00	2.785 8%
10	Maiden King Limited	51 352.58	51 352.58	0.135 1%
	合计	38 000 000.00	38 000 000.00	100%

2015 年 4 月 29 日，分众传媒通过股东大会决议，同意部分境外股东将其持有的分众传媒部分股权进行第二次转让。各股东将合计约 30% 的股权转让给境内财务投资者，共计套现 135 亿元人民币，用于偿还私有化的境外过桥贷款和原股东部分套现退出。转让完成后的股权结构图如 7 所示。

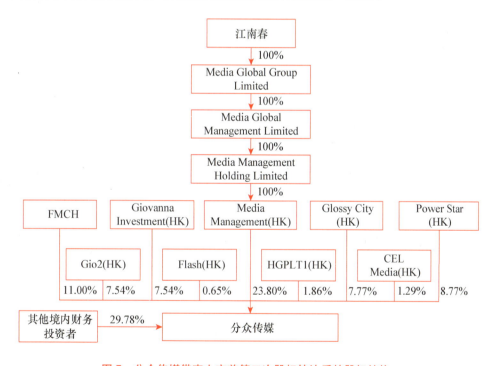

图 7　分众传媒借壳上市前第二次股权转让后的股权结构

4.2　借壳上市，强势重生

4.2.1　联姻宏达新材

借壳上市，"壳"的选择是关键，那么什么样的"壳"合适呢？在借壳上市时，壳公司的选择直接决定了收购方的借壳成本、项目完成的难易程度。

因此，股本规模适中、股权相对集中、市值规模较小的"净壳"是分众传媒的首选。

基于以上条件，宏达新材可以说是分众传媒借壳上市的理想选择。宏达新材主要从事高温硅橡胶系列产品的研究、生产与销售，受有机硅行业产能过剩、欧美需求不振等因素影响，硅橡胶下游市场需求疲软，行业整体低迷，导致近3年公司主营业务收入连续下滑，2014年，公司营业收入77 378.60万元，而净利润仅有1 404.51万元，停牌前公司总市值不到40亿元。

确定了借壳对象，分众传媒紧锣密鼓地开启了其借壳上市之路，沉寂两年的分众传媒终于在2015年回归公众视野。然而就在双方谈判过程中，宏达新材2015年6月17日发布公告，公司的实际控制人朱德洪因披露公司信息涉嫌违反证券相关法律法规被中国证监会立案调查。这对分众传媒来说简直就是当头棒喝，始料未及。分众传媒一边等待宏达新材的消息，一边着手另寻他壳，可是等了两个多月也没有等来好消息。为了不耽误上市进度，8月31日，分众传媒终止了与宏达新材的资产重组协议。

4.2.2 情牵七喜控股

与宏达新材的"联姻"夭折之后，分众传媒并没有停下脚步，这得益于江南春预备方案做得很及时。其实在宏达新材被中国证监会立案调查次日，广发证券就向分众传媒推荐新壳——七喜控股。江南春立刻飞赴广州，与七喜控股董事长易贤忠进行面谈，确定初步方案后，迅速对七喜控股展开尽职调查。

七喜控股的主要产品或业务包括电脑的生产与销售、IT产品分销、手游开发、智能穿戴设备研发与销售、SMT贴片代工和物业租赁。近年来，公司的传统IT业务竞争加剧，并且随着电子商务的发展，原有的渠道模式也在不断调整和变革。2012年、2013年和2014年，公司营业收入分别为133 733.69万元、141 778.07万元和39 664.84万元，扣除非经常性损益后归属于母公司股东的净利润仅为312.33万元、−13 618.99万元、−106.53万元，属于典型的亏损绩差壳。七喜控股股东和实际控制人为自然人易贤忠，控股42.89%，股权关系简单，且股权相对集中。

2015年9月1日，七喜控股发布重大资产重组预案公告，公司拟以截至拟置出资产评估基准日全部资产及负债与分众传媒全体股东持有的分众传媒100%股权的等值部分进行置换。其中，拟置出资产作价8.8亿元，分众传媒100%股权作价457亿元。差额部分由七喜控股以发行股份及支付现金的方式自分众传媒全体股东处购买，发行价格为10.46元/股，合计发行数量为

38.14 亿股，支付现金金额为 49.30 亿元。同时，拟以不低于 11.38 元/股向不超过 10 名符合条件的特定对象发行不超过 4.39 亿股募集配套资金，总金额不超过 50 亿元，扣除中介费用及相关税费后将用于支付本次交易现金对价。交易完成后，Media Management（HK）将持有七喜控股 10.2 亿股，持股比例达 24.77%，成为控股股东，江南春将成为公司的实际控制人。本次重组的交易对方承诺分众传媒在 2015 年、2016 年和 2017 年的净利润分别不低于 29.58 亿元、34.22 亿元和 39.23 亿元。分众传媒借壳上市的具体交易过程如图 8 所示。

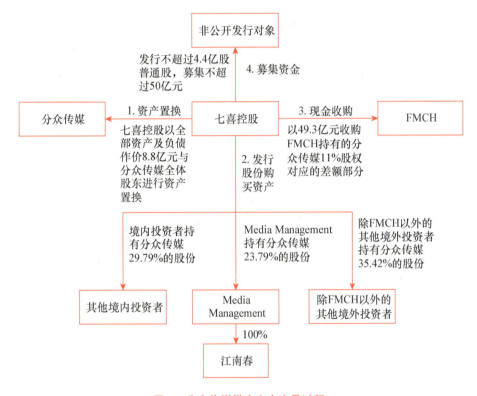

图 8　分众传媒借壳上市交易过程

2016 年 2 月 27 日，七喜控股发布 2015 年业绩快报，在合并分众传媒 2015 年财务报表后，上市公司实现净利润 33.89 亿元，分众传媒的财务成绩单表现不俗。2016 年 4 月 18 日，七喜控股（股票代码：002027）发布公告，公司更名为分众传媒信息技术股份有限公司（股票代码不变）。至此，分众传媒在私有化后借壳上市资本运作完美收官。从 2015 年 9 月开始重大资产重组预案公告到 2016 年 4 月上市公司正式更名，分众传媒借壳上市以来的股票价格表现如图 9 所示。

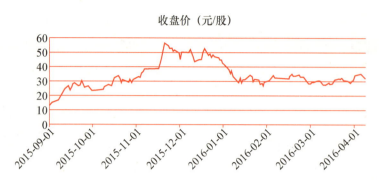

图 9　分众传媒借壳上市股票价格表现

5. 尾声

　　回顾过去 10 余年，为了获得外部资本助力，江南春将自己亲手创建的分众传媒推向纳斯达克市场，成为当时的"传媒明星"。然而，公司在美国股市的资本运作之路并不顺利。在经历了收购失利、"短信门"、浑水做空等事件的打击后，分众传媒的股价跌入谷底，影响了公司后续的资本运作计划。为了给分众传媒提供更好的发展空间，江南春决定以退为进，着手安排公司私有化，并最终通过借壳七喜控股，如期回归 A 股市场。经过这一系列的资本运作和市场沉浮，江南春领悟到，企业资本运作的所有动作都要围绕公司的核心价值来打造，不能为了资本运作而资本运作，更不能为了讲故事而大举进行兼并和收购。作为首只回归 A 股的中概股，江南春内心对分众传媒的未来还有诸多构想和希冀。

　　江南春的思绪被拉回到兴国宾馆宴会厅。此次顺利进入中国资本市场，远不是分众传媒资本运作之路的终点。在实现分众传媒生活圈、娱乐圈、生态圈战略的征途中，江南春将如何利用资本运作应对前行中的艰难险阻，让我们拭目以待。

启发思考题

　　1. 分众传媒为什么要选择海外上市？为实现海外上市做了哪些准备？

2. 分众传媒在海外上市后，为何又选择私有化？公司私有化的具体做法是什么？

3. 为了顺利实现借壳上市，分众传媒做了哪些交易安排？

4. 分众传媒的借壳上市方案是否得到资本市场投资者认可？判断依据是什么？

5. 请从市场时机视角，评价分众传媒的海外私有化与借壳上市行为。

公司背景信息

分众传媒的媒体业务包括中国楼宇电视网络、中国社区海报网络、中国城市影院网络、中国卖场电视网络，围绕主流城市主流人群的工作空间、生活空间、娱乐空间、消费空间，整合形成了中国最大的生活空间媒体网络。

2003年分众传媒创立，获软银、鼎晖、高盛超过4 000万美元投资；2005年登陆纳斯达克，成为中国广告传媒第一股；2006年收购聚众传媒、框架传媒，并购央视三维进军影院映前广告市场；2007年入选纳斯达克100强指数股，成为首个入选该指数的中国传媒股；2013年开始实施美股私有化，2015年回归A股市场，成为首家回归A股的中概股，市值突破1 000亿元，2016年入选沪深300、中证100指数股，成为中国市值最大的文化传媒股。截至2016年6月30日，分众电梯媒体覆盖120个城市，拥有110万块电梯海报、18万块电梯电视，日均到达5亿人次城市主流人群，被誉为中国最具品牌引爆力的媒体平台。13年来，营业收入年均复合增长率超56%。

分众传媒的生活圈媒体覆盖城市主流消费人群的工作场景、生活场景、娱乐场景、消费场景，其媒体传播地点为写字楼和住宅公寓的电梯间和电梯厢、影院和卖场，传播时间为受众在等待电梯或电影开始前的闲暇时间或者购物时间，与电视、报纸、杂志、广播、户外和互联网等媒体的传播地点和时间不重合。由于传统媒体对于广告主的吸引力逐步下降，广告主从这些媒体中转移出的预算会更多地转向分众传媒这类生活圈媒体。

分众传媒的生活圈媒体已开创基于大数据的云到屏广告精准投放和基于屏与端的O2O移动营销业务，正致力于成为国内领先的LBS和O2O媒体集团。

教学用途与目的

1. 本案例主要适用于"财务管理""资本运营"等课程中公司融资等相关领域的教学。

2. 适用对象：本案例主要针对 MBA、EMBA 和企业管理人员，以及经济类、管理类专业的高年级本科生及研究生。

3. 教学目的：随着中国资本市场的快速发展，近年来已在海外上市的中概股纷纷掀起退市风潮，海外私有化后的公司大多选择回归中国资本市场，其中借壳上市成为很多公司的常用手段，而分众传媒的资本运作成为众多中概股私有化与借壳上市的经典之作。分众传媒利用中国与海外资本市场估值差异，采用多种策略保证公司私有化与借壳上市顺利进行，为其他类似公司合理利用资本市场实现公司价值最大化提供借鉴。通过对本案例的研究和分析，帮助读者理解和掌握以下重要知识点：

(1) 美国纳斯达克上市标准与红筹模式；

(2) 借壳上市实务流程及制度约束。

理论依据与分析

1. 美国纳斯达克上市标准与红筹模式

纳斯达克（NASDAQ），全称为美国全国证券交易商协会自动报价系统，是美国的一个电子证券交易机构，创立于1971年，迄今已成为世界最大的股票市场之一。纳斯达克股票上市发行采用发行注册制，在同一个市场层次中提供多套上市标准供不同类型的公司选择，只要满足一种便可上市。纳斯达克具体的上市标准见表2。

表2　　　　　　　　　　　　　　　　纳斯达克上市标准

公司申请上市需审核的指标	标准一	标准二	标准三
股东权益	1 500 万美元	3 000 万美元	市场总值为 7 500 万美元；或者市场总值、收益总额分别达到 7 500 万美元

续前表

公司申请上市 需审核的指标	标准一	标准二	标准三
税前收益	100 万美元	无	无
公众持股量	110 万	110 万	110 万
公众持股价值	800 万美元	1 800 万美元	2 000 万美元
每股买价	5 美元	5 美元	5 美元
股东数	400 个	400 个	400 个
做市商数量	3 个	3 个	4 个
公司治理	需满足公司治理要求	需满足公司治理要求	需满足公司治理要求

公司在纳斯达克上市，还需要符合以下三个条件：

（1）先决条件：经营生化、生技、医药、科技硬件、软件、半导体、网络及通信设备、加盟、制造及零售连锁服务等的公司，经济活跃期满 1 年以上，且具有高成长性、高发展潜力等。

（2）消极条件：有形资产净值在 500 万美元以上，或最近 1 年税前净利润在 75 万美元以上，或最近 3 年其中 2 年税前收入在 75 万美元以上，或公司市值在 5 000 万美元以上。

（3）积极条件：SEC 及 NASDR 审查通过后，须有 300 人以上的公众持股（NON-IPO 须在国外设立控股公司，原始股东须超过 300 人）才能挂牌。公众持股人持有股数需要在整股以上，美国的整股即为基本流通单位 100 股。

红筹模式，是指境内公司将境内资产/权益以股权/资产收购或协议控制（VIE）等形式转移至在境外注册的离岸公司，而后通过境外离岸公司来持有境内资产或股权，然后以境外注册的离岸公司名义申请在境外交易所（包括香港联交所、纽约证券交易所、纳斯达克证券交易所等）挂牌交易的上市模式。

VIE（variable interest entities）即可变利益实体，又称协议控制，是指境外注册的上市实体与境内的业务运营实体相分离，境外的上市实体通过协议的方式控制境内的业务实体，业务实体就是上市实体的可变利益实体。VIE 架构得到了美国 GAPP 的认可，专门为此创设了"VIE 会计准则"。协议控制模式一般由三部分组成，即境外上市主体、境内外资全资子公司（wholly foreign owned enterprise，WFOE）或境内外资公司（foreign invested enterprise，FIE），以及持牌公司（外资受限业务牌照持有者）。其中，境外上市主体出于税收、注册便利等各种考虑，可能采取开曼公司等多种甚至共存的多重模式。协议控制结构中，WFOE 和持牌公司一般通过签订五六个协议来设立其控制与被控制关系，主要包括资产运营控制协议（通过该协议，由 WFOE 实质控制目标公司的资产和运营）、借款合同（即 WFOE 贷款给目标公司的股东，而其股东以股权质押为凭）、股权质押协议、认股选择权协议（即当法律政策允许外资进入目标公司所在的领域时，WFOE 可提出收购目标公司的股权，成为正式控股股东）、投票权协议（通过该协议，WFOE 可实际控制目标公司董事会的决策或直接向董事会派送成员）、独家服务协议（该协议规定公司实际业务运营所需的知识产权、服务均由 WFOE 提供，而目标公司的利润以服务费、特许权使用费等方式支付给 WFOE）。

随着中国资本市场日渐成熟和政策不断开放，很多海外架构公司拟回归境内上市，为此就涉及拆分 VIE 架构。VIE 架构的拆分主要包括五个步骤：第一步，解决境外投资人去留问题；第二步，签署书面协议，终止全部 VIE 控制协议；第三步，境内业务公司重组；第四步，终止境外员工股票期权激励计划；第五步，注销或转让境外主体。

2. 借壳上市实务流程及制度约束

借壳上市是公司并购方式的一种，也是筹集资金的一种特殊方式。借壳上市在概念上有广义和狭义之分。狭义的借壳上市，是指上市公司的母公司借助已拥有控制权的上市公司，通过资产重组将自己持有的非上市资产、业务注入上市公司，扩大其运营规模，提高其盈利水平，增强其融资能力，以满足集团公司战略发展的需要，并逐步实现集团整体上市的一种方式。这种方式是在已对上市公司控股的前提之下，母"借"子"壳"的上市方式。而广义的借壳上市还包括买壳上市，即非上市公司通过收购上市公司的股权取得控股地位，剥离被购公司资产，再通过反向收购的方式注入自己的有关业务和资产，从而实现间接上市的目的。

与美国资本市场的注册制不同，中国证券监管机构有权对境内上市公司及拟上市公司股票发行进行实质审核，只有经批准授权后，发行主体才可以在资本市场融资。中国资本市场特殊的发行制度使得上市公司数量少、壳资源稀缺，借壳上市便成为除 IPO 以外公司间接上市的重要途径。表 3 是 IPO 与借壳上市路径对比。

表 3　　　　　　　　　　　　　IPO 与借壳上市路径对比

	IPO	借壳上市
主要制度约束	《首次公开发行股票并上市管理办法》《首次公开发行股票并在创业板上市管理办法》	《上市公司重大资产重组管理办法》《关于上市公司重大购买、出售、置换资产若干问题的通知》《上市公司收购管理办法》

续前表

	IPO	借壳上市
审核主体	中国证监会股票发行审核委员会	中国证监会股票发行审核委员会 上市公司并购重组审核委员会
适用范围	对行业有较强限制	经营能力符合规定即可 正在与 IPO 标准趋同
周期	准备期长、审核期久，可能长达 36 个月	较为稳定快捷，一般在 18 个月内
费用	较低，多为上市后的募资成本	相对较高，主要是买壳成本、募资费用
风险	政策及环境利空消息	壳资源非净壳

总的来说，借壳上市是让壳方和借壳方共同利益驱使下的产物，成功实现借壳上市是并购双方利益博弈的结果。从让壳方来看，其愿意售壳的主要动因包括上市公司业绩持续恶化、难以保壳，避免同业竞争、规范关联交易等；从借壳方来看，其愿意借壳的主要动因包括通过 IPO 发行难、周期长，利用股票市场融资或套现、利用媒体的宣传效应、提升公司形象等。借壳上市一般包括三个步骤：第一步，借壳方获取让壳方控制权；第二步，借壳方与让壳方进行资产置换；第三步，通过定向增发与资产注入，实现非上市资产整体上市。

3. 市场时机资本结构理论

Stein（1996）在系统研究理性管理者在非理性资本市场条件下的公司投融资决策行为问题后，提出了市场择时假说。该假说认为，在错误定价的股票市场中，当公司股票价格被高估时，股权融资成本较低，理性的管理者倾向于通过发行股票来进行融资；而当公司股票价格被低估时，管理者会选择债务融资或回购股票，以避免股权融资成本过高而造成损失。Graham and Harvey（2001）对 300 多家美国公司的 CFO 进行匿名问卷调查，2/3 的被访者认为：股票价格的高估或低估是公司融资决策中考虑的重要因素。Baker and Wurgler（2002）通过实证研究为错误定价理论提供了支持：发行股票会导致出现低的长期收益，回购股票后会带来高的长期收益，这意味着管理层能成功地择时发行股票。

在市场择时理论的基础上，Shleifer and Vishny（2003）正式提出股票市场驱动并购模型（Stock Market Driven Acquisitions，SMDA）。SMDA 模型核心的观点是：由于不同公司市场估值存在差异，市价高估的公司趋向于使用股票作为支付手段收购市价低估的公司，股票市场的错误定价是并购发生的动因。

邓路和周宁（2015）以山煤国际为研究对象，通过案例研究证实市场时机理论也适用于中国资本市场借壳上市，影响路径表现在对借壳时机的恰当把握和对支付方式的合理选择，即当借壳方价值被高估时，借壳方将倾向于发起借壳上市，并更愿意采用股票作为支付手段收购让壳方。

主要参考文献

〔1〕Baker M，Wurgler J. Market timing and capital structure. Journal of Finance，2002，57：1-32.

〔2〕Graham J R，Harvey C R. The theory and practice of corporate finance：evidence from the field. Journal of Financial Economics，2001，60：187-243.

〔3〕Shleifer A，Vishny R W. Stock market driven acquisitions. Journal of Financial Economics，2003，70：295-311.

〔4〕Stein J C. Rational capital budgeting in an irrational world. Journal of Business，1996，69：429-455.

〔5〕邓路，周宁. 市场时机、反向收购及其经济后果——基于"山煤国际"的案例研究. 中国工业经济，2015（1）.

中鼎股份：
可转换公司债券融资与回售危机

摘要：

身处皖东南山区的安徽中鼎密封件股份有限公司（以下简称"中鼎股份"），在成功借壳上市后，为占领高端密封件市场，急需资金更新生产线以扩大产能。中鼎股份于 2011 年 2 月发行可转换公司债券（以下简称"可转债"），自此与其结下不解之缘。谁知在可转债发行的当年，公司就面临触发回售条款的危险，尽管在千钧一发之时成功释压，但管理层在接下来的一年多时间里仍疲于应对可转债带来的困扰。本案例描述了中鼎股份发行可转债融资的跌宕起伏之路，对于其他上市公司选择可转债发行时机以及实施可转债融资后应对回售危机具有借鉴意义。

关键词：中鼎股份；股权再融资；可转换公司债券；回售条款；转股价格向下修正条款

0. 引言

南方的桑拿天最是难熬。上午 11 点，宁国汽车产业园的地面温度已经上升到 55℃，中鼎股份董事会第六次会议此时刚刚结束。由于正股价格的波动，众位董事对中鼎转债近期的表现都非常担心。会后，他们拍着夏鼎湖的肩，沉重地说："夏总，咱中鼎这次可不能栽在可转债身上啊！"

半年前，中鼎股份满怀希望地迎来了可转债，不成想这小小的可转债如今竟然将公司逼至绝境。一个月前，也就是 2011 年 7 月下旬，中鼎股份的正股价格连续多个交易日低于 12.63 元/股，虽然 8 月中旬偶然回升至回售价以上，但持续不久，转而往下，不再回头，几欲触发回售条款。看到中鼎股份的股价走势，夏鼎湖明白：可转债做得好，全部转股，将会减小公司还本付息压力；做得不好，就得回吐募资，资金压力陡增。而当天董事会通过的半年度报告显示，2011 年中鼎股份上半年期末库存资金仅 2.92 亿元。要知道，一旦回吐募资，至少需要 3 个亿！"本有今无，本无今有"，作为一名虔诚的佛教徒，夏鼎湖相信一切事在人为。但是面对低迷的市场行情，中鼎股份当真还有回天之力？

窗外的蝉声突然大涨，夏日沉闷的空气让人几近窒息。夏鼎湖似乎看到回售条款就像一把达摩克利斯之剑，正缓缓地飞来，悬于上空，剑尖直指中鼎！

1.　缘起

1.1　中鼎股份的前世今生

像大多数扎根于内陆腹地的制造企业一样，中鼎股份靠着夏鼎湖实干起家，依托政策的放宽，公司抓住市场机遇迅速发展壮大。尤其近几年，随着一系列产业新政的颁布，夏鼎湖的事业愈加风生水起。2007 年，公司在机缘巧合下搭上了资本市场的快车。

夏鼎湖的创业始于 1980 年，那时他已担任宁国密封件厂的厂长，可是手中仅有两万多元的总资产。凭着改革家的头脑和精准的眼光，夏鼎湖将买卖越做越大，自己的头衔也越来越多。1992 年年底，宁国密封件厂改制为中鼎股份有限公司，1995 年又以中鼎股份有限公司为核心，联合公司全资及控股、参股企业，经农业部批准成立安徽中鼎（股份）集团，夏鼎湖担任董事长。2007 年，中鼎集团借壳"飞彩股份"（股票代码：000887），将中鼎密封件等优质资产注入上市公司，成立安徽中鼎密封件股份有限公司。夏鼎湖这位劳模出身的掌门人，自改革开放以来，将一个小小的密封件厂发展成为"中国大企业集团竞争力 500 强"、中国非轮胎橡胶制造行业的龙头企业，他自己也被《哈佛商业评论》选为"中国上市公司卓越 50 人"之一。

中鼎股份借壳上市伊始，便向流通股股东承诺：资产置换完成后的三个完整会计年度（2007 年、2008 年、2009 年）累计净利润不低于 15 000 万元、任意一年的财务报告须出具标准无保留意见的审计意见、任意一年都须按法定披露时间披露年度报告，否则公司将向对价股权登记日收市后登记在册的无限售条件的流通股股东追加对价一次。盘点 2007—2009 年三个财年，中鼎股份的净利润分别为 22 762 万元、18 263 万元和 15 887 万元，远远超出其承诺额！借壳上市完成后，随着公司不断发展，夏鼎湖的胃口越来越大，他已经不满足于眼前的规模，迫切寻求新的突破口。

1.2 钱，钱！钱？

2010 年前后，国家颁布了一系列产业发展政策，汽车、家电、工程机械、高铁和城市轨道交通、国防军工等领域蓬勃发展，上下游市场不断壮大，中鼎股份面临千载难逢的机遇。不过要想在这顿饕餮大餐中分一杯羹，也不是一件容易的事情。公司的主要经营范围是以机械基础件和汽车零部件为主导，兼有实业投资、橡胶及塑料制品、机械及模具制造、汽车工具、信息防伪及物流信息技术、电子电器等。公司的主打产品是"鼎湖"牌橡胶密封件和特种橡胶制品，主要应用于汽车、工程机械、石化、办公自动化等领域，并逐步拓展到铁路、船舶、军工装备、航天军工等领域。面对公司的下一轮发展高峰，节本降耗、市场开发和技术创新成为管理层关心的重点。

夏鼎湖曾表示：只要沿着既定的方针去努力，持续凝聚核心竞争力，追求有价值的增长，中鼎股份的前途没有理由不被看好。为了实现做大做强的战略目标，公司进行了一系列投资，包括在国外设立全资子公司、在国内协助子公司对外投资、对现有生产线进行扩建等。随着国内外经济形势回暖，2009 年第二季度开始，中鼎股份的经营势头强劲复苏。

2009 年 9 月，公司对三条生产线的升级扩建方案立项，总投资初步测算约 3 亿元，建设期 2 年，回收期 5～6 年（见表 1）。这三个扩建项目中只有橡胶制品生产线由母公司中鼎股份直接控制，减震橡胶制品生产线和汽车金属零部件生产线分别由其下属公司安徽中鼎减震橡胶技术有限公司（以下简称"中鼎减震"）和安徽中鼎精工技术有限公司（以下简称"中鼎精工"）管理。中鼎股份分别拥有中鼎减震和中鼎精工 95％ 和 75％ 的股份。

表 1 中鼎股份待扩建项目介绍

编号	项目名称	项目建设期（年）	投资回收期（年）	总投资（万元）	
				固定资产投资	流动资金
1	安徽中鼎密封件股份有限公司橡胶制品生产线扩建项目	2.0	5.9	12 168.0	2 556.0

续前表

编号	项目名称	项目建设期（年）	投资回收期（年）	总投资（万元）	
				固定资产投资	流动资金
2	安徽中鼎减震橡胶技术有限公司减震橡胶制品生产线扩建项目	2.0	5.9	8 095.2	2 480.3
3	安徽中鼎精工技术有限公司汽车金属零部件生产线扩建项目	2.0	5.0	5 028.3	1 546.8
	合计			25 291.5	6 583.1

资料来源：中鼎股份公司公告《本次发行可转换公司债券募集资金投资项目可行性分析》，巨潮资讯网，www.cninfo.com.cn，2010-03-23。

关于中鼎减震和中鼎精工，还有一段令夏鼎湖不快的小插曲。2009年2月4日，中鼎股份向斯坦福大学、王秀梅、华安基金管理有限公司、红塔证券股份有限公司、东吴证券有限责任公司、新世纪基金管理有限公司、周慧云等非公开发行40 000 000股人民币普通股，用于购买中鼎减震和中鼎精工股份及另外两个技改工程项目。2008年第一次临时股东大会审议通过了《关于向特定对象非公开发行股票的议案》，此次定向增发计划的发行价格是不低于14.02元/股，累计募集资金56 080万元。但由于金融危机的影响，当年资本市场持续低迷，公司董事会及临时股东大会不得不通过了《关于调整公司非公开发行股票发行价格的议案》，2009年实际募得资金23 325.80万元，原计划几乎缩水一半！这是中鼎股份自上市以来的第一次再融资，不甚乐观的结局使得中鼎股份的管理层开始重新审视自身的融资理念。

中鼎股份的国内外投资已经耗去相当多的自有资金，而实施这三个改扩建项目迫在眉睫，因此公司面临巨大的资金压力，第二次再融资势在必行。上市公司的再融资方式主要有配股、增发和可转债，哪一种方式能满足中鼎股份当前的融资需求？公司管理层为此召开了专题讨论会。

在会上，高管们对各种再融资方式的利弊进行了热烈讨论。由于上一次定向增发未达到预期目标，部分公司高管主观上不愿意再采用定向增发融资，并且根据中国证监会对定向增发的监管要求，上市公司实施定向增发的时间间隔必须超过12个月，而且在金融危机略有缓和的市场环境下，再次增发的融资规模不易评估。若公司采用配股进行再融资，按照目前股本测算，最大融资规模也不足3亿元，对目前上马的三个改扩建项目来说略有欠缺。还有一些公司高管认为可转债具有其他融资模式不具备的优势——兼具股权和债权融资的性质、对股本稀释效应释放缓慢、融资成本低等，因此主张采用可转债进行再融资。

2010 年 3 月，在历时几个月反复论证之后，中鼎股份第四届董事会第三十六次会议和 2010 年第二次临时股东大会一致通过发行可转债进行再融资。经测算，拟募集的 30 000 万元可转债投资于扩建项目后，预计将为合并报表的净利润贡献 7 167.8 万元的增项（见表 2）。

表 2　　　　　中鼎股份拟募集资金在待扩建项目中的分配计划　　　　单位：万元

编号	项目名称	总投资		拟投入募集资金	项目达产年新增营业收入	预计新增净利润
		固定资产投资	流动资金			
1	安徽中鼎密封件股份有限公司橡胶制品生产线扩建项目	12 168.0	2 556.0	14 400.0	22 625.0	3 077.1
2	安徽中鼎减震橡胶技术有限公司减震橡胶制品生产线扩建项目	8 095.2	2 480.3	9 600.0	26 950.0	2 159.8
3	安徽中鼎精工技术有限公司汽车金属零部件生产线扩建项目	5 028.3	1 546.8	6 000.0	15 500.0	1 930.9
	合计	25 291.5	6 583.1	30 000.0	65 075.0	7 167.8

资料来源：中鼎股份公司公告《可转换公司债券募集说明书》，巨潮资讯网，www.cninfo.com.cn，2011-02-09。

2. 可转债发行的开门红

2010 年年初，中鼎股份发行可转债的申请递交到中国证监会相关审批部门。由于可转债的申报资格限定严格，审批周期长，直到当年 12 月，中国证监会发行审核委员会 2010 年第 245 次工作会议才审核通过。2011 年 1 月 28 日，中鼎股份收到中国证监会《关于核准安徽中鼎密封件股份有限公司公开发行可转换公司债券的批复》（证监许可〔2011〕139 号），核准中鼎股份向社会公开发行面值总额为 3 亿元的可转换公司债券，期限 5 年，该批复自核准发行之日起 6 个月内有效。此时，距离项目立项过去了 1 年多的时间，公司已经利用自筹资金开始先期垫付募投项目。

至此，行政性审批流程结束，中鼎股份即将开始此次可转债之旅。

与增发和配股不同，可转债的发行与上市是分开进行的，基本流程是先发行后上市。根据《上市公司证券发行管理办法》第五十一条的规定，上市公司发行证券，应当按照中国证监会规定的程序、内容和格式，编制公开募集证券说明书或者其他信息披露文件，依法履行信息披露义务。在发行可转债前，中鼎股份与承销商反复讨论，制定了一系列既符合可转债发行惯例，又兼顾公司实际需要的条款，并将其列示于募集说明书中。

2.1 发行条款有讲究

可转债募集说明书很大篇幅阐述的是还款保障，这是投资人最为关注的内容，也是中鼎股份可转债发行之后一系列行为的动机来源。一般来说，可转债的发行条款主要有利率条款、转股条款和触发条款。

可转债毕竟是债券，由于具有转股的可能性，因此可转债的票面利率通常低于普通债券的利率。中鼎股份的可转债年利率分别为：第一年 0.8%、第二年 1.1%、第三年 1.4%、第四年 1.7%、第五年 2.0%，按年付息（见表3）。对比 2010 年和 2011 年发行的可转债，中鼎转债的利率均为最高，可见中鼎股份在鼓励潜在投资者积极认购方面的一番苦心。

表3　　　　　　　　2010—2011 年可转债产品发行利率对比（%）

年份	转债名称	第一年	第二年	第三年	第四年	第五年	第六年	平均值
2010	美丰转债	0.8	1.0	1.2	1.5	1.8	—	1.26
	燕京转债	0.5	0.7	0.9	1.1	1.4	—	0.92
	中行转债	0.5	0.8	1.0	1.4	1.7	2.0	1.23
	工行转债	0.5	0.7	0.9	1.1	1.4	1.8	1.07
2011	中鼎转债	0.8	1.1	1.4	1.7	2.0	—	1.40
	巨轮转债	0.8	1.0	1.2	1.6	2.0	—	1.32
	海运转债	0.7	0.9	1.1	1.3	1.6	—	1.12
	石化转债	0.5	0.7	1.0	1.3	1.8	2.0	1.22
	川投转债	0.5	0.7	0.9	1.2	1.5	1.8	1.10
	国投转债	0.5	0.7	0.9	1.2	1.5	1.8	1.10

资料来源：巨潮资讯网，www.cninfo.com.cn。

转股条款主要涉及转股期、转股价和转股价调整等内容。中鼎转债的转股期是从可转债发行结束之日满六个月后的第一个交易日起至可转债到期日止，初始转股价格为 25.31 元/股。中鼎股份转股价的调整条款规定，在可转债发行之后，当出现因送红股、转增股本、增发新股或配股、派息等情况（不包括因可转债转股增加的股本）使公司股份发生变化时，将进行转股价格的调整。

触发条款一般包括赎回、回售和向下修正转股价格三部分。

中鼎转债的赎回条款规定："在转股期内，如果中鼎股份的股票在任何连续30个交易日中至少20个交易日的收盘价不低于当期转股价格的130%（含130%），中鼎股份有权按照债券面值的103%（含当期计息年度利息）的赎回价格赎回全部或部分未转股的可转债。任一计息年度本公司在赎回条件首次满足后可以进行赎回。"

回售条款的主要内容是："在本可转债存续期内，如果公司股票收盘价连续30个交易日低于当期转股价格的70%，可转债持有人有权将其持有的可转债全部或部分按面值的103%（含当期计息年度利息）回售给本公司。任一计息年度可转债持有人在回售条件首次满足后可以进行回售。"不久之后，正是此条款给中鼎股份的管理层出了道大难题。

此外，公司还保留了向下修正转股价格的权利。"在本可转债存续期间，当本公司股票在任意连续20个交易日中有10个交易日的收盘价低于当期转股价格的90%时，公司董事会有权提出转股价格向下修正方案并提交本公司股东大会表决。"

2.2　可转债发行上市之旅

2011年2月9日，中鼎股份发布可转债发行公告，刊登募集说明书、网上路演公告，向公司原股东优先配售可转债，可转债发行工作紧锣密鼓地展开（见表4）。2011年2月10日，总经理夏迎松、证券承销商国元证券的项目负责人刘锦峰在网上与投资者进行了深入交流，回答各方问题，网上路演圆满成功。

表4　　　　　　　　　　　　中鼎股份可转债发行日程安排

日期	发行安排
2011年2月9日	刊登募集说明书及摘要、发行公告、网上路演公告
2011年2月10日	网上路演；原股东优先配售股权登记日
2011年2月11日	刊登发行提示性公告；原股东优先配售认购日；网上申购日
2011年2月15日	网上申购资金验资；计算中签率；网上申购配号
2011年2月16日	刊登网上中签率公告，根据中签率进行网上申购的摇号抽签，根据中签结果，网上清算交割和债权登记
2011年2月17日	刊登网上申购的摇号抽签结果公告，投资者根据中签号码确认认购数量；解冻未中签的网上申购资金

资料来源：中鼎股份公司公告《可转换公司债券募集说明书》，巨潮资讯网，www.cninfo.com.cn，2011-02-09。

这次发行中，原股东优先配售 1 346 773 张，每张面值 100 元，占发行总量的 44.89%。网上向一般社会公众投资者发售的可转债为 1 653 220 张，占发行总量的 55.11%。网上一般社会公众投资者的有效申购数量为 739 311 250 张，中签率为 0.22%，不足 1 手部分的 7 张剩余可转债由保荐机构包销，当天中鼎股份股价较前一日上涨 1.56%。

2011 年 2 月 16 日，中鼎股份刊登网上中签率公告。保荐机构国元证券完成了摇号抽签、网上清算交割和债权登记、确认认购数量和解冻未中签申购资金等一系列工作。至此，发行工作基本完成。

发行结束后，中鼎股份立即向深圳证券交易所提出关于可转债上市交易的申请。3 月 1 日，中鼎股份的 3 亿元可转债在深圳证券交易所挂牌交易，债券简称"中鼎转债"，债券代码"125887"。经计算，扣除承销佣金、保荐佣金和审计费、律师费等发行费用后，中鼎股份实际募得资金 282 988 789.24 元，注册会计师验资并出具了鉴证报告。受短期加息预期下降以及资金面宽松的影响，这一天深圳证券交易所债市主要债券指数多数上涨，中鼎转债当天的表现尤为喜人，大涨 30%，以 130.00 元报收，最高点曾到达 133.00 元。中鼎转债一扫第一次融资时带来的阴霾，实现了可转债发行的开门红。

沉浸在喜悦里的夏鼎湖还未意识到，老手即将遇到新问题，可转债带来的不仅仅是近 3 亿元的资金，相伴而至的还有在他数十年经商生涯中从未遇到过的挑战。

3. 中鼎转债——情深缘浅？

3.1 分红送股调整价格

2011 年 5 月 5 日，中鼎股份董事会通过并发出公告，一周后实施 2010 年度分红派息方案：每 10 股送红股 4 股，派现金股利 0.5 元。根据转股条款，在完成分红送转后，中鼎转债的初始转股价格将从 5 月 13 日起由原来的 25.31 元/股调整到 18.04 元/股。

进入 2011 年，治理通胀几乎成了这一年宏观调控的主基调。从 1 月开始到 4 月底，央行持续收紧货币供应，不仅在 2 月和 4 月分别加息，而且几乎每个月底都要提高存款准备金率。股市在这一系列政策影响下持续震荡低迷，给中鼎股份带来不小的压力。凭着多年经商的直觉和对中央政策的把握，夏鼎湖隐隐担心，可转债恐怕是要掀起一阵波澜了。

3.2　回售阴影

　　中鼎转债调整后的新转股价格被确定为 18.04 元/股，这意味着 12.63 元/股是其回售条款的触发点。而中鼎股份的股票价格从 8 月份开始下降到 12.63 元/股以下，已经持续了 10 多天。上个月的董事会后，众位董事对夏鼎湖的嘱托还言犹在耳，可是公司到现在为止都没有拿出行之有效的挽救方案。更让夏鼎湖寝食难安的是，同样在 9 月份，另一家上市公司双良节能不仅遭遇了与中鼎股份几乎一样的困境，而且早一步到了无法挽回的地步。中鼎股份的这位难兄在 2011 年的 9 月 14 日至 20 日的可转债回售申报期内，共回售 648.77 万张，金额达 6.68 亿元。要知道，双良节能一共才融资 7 个亿，这次回购就占到 90％以上。想象着触发回售条款后的情景，夏鼎湖咬紧牙关，中鼎绝不能成为第二个双良节能。

　　一旦触发回售条款，中鼎股份只有三种选择：其一，接下所有持有人回售的可转债。如不得已而采取了此种方案，那么中鼎股份须为此付出 3 亿元，可转债所募集的资金基本都要吐回。更严重的是，与双良节能充裕的资金储备相比，中鼎股份期末库存资金仅有 2.92 亿元，根本不足以支付募资回吐所需的现金。其二，利用一切手段促使股价回升。在当时的市场环境下，想要使股价在几天内回升并保持在 13 元/股附近几乎是不可能的。其三，利用可转债发行条款作为保护，向下调转股价格。这样做可引导中鼎转债的持有人在未来选择转股，虽然可能会稀释原有股东权益，但可以化解公司当前的回售压力。

　　这是中鼎股份的管理层第一次与可转债回售条款狭路相逢，没有任何经验可供参考。但是有一点他们非常清楚，仗还没打，中鼎股份决不能轻易地缴械投降。从目前公司的资金状况来看，回售是不可触碰的底线，那么能够利用的只有前面提到的后两种选择。而促使股价回升的未知因素过多，在这千钧一发的时刻寄希望于股价反弹恐怕不现实。如此一来，似乎只能选择第三种方式，先解决眼下的问题再说。

　　2011 年 9 月 28 日，中鼎股份董事会通过了向下修正可转债转股价格的议案。中鼎集团在实际控制人夏鼎湖的授意下，作为大股东表态，坚决支持向下修正可转债转股价格，将在股东大会上投赞成票。此话一出，股东们稍稍松了一口气，紧接着便把目光集中到中鼎集团持有的可转债上。

　　根据可转债发行条款中关于利益回避的规定，作为中鼎转债的持有人，中鼎集团无法参与向下修正转股价格议案的投票。虽然在中鼎转债上市后不久，中鼎集团已经减持了手头大部分的可转债，但是仍然持有少量余额。果不其然，为了保证临时股东大会能够顺利通过议案，中鼎集团在短时间内迅速出清了持有的中鼎转债。2011 年 10 月 14 日，在第三次临时股东大会上，《关于向下修正"中鼎转债"转股价格的议案》顺利通过，本次股东大会召开前 20 个交易日公司股票交易的均价（11.51 元/股）和前一交易日的均价（11.38 元/股）较高者的 110％为修正后的转股价格。于是，自 2011 年 10 月 17 日起，中鼎转债的转股价格由原来的 18.04 元/股调整为 12.66 元/股，降幅近 30％。相对应的回售条款触发价格顺利下调到 8.86 元/股，回售危机暂时解除。

4. 多管齐下直击回售危机

有了 2011 年 9 月的历练，中鼎股份开始尝试摸清可转债这个家伙的"脾气"。"摸着石头过河，一定要趟出一条行之有效的应对之路！"中鼎股份的高管们心怀忐忑，谨慎前行。

2011 年，面对复杂严峻的外部市场环境，中鼎股份对内狠抓挖潜降耗，深化基础管理；对外加强市场开拓，扩大市场份额，稳步推进国际化战略，仍然保持了持续、稳定的发展势头。2011 年 9 月，中鼎股份成为美国《橡胶塑料新闻》发布的"2011 年度全球非轮胎橡胶制品 50 强"榜单上的一员。此前，中国橡胶消耗量虽长期位居世界第一且非轮胎橡胶制品年产量位居世界前列，但中国企业从未进入全球 50 强。公司成功为舍弗勒（中国）、斯堪尼亚、光洋、霍尼韦尔等国际知名企业配套供应高端密封产品，取得了不错的销售业绩。

2011 年 11 月 23 日，夏鼎湖以其本人账户买入中鼎股份 18.64 万股，平均成交价格 10.73 元/股，占当时公司总股本的 0.03％。同时，中鼎股份还高调发出信号，表示夏鼎湖基于对公司未来发展前景的信心，计划在未来 12 个月内继续增持股份。此时，中鼎股份的股价为 10.94 元/股，离触发回售条款还有一段距离。

2012 年开局，中鼎股份的股价一直比较稳定，甚至在年初还有过一轮升势，股价最高超过 13 元/股。但是，3 月之后大盘持续震荡，中鼎股价一路向下，从 6 月、7 月开始，已经连续多个交易日低于 8.86 元/股，6 月底股价最低时曾跌破8元/股，可转债回售阴影再度浮现。此次中鼎股份是否能像2011年那样幸运，再次依靠调低转股价格摆脱回售危机？夏鼎湖刚刚舒展的眉头又再次紧皱起来。

2012年7月24日，严江威、方炳虎、朱宝宁、陈兴华、祝明元、易善兵六名公司高管用本人账户买入中鼎股份共计33.73万股，成交均价为8.88元/股，占当时公司总股本的0.057%；同时高调对外宣称本次增持是"为增强投资者信心、做好市值管理"，并表示会视情况继续增持公司股份，这再一次表达了中鼎股份全力保价的决心。果然，当日中鼎股份股价最终报收8.91元/股，打破了股价持续低于8.86元/股的态势，又一次暂时避免了回售危机。谁知，这次"集体排险"的功效并不明显，几天后公司股价再次滑到8.86元/股以下，并且持续了10多个交易日。

眼看回售危机箭在弦上，8月31日，公司发布股权转让信息，称中鼎股份将所持有的中鼎泰克50%的股权以超过4亿元的价格转让给瑞士德特威勒集团，预计可获利近2.38亿元。按照公司总股本5.96亿股测算，股权转让将增厚每股收益近0.4元，而当年上半年中鼎股份的每股收益为0.35元，这意味着如果下半年公司保持稳定增长，2012年的每股收益或将超过1元！此消息一发布，公司股价迅速攀升，中鼎转债又一次暂时摆脱了回售危机。

中鼎股份经过数次历练，对可转债已有较深入的认识，但市场仍然没有放过它的意思。2012年年尾，中鼎股份迎来了更为残酷的考验——正股价格一路跌破8元/股大关。为应对这前所未有的严峻形势，12月11日，中鼎集团以均价8.77元/股首次增持中鼎股份330万股，占总股本的0.55%，同时夏鼎湖及中鼎集团还放出风声，在未来12个月内计划再增持中鼎股份不超过1 000万股的股票。2013年3月5日，中鼎股份乘胜追击，发布新一年的大礼包计划——10股送8股派1.6元。这一针强心剂下去，中鼎股份的股价果然一路上扬。

2011年11月至2013年3月期间，中鼎股份发布多次利好消息稳定公司股价：2011年11月23日，夏鼎湖本人增持公司股份；2012年7月24日，六名高管增持公司股份；2012年8月31日，公司发布股权转让信息；2012年12月11日，中鼎集团增持公司股份；2013年3月5日，发布2012年公司派息计划。图1至图3表明，在上述策略实施后，公司股价的日累计超额收益率都呈明显的上升趋势。中鼎股份在股市震荡低迷的情况下灵活运用管理层增持股份、发布股权转让信息、送股派息等手段稳定股价，保证了中鼎转债的顺利运行。

图1　2011年11月23日夏鼎湖增持股份的宣告效应

图2　2012年7—8月公司高管增持、发布股权转让信息的宣告效应

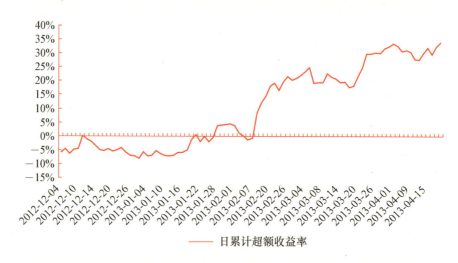

图3　2012年12月至2013年4月中鼎集团增持、发布派息计划的宣告效应

5. 回眸中鼎转债

　　2014 年 4 月，夏鼎湖欣慰地看着手中刚刚发布的中鼎股份 2013 年年度报告，长舒一口气。报告显示，公司营业收入同比增长 23.53%，归属于上市公司股东的扣除非经常性损益的净利润同比增长 8.55%。在可转债发行的 3 年间，公司利用向下调整转股价格保证可转债不被回售，还利用增持、股权转让、分红送转等一系列手段刺激股价回升，从而数次摆脱触发回售条款的窘境（见图 4）。中鼎股份在正面战场与可转债斗智斗勇，同时尽力开辟了第二战场。依据《深圳证券交易所上市公司募集资金管理办法》，公司先后三次使用闲置募集资金补充流动资金，为公司省下总计约 680 万元的财务费用。2013 年 6 月 8日，中鼎股份公告称，截至 2013 年 5 月 31 日，可转债募资项目均已完工，节余募集资金及其利息 72 252 392.91 元将永久补充流动资金。由于 2013 年 6 月27 日实施 2012 年度分红派息方案，中鼎转债的初始转股价格于 2013 年 6 月 28日起由原来的每股 12.66 元调整为每股 6.94 元，相应地，其回售条款触发点向下调整为 4.86 元。至 2013 年 12 月 31 日，中鼎股份股价仍保持在 8 元/股上下浮动，夏鼎湖算是端稳了他手中的茶杯。中鼎转债还有两年的路要走，公司的管理层不能掉以轻心，市场风云变幻，现在说一切尽在掌握还为时尚早。

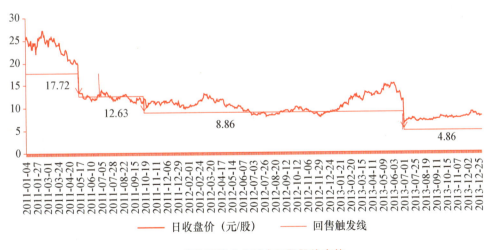

图 4　中鼎转债上市以来正股股价走势

　　中鼎股份发行可转债的这 3 年，是其与正股价格和回售条款斡旋的 3 年（见图 4）。同期的双良转债和美丰转债，或正股大跌，或更改资金用途，都走上了回售的不归之路。中鼎股份在可转债发行后的很长一段时间里都处于被动状态，但3年的迎战经验使其快速成熟，不仅顶住了市场波动的压力，还保留了主动出击的空间。目前可转债正逐渐成为中国上市公司再融资的重要方式之一，中鼎股份的操作策略和应对措施或许值得其他上市公司借鉴。

启发思考题

1. 中鼎股份为什么要进行本次再融资？之前的定向增发是否实现了预期目标？

2. 面对上市公司可选择的几种再融资方式，中鼎股份是如何抉择的？主要依据是什么？

3. 在第一次触发可转债回售条款时，中鼎股份的应对措施是什么？为了顺利实现向下修正转股价格，公司做了哪些努力？

4. 当中鼎股份再次面临回售危机时，公司又采取了哪些措施应对？上述措施与向下修正转股价格相比，主要动机是什么？

5. 如果你是公司的CEO，是否也会选择发行可转债实现再融资？如果选择可转债融资，在面临回售危机时，你会采取哪些措施？

公司背景信息

中鼎集团创建于1980年，实际控制人为夏鼎湖，他1980年开始任宁国密封件厂厂长，1994年起先后担任中鼎股份有限公司董事长，中鼎密封件有限公司董事长、总经理。中鼎集团以机械基础件和汽车零部件为主业，涉足实业投资、橡胶及塑料制品、机械及模具制造、汽车工具、信息防伪及物流信息技术、电子电器等领域。其中，主导产品"鼎湖"牌橡胶密封件和特种橡胶制品，广泛应用于汽车、工程机械、石化、办公自动化等领域，并逐步拓展到铁路、船舶、军工装备、航天军工等领域。公司拥有全国同行业唯一的"国家级优秀企业技术中心""博士后科研工作站"和"国家认可检测试验中心"，自2011年起连续跻身"全球非轮胎橡胶制品50强"排行榜。

2006 年 5 月 24 日，深交所上市公司"ST 飞彩"（股票代码：000887）第一大股东飞彩集团与中鼎集团签订股份转让协议，飞彩集团将其持有的上市公司国有股 21 000 万股（占上市公司总股本的 69.77%）协议转让给中鼎股份，转让总价款为人民币 2.4 亿元。转让完成后，中鼎集团成为 ST 飞彩第一大股东。通过资产置换、减资弥亏等一系列组合动作，中鼎集团将旗下最优质的资产"中鼎密封件"置入 ST 飞彩，并更名为"安徽中鼎密封件股份有限公司"。2007 年 1 月，经安徽省国资委审批并经中国证监会核准，股份转让协议生效，上市公司"ST 飞彩"更名为"中鼎股份"。主营业务为密封件、特种橡胶制品（汽车、摩托车、电器、工程机械，矿山、铁道、石化、航空航天等行业基础元件）的研发、生产、销售与服务，行业类别由"C75 交通运输设备制造业"变更为"C4815 橡胶零件制造业"。中鼎股份注册资本 59 577.8 万元，总股本为 108 442.68 万股，截至 2013 年 12 月 31 日，中鼎集团持有股份 61 719.40 万股，占总股本的 57.23%。

本案例所描述的三条扩建生产线分别隶属于母公司安徽中鼎密封件股份有限公司及其下属安徽中鼎精工技术有限公司和安徽中鼎减震橡胶技术有限公司。中鼎股份分别拥有中鼎精工和中鼎减震 75% 和 95% 的股权。2009 年 2 月 13 日，中鼎股份非公开发行 4 000 万股人民币普通股，每股面值人民币 1.00 元，每股发行价为人民币 6.16 元，募集资金净额 23 325.80 万元。截至 2009 年 2 月 28 日，中鼎股份购买了中鼎控股持有的中鼎减震 95% 和中鼎精工 75% 的股权。中鼎股份作为中国国内汽车橡胶零部件的龙头企业，已具备与主机同步研发的能力。橡胶制品生产线扩建项目计划新增真空热压成型机等关键生产和检测设备，以对现有的生产线进行技术改造，实现产品产能扩增。中鼎减震作为中鼎股份的主要子公司，根据中鼎股份的发展战略、发展规划，其发展方向为国际性公司，减震橡胶制品生产线扩建项目是中鼎减震乃至中鼎股份长期发展规划的基础，是其做大做强的支撑之一。中鼎精工主要从事汽车金属零部件和五金制品的设计、开发、生产、销售。中鼎精工的产品主要销售给中鼎减震，中鼎减震的发展必然带动中鼎精工的发展，而且中鼎精工的外销势头良好。中鼎精工的汽车金属零部件生产线扩建项目正好帮助其解决产能不足问题。

教学用途与目的

1. 本案例主要适用于"财务管理""资本运营"等课程中公司融资相关领

域理论的教学。

2．适用对象：本案例主要针对 MBA、EMBA 和企业管理人员，以及经济类、管理类专业的高年级本科生及研究生。

3．教学目的：上市公司再融资一直是学术界和实务界关注的焦点。在中国资本市场，发行可转换公司债券已成为很多上市公司实施再融资的重要手段。中鼎股份在股票市场较为低迷的情况下利用多种策略保证公司可转债顺利运行，成为上市公司成功应对可转债回售危机的典型案例。通过对本案例的研究和分析，帮助读者理解和掌握以下重要知识点：

（1）上市公司的再融资方式选择；

（2）可转债发行的回售条款和转股价格向下修正条款；

（3）应对可转债回售危机的措施；

（4）市场时机资本结构理论与可转债发行时机选择。

理论依据与分析

1．可转债的特征与优势

可转换公司债券（convertible bonds）简称可转债，是一种具有固定面值和一定存续期，可按照一定比例转换为发行公司普通股或者按照约定价格变现的公司债券。可转债是一种金融衍生产品，其本质为债券，但兼具股权、债权和期权三种属性于一身。可转债有面值和利息，与其他债券一样，持有人可以持有至到期，收取本息；持有人也可以在满足约定条件后将其转换为股票，持有人将随之变成公司股东，转股后公司原有股东权益将被稀释。由于持有人拥有债券是否转股的权利，因此，可转债的利率一般低于普通公司债券的利率。

对于拟发行可转债的上市公司来说，选择可转债作为融资方式的优势主要体现在以下三个方面：首先，可转债可以为发行人提供成本较低的融资方式，除去一定比例的发行费用外，可转债在转股前的外部融资成本主要为利息支出。由于其价值为债券价值与期权价值的叠加，因此，与同等信用水平、相同期限的公司债相比，可转债拥有利率优势。其次，可转债是上市公司主动调控自身财务结构的有效工具，可转债发行初期对原股东的股份摊薄较小，且上市公司可以通过对触发条款的设置，依据公司在不同发展阶段的需要，对转股率进行一定程度的调控，逐步释放可转债对股本的摊薄作用，缓解净资产回报率、每股收益等指标的下降压力。最后，可转债的发行对其正股及二级市场的冲击较小，可转债的发行一般采用向现有股东优先配售，余额及现有股东放弃部分通过网上定价发行与网下配售相结合的方式，相对于其他的权益类融资工具，发行人更容易控制融资对其正股和二级市场的影响。

此外，从持有人的角度看，可转债具有保本的特性，且有利于其充分掌握并控制自身所偏好的报酬结构和风险；从资本市场整体的角度看，可转债也是股市与债市之间的重要联动，是提高资本市场成熟度的重要手段。

2. 可转债发行条款设计

（1）利率条款。可转债的票面利率一般不超过银行同期存款的利率水平，目前可转债市场大多采用逐年递增的票面利率。此外，有的可转债还对持有至到期未转股的持有人给予一定的利息补偿，有增加可转债债券价值的作用。

（2）转股条款。转股条款主要规定转股期、转股价格和转股价格的调整条件。转股价格是为可转债持有人行使转股权提供的转换价格标准。初始转股价格通常以公布可转债募集说明书前 30 个交易日的公司 A 股股票收盘价的算术平均值为基准，上浮一定百分比来确定。初始转股价格溢价幅度越小，可转债的期权价值越高。转股价格调整指的是在可转债存续期内，公司有分红或派息、发行新股或配股、送股或转增股本等情况下，由于正股的股价变动会对可转债的转股价格产生影响，因此对转股价格做的相应调整。这种调整是公司的正常行为，要特别注意与向下调整转股价格区别开。

（3）触发条款。触发条款作为可转债发行条款中灵活性最高的部分，主要包括赎回条款、回售条款和转股价格向下修正条款。

赎回条款主要用来保护可转债发行人的利益。当可转债的基础股票上涨达到某一预先规定的条件时，发行公司可以将未转股的可转债按照面值的一定百分比赎回。该条款有使可转债持有人被强制转股的作用。

回售条款主要用来保护可转债持有人的利益。当可转债的基础股票下跌达到某一预先规定的条件或者可转债到期时，持有人可以将可转债按照面值的一定百分比回售给发行公司。在即将触发回售条款时，发行公司为避免回售，往往会发布一些刺激股价上升的消息应对回售危机。

转股价格向下修正条款最直接的目的就是当公司股票持续走低时依然能够保障可转债成功转股。当基础股票价格下跌一定幅度时，发行人有权将转股价格下调。该条款有利于保护可转债持有人，使得调整后转股价格接近当时的股票价格，有效减少正股价格下降对可转债价值带来的负面影响，以此鼓励可转债持有人在未来选择转股。

3. 上市公司再融资方式的选择

再融资是指上市公司通过配股、公开增发、定向增发和发行可转换公司债券等方式在证券市场上进行的直接融资。20世纪90年代中期，配股作为当时中国资本市场唯一的再融资方式，为实现上市公司后续融资发挥了重要作用。1998年起，公开增发作为资本市场另一个再融资渠道开始被上市公司采纳，并在2001年以后逐渐替代配股成为资本市场主要的再融资方式。然而，由于此后几年股票市场长期低迷，很多上市公司纷纷放弃配股和增发而转向发行可转换公司债券融资，可转债开始得到上市公司的关注并在实践中不断调整和完善。随着股权分置改革的渐进完成，2006年5月推出的定向增发，作为全流通时代创新型融资工具，逐渐成为上市公司再融资方式的"新宠"。

2006年，中国证监会颁布《上市公司证券发行管理办法》，对上市公司再融资方式及发行条件重新做出规定，具体内容见表5。

表5　　　　　　　　上市公司再融资方式及发行条件的比较

	配股 （公开发行）	公开增发 （公开发行）	定向增发 （非公开发行）	可转债 （公开发行）
发行对象	公司原有股东	不特定对象，公司原有股东有优先认购权	特定对象，符合股东大会决议规定的条件，发行对象不超过10人	不特定对象，公司原有股东有优先认购权
盈利能力	最近3个会计年度连续盈利	最近3个会计年度连续盈利；最近3个会计年度加权平均净资产收益率平均不低于6%	无特别要求	最近3个会计年度连续盈利；最近3个会计年度加权平均净资产收益率平均不低于6%
股利分配	最近3年以现金或股票方式累计分配的利润不少于最近3年实现的年平均可分配利润的30%	最近3年以现金或股票方式累计分配的利润不少于最近3年实现的年平均可分配利润的30%	无特别要求	无特别要求

续前表

	配股 （公开发行）	公开增发 （公开发行）	定向增发 （非公开发行）	可转债 （公开发行）
发行比例	拟配售股份数量不超过本次配售股权前股本总额的30%，且原股东认购股份应达到拟配售股份的70%	无特别要求	无特别要求	上市公司发行可转债前，累计债券余额不得超过公司净资产额的40%；本次可转债发行后，累计债券余额不得高于公司净资产额的80%
对价方式	现金	现金	现金或非现金资产	现金
发行价格	无特别要求，一般采取市场折扣法确定	发行价格不低于公告招股意向书前20个交易日公司股票均价或前一个交易日的均价	发行价格不低于定价基准日前20个交易日公司股票均价的90%	按照面值发行
限售要求	无限售要求	网下配售A类投资者有1个月限售期，其他无限售要求	控股股东、实际控制人等，通过本次认股取得实际控制权的投资者，境内外战略投资者三类投资者认购股份限售期为36个月；其余认购者限售期为12个月	可转债的期限最短为1年，最长为6年；可转债自发行结束之日起6个月后方可转换为公司股票

主要参考文献

[1] 邓路. 上市公司定向增发融资行为研究. 北京：中国经济出版社，2012.

[2] 中国证监会. 上市公司证券发行管理办法，2006.

中航节能：合同能源管理未来收益权证券化融资构想

摘要：

中航国际节能科技有限公司（以下简称"中航节能"）自成立以来，业务发展迅速，但由于合同能源管理这种节能服务模式需要公司先期投入大量资金，之后分期收回，导致公司现金循环周期较长，负债快速增加。如何筹集资金投入到新的节能项目上，成为公司发展的主要瓶颈。未来收益权证券化是加快公司资金周转的重要途径，可否采用这种融资方式，成为中航节能管理层面临的两难抉择。本案例通过对中航节能探寻节能服务行业最优融资方式的全景描述，期望能为其他考虑未来收益权证券化融资的公司提供借鉴思路。

关键词：中航节能；合同能源管理；未来收益权证券化；应收账款保理；资产证券化风险

0. 引言

2014年4月初，碧空如洗，中航节能总经理刘贵文看着桌子上的一摞即将执行的节能服务合同，心中喜忧参半。喜的是经过近3年的发展，中航节能得到市场的初步认可，已成功完成了数十个节能项目，业务和技术领域逐步拓宽。忧的是合同能源管理这种节能模式要求节能服务公司先期投入大量的资金。对于中航节能来说，自有资金已不能满足发展要求，其他融资方式或多或少存在一些局限性，采用何种方式筹措资金才能从根本上解决公司的资金瓶颈成了摆在刘贵文及管理团队面前的一道难题。

初春的北京，阳光温暖，春风和煦，到处洋溢着生机勃勃的春的气息。刘贵文望着窗外的盎然春色，心中却焦虑万分。他深知，2014 年是中航节能发展历程中的关键一年，融资问题不解决，公司将无法实现初创时的目标，甚至面临资金链断裂的危机。

1. 节能梦启航

1.1 行业背景

改革开放以来，中国经济一直保持快速、稳定的增长，国内生产总值年均增长率超过 9％，增速全球第一。然而，在经济增长的同时，能源消耗和污染物排放也急剧增加。国家能源局统计资料显示：早在"十五"期间，国内污染物总排放量约增加 50％，已经超过中国环境承载能力。中国国内生产总值（GDP）接近美国的一半，而能源消费量却与之差不多，中国 GDP 与日本相当，能源消费量却是后者的 4 倍。可见，中国粗放型的经济增长方式造成了巨大的资源浪费和环境污染。

节能服务行业的兴起源于 20 世纪 70 年代产生的世界性能源危机。能源危机导致能源成本急速增长，公司利润空间被大幅压缩，公司不得不寻求更好的节能解决方案。当节能需求快速增长后，大批节能技术开发公司和节能设备生产公司迅速发展，继而出现了专业化节能服务公司，并以合同能源管理模式开展业务。

合同能源管理（energy management contracting，EMC）这种节能模式在 20 世纪 90 年代引进中国。21 世纪初，随着国家和社会各界更加关注能源浪费和节能环保，国家发改委、财政部、中国人民银行、国家税务总局等部委陆续出台一系列政策，促进节能产业快速发展。自此，合同能源管理开始在中国的节能领域占有日益重要的地位。

1.2 行业现状

2010 年 6 月 29 日，财政部办公厅和国家发改委办公厅第一次联合下发《关于合同能源管理财政奖励资金需求及节能服务公司审核备案有关事宜的通知》。通知要求各省（区、市）节能主管部门会同财政部门按照《合同能源管理财政奖励资金管理暂行办法》有关规定，依据国家标准化管理委员会《合同能源管理技术通则》的要求，尽快组织做好本地区节能服务公司备案申请及审核工作。

在国家政策的鼓励下，一批节能服务公司快速成长，无论是技术方案还是融资水平都有较大的提高。但面对中国巨大的节能市场，无论是公司数量还是服务质量都无法满足需求，尤其是在节能项目融资方面，还有很长的路要走。

2012 年 6 月 16 日，国务院发布《关于印发"十二五"节能环保产业发展规划的通知》（国发 [2012] 19 号），明确提出了节能环保产业的发展目标，其中，节能服务的相关内容如下：采用合同能源管理机制的节能服务业销售额年均增速保持 30%，到 2015 年，节能服务业总产值力争突破 3 000 亿元，专业化节能服务公司力争发展到 2 000 家，形成 20 个年产值在 10 亿元以上的专业化合同能源管理公司，累计实现节能能力 6 000 万吨标准煤。

实际情况远比国家产业规划发展得快，截至 2014 年第一季度，共有五批节能服务公司通过备案，总数达到 3 210 家。

1.3 公司初创

在全球力推节能的大背景下，中航国际新能源发展有限公司（以下简称"新能源公司"）于 2010 年进入节能行业。起初，公司主要以节能产品销售及节能技术集成为主。2011 年 8 月，新能源公司在节能事业部和相关子公司的基础上重组成立了中和中（北京）光电科技有限公司。2014 年 4 月，经该公司股东会及中国航空技术国际控股有限公司（以下简称"中航国际"）批准，更名为中航国际节能科技有限公司。

中航节能是一家为客户提供用能状况诊断、节能项目设计、融资、改造（施工、设备安装、调试）、运行管理等服务的专业化节能服务公司，可以为客户提供一揽子专业化节能技术服务，是集资金、技术、管理、咨询服务等多种功能于一身的服务提供商。

与业内其他公司一样，中航节能主要以 EMC 作为节能服务模式，即公司与客户以契约形式约定节能项目的节能目标，公司为实现节能目标向客户提供必要的服务，客户以部分节能效益支付公司的投入及其合理利润。简而言之，EMC 的实质就是一种客户以减少的能源费用来支付节能项目全部成本的节能业务方式。这种节能投资方式允许客户用未来的节能效益为工厂和设备升级，以降低运行成本。

中航节能成立之初，便提出成为国内节能领域最佳综合解决方案供应商。

经过 3 年多的发展，中航节能建立起一支专业的节能技术团队，积累了丰富的节能项目经验，能够为工业和建筑领域的客户提供综合节能解决方案。

2. 万事开头难，唯有意志坚

2.1 艰难立足

2011 年 8 月，在公司重组后的第一次管理层会议上，刘贵文满怀期望地说道，节能服务是一个朝阳行业，具有明确的市场需求和良好的发展前景。然而，节能服务行业还处于发展初期，行业集中度低，70%以上都是中小型公司，分属技术依托型、市场依托型和资金依托型，综合型节能服务公司少之又少。因此，只要中航节能不断提高技术集成能力，在抢占市场份额的同时坚持开拓新的业务领域，公司一定能够成为节能服务行业最优秀的公司之一。

刘贵文的一番慷慨陈词为管理团队勾勒出一幅美好的愿景，振奋人心。随后刘贵文又提醒大家，实现这一愿景的过程是艰辛的，公司上下要做好充分的心理准备。

市场开发过程中遇到的困难远比想象多得多，也难得多。有项目开发阶段的问题，客户对能耗审计、能效评估等存在质疑；有项目执行阶段的问题，客户对施工时间、施工方式提出苛刻要求；有项目竣工后回款的问题，客户回款日期总有拖延。

面对各种棘手的问题，市场开发团队和技术支持团队从未退缩，通过一切可能的途径予以解决。正是在发现问题和解决问题的循环往复中，公司业务逐步走向正轨。

2011 年年底，经过大家几个月的努力，公司签署了多个节能项目，合同金额快速增加。签署的节能项目全部采用 EMC 模式中的节能效益分享型，也就是说，由中航节能提供资金和技术支持，并承担节能改造工程的全部风险，项目实施完毕，经双方共同确认节能效果后，在项目合同期内，双方按照约定的比例分享节能效益。合同期满后，全部节能效益和节能设备无偿归客户所有。

可见，EMC 要求中航节能不仅要具备可靠的市场开发能力和技术集成能力，还要拥有可靠的融资渠道，以解决节能项目对资金的大量需求。客户节能项目建设施工所需的资金，基本来源于中航节能的自有资金。

2.2　大订单来了

2012 年 6 月初，经过几个月的艰苦谈判，中航节能与一家全国性连锁百货零售公司 TH 商场签订了节能服务合同。按照合同要求，中航节能将为该公司华南地区的多家商场提供综合节能解决方案，合同金额接近 4 000 万元。

该项目是中航节能签订的第一个千万级节能服务项目，公司上下异常兴奋，整个公司沉浸在成功签约的喜悦之中。对节能服务公司来说，百货零售行业绝对是个优质行业，优质表现在客户资信较好，现金流较为稳定，可降低公司回款的风险。

接到项目后，市场开发部经理谷建军十分激动地说："大订单来了！完成这个项目之后，我们的技术人员就能够更了解百货零售行业的能耗结构和改造重点，也就具备了同其他节能服务公司竞标的优势。这个项目将是我们开拓百货零售行业其他客户的敲门砖！"

喜讯很快传来，2012 年 7 月中旬，中航节能与另外一家全国性连锁零售公司集团 HR 超市签订了节能服务合同，为其华南地区多家大型超市提供综合节能解决方案，合同金额高达数千万元。

2.3　资金问题初现端倪

业务的发展速度远超过公司成立时的预期。财务部在对市场开发团队的成果感到高兴的同时，也开始担心这几千万元的资金该如何筹措。

2012 年 7 月底，在一次公司管理层会议上，公司总会计师赵京伟直言不讳，公司成立一年多来，EMC 项目开发业绩显著。但是，最近两年的 10 多个 EMC 项目已经占用了公司的大量现金。如何筹措当前两个项目的几千万元资金，是摆在公司面前最迫切的问题。如果资金问题无法从根本上解决，项目再好，也很难再投资。

面对财务部浇的这盆冷水，谷建军情绪不免有些激动，说道："赵总，我这儿一帮小伙子在外面辛辛苦苦拿到的项目，最后别受资金问题拖累啊！"

一时间，会议室的气氛颇为紧张，刘贵文见机接过话茬："这次零售行业的两个项目，风险很低，收益很好，我们肯定要做。至于资金怎么来，确实很棘手，老赵你还是想想办法吧。"

"这两个项目的资金我们已经开始想办法了，应该问题不大。但今后的项目如果总依靠自有资金或银行贷款，公司很难持续发展啊。"赵京伟紧锁着眉头继续说，"我们的信用额度已经快用完了，这次再依赖信用贷款肯定行不通。目前，只能请股东提供担保，向银行申请担保贷款了。不过，股东提供担保要收取一定比例的担保费，毕竟股东要承担一定风险。"

大家你一言我一语，最后也没有提出更好的办法。

刘贵文最后说："担保贷款也只是当下的权宜之计。至于今后其他项目的资金问题，大家多想想办法，看看能否找到更好的融资途径。"

3. 问题加剧，资金掣肘

3.1 有惊无险

2013 年 6 月的一天，财务部经理王秀颖急匆匆地跑到赵京伟的办公室，慌忙说道："赵总，前几天向银行申请的那笔贷款没批下来。"

赵京伟愣了一下，停下笔，问道："为什么？不是有股东担保吗？"

王秀颖答道："银行给的解释是，他们这两天提高了审核标准，其中资产负债率一项咱们公司超过了银行设定的最高参考值，即使有担保，也不能放款。"

赵京伟蹭地一下从椅子上站起来，用力捶了一下桌子，嘴里说道："这下可糟了，有一笔贷款后天到期，本来想着新的贷款这两天到账，还上那笔贷款。"

"是啊，赵总，之前和他们沟通得还挺顺利的，当时他们还说没问题，也不知道为什么就突然提高标准了。"王秀颖面带疑惑地说道。

"其他银行也提高门槛了吗？"赵京伟紧接着问。

"问了两家，都提高了。"王秀颖肯定地回答。

"看来得向大股东借钱了，给他们财务部打电话，向他们借点钱，必须要快，就一天时间了。这次事发突然，没别的办法了。"赵京伟皱着眉头说道。

接下来一段时间发生的事情，似乎解释了银行为什么突然提高放贷条件。6月中旬以来，银行间拆解利率一路上涨，至 20 日，隔夜拆借利率大幅上升578.40 个基点至 13.44%。这个指标在两天前是 7.66%，过去一个月中的水平还不到 4%。创下历史最高点的不仅仅是同业拆借利率，银行间质押式回购隔夜加权平均利率也飙涨至 13.88%，隔夜回购最高成交利率达到 30%，创下历史最高点。同业拆借利率这一番飙涨，导致资金价格达到 10 年来实际利率的最高点，市场流动性极度紧张。与此同时，为了应对资金紧张的局面，票据贴现利率大幅上升，银行放贷门槛提高。

3.2　今后怎么办

2013 年 6 月底，公司管理层就资金问题召开了专题讨论会。

刘贵文开口便提到："'我投资，你节能，共分利'这九个字被公认为 EMC 的精髓，EMC 也因此被称为'不花钱的节能'。客户倒是省心，但这资金压力全都转移到我们节能服务公司身上了。"

"是啊，"财务部经理王秀颖接过话题说道："EMC 这种模式要求我们先期投入大量资金，几年后才能收回成本，使得我们的现金循环周期特别长，资产周转率非常低。"

谷建军说道："其实，我们前期投入到 EMC 项目上的资金，通过改建、施工等工作，形成了优质的节能资产。在合同期内，这些资产不仅所有权归我们公司，还能为我们公司产生稳定的未来收益。"

赵京伟接着说："确实，就像建军说的那样，我们拥有很多节能资产。业内对这些资产的会计处理方式是，先将这部分节能资产记入库存商品科目，然后按合同约定的付款周期，于每个周期的期初划转至应收账款科目，随着客户的付款，结转相应的收入和利润。"

谷建军继续补充说："在实际操作过程中，建筑节能的合同期限一般为 5 年以上，工业节能的合同期限一般为 8 年以上，付款周期有的按月，有的按季度，也有半年一个周期的。"

刘贵文紧接着强调说："只是，现在赶上资金压力比较大，节能资产的未来收益再好，也是远水解不了近渴啊。对了，老赵，你们尝试过应收账款保理吗？"

"试过啊。"王秀颖接过话茬，"财务部前期和两家银行沟通过 EMC 应收账款保理，但 EMC 项目老是被银行标上'高风险项目'的帽子，操作过程中限制条件太多。"

随后，王秀颖讲了前期向银行申请做 EMC 应收账款保理过程中遇到的问题。总结起来主要有两方面。一方面是节能服务行业的问题。由于缺少独立的第三方对项目节能量进行评估，客户和节能服务公司对节能效果的说法不一，再加上缺乏节能服务标准等因素，一些客户以各种理由故意延迟支付甚至不支付节能分享利润，打击了节能服务公司的积极性，同时给以应收账款保理方式提供融资的银行带来授信风险。另一方面是银行内部的问题。银行对技术、项目不了解，对服务对象不了解。节能服务涉及的下游产业众多，服务地区跨度大，节能技术复杂多样，银行缺少相关经验和专业人员对项目的技术可行性、盈利能力和风险等进行客观判断，市场中也没有独立第三方可以提供帮助，银行必然对此类项目持谨慎态度。

"刘总，"赵京伟接着说，"对我们节能服务公司来说，员工项目经验丰富，又懂技术，很容易判断一个项目是否靠谱，风险有多大。但是银行没这方面的专业经验和人才，对 EMC 项目很谨慎，限制条件很多，有技术方面的，有规模方面的，也有客户资信方面的。就算一些 EMC 项目符合条件，变现率也很低。"

"变现率大概多少？"刘贵文追问。

"根据客户和项目不同而不同，一般为合同额的 $50\% \sim 70\%$。这样的话，循环几次后，资金量就非常少了，很难形成良性循环。"

听完赵京伟和王秀颖接连的发言，大家都选择了沉默。刘贵文扫了一眼会议室，缓缓地开口说道："老赵，你看还有哪些其他融资方式我们能用？"

"刘总，说实话，我们现在的资产负债率已经很高了，再向银行申请贷款确实比较难。如今，我觉得倒是可以考虑一下融资租赁。"赵京伟诚恳地说道。

财务部负责资金的小陈来了一句："赵总，融资租赁能缓解我们公司的资金压力？"

"我来解释吧。"经营规划部经理张士华说，"由融资租赁公司出资购买节能设备，我们公司作为承租人将节能设备运用到节能客户的节能改造中，不仅可以解决 EMC 的资金瓶颈，同时还拓宽了融资租赁公司的业务，更可以实现节能客户、节能服务公司、融资租赁公司三方在合同能源管理项目中的共赢。"

的确，融资租赁可以解决公司的一些问题。对融资需求较大的节能服务公司而言，银行贷款体现为负债，影响再融资能力，而融资租赁可以根据结构设计和安排实现表外融资。融资租赁在租金收取方面方式较为灵活，出租人可根据承租人的资金状况和盈利特点等具体情况，在还款时间和金额方面与节能服务公司的实际经营状况相结合，而不拘泥于定期、定额支付租金形式。

张士华解释道，发达国家 EMC 公司解决资金问题一般是通过两个途径。一个途径是将 EMC 项目卖给专业的节能基金，节能基金有专业的项目评审人员，会对项目风险和价值进行评估，但是中国这方面还不完善。另一个途径就是融资租赁。但中航节能目前主要以建筑节能为主，单个项目在几十万元至几百万元之间，而且一般涉及多个技术领域。而国内的融资租赁公司更倾向于工业节能项目，因为单个工业节能项目技术单一，规模在几百万元至上千万元。所以融资租赁模式在中航节能较难执行。

大家你一言我一语，讨论得热火朝天。

"好了，我明白大家的意思了。"刘贵文总结道，"其实，刚才大家提到的都是很常见的融资方式，只是应用于 EMC 时，或多或少都有些问题。短期来看，刚才提到的应收账款保理也许更适合公司现状，具体工作就请老赵安排吧。"

刘贵文又补充了一句："但这也只是当下的权宜之计。大家还是得琢磨融资这个事儿，看看用什么方式能够彻底解决公司的融资问题。"

窗外，已是华灯初上，一番激烈的讨论虽暂未找到彻底解决资金问题的方法，但没有什么能够阻挡管理层攻克问题的决心和创新的脚步。

4. 创新？创新！

4.1 芒刺在背

一个行业的快速发展需要与其所处的时代背景紧密结合。如今，时代将节能环保产业推上发展的快车道，中航节能顺势而行，借力行业发展之势，实现了公司发展之事。

公司当前的状况是：一方面，市场开发成果丰硕。公司营业收入、人员数量、合同金额快速增长，技术实力快速提高；客户分布逐渐扩展到宾馆酒店、医疗卫生机构、地铁车站、工厂、写字楼等。另一方面，财务部苦于无法找到彻底解决融资的有效途径，甚至出现过项目因资金不到位而推迟开工的尴尬情况。

业务的快速发展和资金的严重掣肘使中航节能陷入两难的境地。尽管 EMC 广受节能客户欢迎，但受欢迎的背后却是中航节能越来越难以承受的资金压力。

"有没有什么办法既可以继续推广 EMC，又能妥善地解决资金通道？"这一问题犹如达摩克利斯之剑，时刻悬挂在刘贵文的心头。

4.2 初现曙光

2014 年 4 月底的一个周末，刘贵文躺在家里的摇椅上，随手翻看着手里的报纸。一个醒目的标题跃入眼帘："证监会将大力发展公司资产证券化业务"，这激起了刘贵文的兴趣。

中国资产证券化试点始于 2005 年。在中国证监会发布有关试点管理办法之后，国家开发银行和中国建设银行分别进行了信贷资产证券化和住房应收账款保理证券化，发行规模为 71.96 亿元。2006 年、2007 年发行规模快速增加。至 2008 年年底，国内共有 11 家境内金融机构先后试点，成功发行了超过 600 亿元的资产支持证券。美国发生金融危机后，监管机构出于审慎原则和对资产证券化风险的担忧，延缓甚至暂停了资产证券化。

当前，资产证券化及未来收益权证券化概念被重新提出，刘贵文隐隐觉得，EMC 未来收益权证券化或许是解决中航节能甚至是节能服务行业融资问题的有效途径。看着报纸上的新闻，刘贵文脑海里开始畅想中航节能开展未来收益权证券化工作的成效。他按捺不住心中的喜悦，立刻打电话给赵京伟商量此事，决定尽快在管理层具体讨论一下。

4.3 备受质疑

2014 年 5 月的一天，公司管理层召开专题研讨会，商讨未来收益权证券化融资事宜。赵京伟为这次会议做了充分的准备工作，收集了大量的材料。

会议开始后，赵京伟首先介绍说，公司过度依赖银行贷款的弊端十分明显，一方面，贷款融资的高成本造成公司背负巨大的财务负担；另一方面，由于负债比例过高，容易降低公司的资信评级，影响公司的发展。而通过资产证券化这种融资方式，公司可以把 EMC 项目的未来收益权出售，实际上是"用将来的钱，办现在的事"，与传统融资方式相比，优点很多。未来收益权证券化是资产证券化的一种，而资产证券化起源于美国，目前在美国资本市场上已经成为与股权融资、债权融资并列的第三种主流融资方式。资产证券化是公司资产形式之间的转换，介于内部融资和股票之间，极具创新性和效率。

随后，赵京伟详细介绍了资产证券化以及未来收益权证券化的流程及注意事项。他强调说，未来收益权证券化对中航节能的意义在于降低贷款规模，将风险转移，解决资产流动性、存款与贷款期限错配等问题。

赵京伟讲完后，刘贵文并没有第一个发表意见，他想先听听其他人的想法，再做判断。

"赵总，听完您的介绍后，我觉得资产证券化确实很好，只是我没搞明白，这资产证券化和发行证券有啥区别啊？"王秀颖问道。

赵京伟解释道，传统的证券发行是以公司为基础，而资产证券化是以特定的资产池为基础发行证券，其实质是融资者将证券化的金融资产的未来现金流量收益权转让给投资者，而金融资产的所有权可以转让也可以不转让。在资产证券化过程中一个不可或缺的要素就是现金流。也就是说，资产证券化所要"证券化"的并不是资产本身，而是基础资产所产生的现金流。

"EMC 具备资产证券化的条件吗?"有人问道。

"具备呀。"赵京伟走到会议室的前面,在白板上一边写一边说:"一个 EMC 项目的未来现金流等于 EMC 项目开始前节能客户的能源耗费额减去项目完成后的能源耗费额,再乘以双方约定的分享比例和分享年限。通俗地说,假设某节能客户上一年度的电费是 500 万元,经我们改造后,同等条件下,电费下降到 400 万元,那么我们将和节能客户分享这 100 万元的节电效益。如果我们的分享比例是 80%,合同期是 5 年的话,这个项目未来 5 年给我们带来的现金流入总量就是 400 万元。如果付款周期是按月的话,相当于每月付款 6 万多元。由于 EMC 项目能贡献稳定的现金流,因此符合未来收益权证券化的条件,只是需要选择合适的项目作为基础资产注入资产池。"

赵京伟解释完后,白板上密密麻麻全是数字和专业名词。

"什么是基础资产?"小陈问道。

赵京伟一边比划一边说:"通俗地讲,可以产生独立、可预测的现金流的资产称作基础资产。它可以是单项资产,也可以是多项资产构成的资产组合。"

"未来收益权证券化和应收账款保理有点相似啊!"王秀颖说道。

赵京伟表示赞同:"确实,它们有共同点,都是将资产未来的收益权折现。但总的来说,未来收益权证券化涉及的投资者较多,而应收账款保理一般只涉及单一的保理商,收费较高。另外,未来收益权证券化在融资规模、效率、会计处理方式等方面也和保理不同。"

张士华问道:"现在政策上有什么支持吗?"

赵京伟回到座位上,打开电脑里的一份材料,指着投影幕布说道:"2014 年 5 月 13 日,也就是前两天,中国证监会发布了《关于进一步推进证券经营机构创新发展的意见》,多项创新出人意料,尺度之大,近年来罕见。"

"都有哪些创新?"王秀颖问道。

赵京伟目光转向王秀颖,说道:"文件从几个角度提出了建议,但对我们公司来说,最关键的是提到了加快债券产品创新,完善做市商交易机制,发展应收账款、融资租赁债权、基础设施收益权等资产证券化业务。"

"那证券化过程中涉及哪些参与方?"王秀颖又问。

赵京伟喝了口水,回答说:"比较多,有发起人,比如说我们中航节能,此外,还有特殊目的载体、托管人、承销商、信用增级机构、信用评级机构等。"

"哪些资产可以证券化?"王秀颖继续问。

"目前,我国证券化的资产主要集中在融资租赁、污水处理、水电站、高速公路等领域。在国际上,未来收益权证券化涵盖的范围更广。"

"未来收益权证券化融资的成本如何？"有声音问道。

赵京伟回答说："只要达到一定规模，未来收益权证券化的融资成本会低于银行信贷，也略低于债券融资。根据现行收费标准测算，规模达到 10 亿元时，年资金成本比银行贷款低 15％左右。如 2006 年发行的华能澜沧江水电收益专项资产管理计划，年综合成本为 4.1％，而同期 1 年期贷款利率为 6.31％，仅这一项为华能澜沧江公司节约财务费用达 1.91 亿元。"

"证券化在节能服务行业有成功案例吗？"小陈问道。

"好像还没有。"赵京伟边摇头边说。

围绕着未来收益权证券化，大家提出了各种质疑，讨论异常激烈。

4.4 各持己见

随着讨论的深入，大家对未来收益权证券化逐渐有了更深刻的认识。

"我觉得这个融资方式不妥，节能服务行业没有成功案例的话，我们没有经验可以借鉴，没法把控风险。"王秀颖干脆地表达了她的否定态度。

张士华反驳道："虽然在节能行业没有成功案例，但是操作流程和其他行业差不多，我觉得可以尝试。"

"我也觉得可以尝试。"小陈赞同道，"未来收益权证券化是一种根据资产现金流而重构资产风险和收益组合的金融创新，有可能成为节能行业融资的发展趋势。"

一时间，会议室里大家三三两两地讨论起来，每个人都争先恐后地发表自己的意见，气氛异常热烈。

"刘总，您什么意见？"突然有人高声问了一句，大家齐刷刷地把目光转向了刘贵文。

刘贵文扫了大家一眼，说道："我们选择一种融资方式，不仅要考虑它的优势，还要考虑这种融资方式的潜在风险。"

赵京伟一边点头一边说道："确实，未来收益权证券化过程复杂，涉及的参与主体较多，信用链也较长，所以，执行过程中不可避免地会出现一定的风险。"

张士华接过话题说："我们可以借鉴其他行业资产证券化的经验，规避风险。"

赵京伟望向张士华，说道："是的，一般来讲，应收账款证券化的风险来源于交易结构、基础资产、提前偿付和评级下降，不同的行业会有细微的差别。"

……………

经过一天的讨论，管理层的意见逐渐分化，一部分人支持公司着手准备未来收益权证券化，一部分人反对公司开展未来收益权证券化，大家各持己见，互不相让。

刘贵文面对两种对立意见，一时间也定不下一个明确的结论。他端起紫砂茶杯，抿了一口茶，然后双手握着茶杯，总结道："公司管理的每一次创新，都是摸着石头过河，不容易。不过，创新成功与否，也是公司能否发展壮大的关键。未来收益权证券化融资对于我们公司来说是一种创新，这个创新有一定难度，不是我们一两次讨论就能决定的。我们是否采用未来收益权证券化融资，还需要综合考虑各种因素之后再做决定，咱们可以会后慢慢讨论。"

刘贵文的话令在场的所有人不由地点头。

会议在红彤彤的晚霞中结束了。

5. 尾声

刘贵文心里很清楚，虽然国家近期出台了一系列政策，支持公司通过资产证券化融资，但这种融资方式是否适合中航节能或者说节能服务行业，他心里也没底。但是，身为总经理，他深知，考虑问题必须高瞻远瞩，依靠远见把握机遇，同时又要具有推动变革的魄力和胆识。可否采用未来收益权证券化这种融资方式解决公司的资金问题，这个答案形成的时间越早，越有利于公司提前部署相关工作，做出正确的决策。

启发思考题

1. 节能服务行业的现状及发展趋势如何？节能服务公司当前主要的融资方式有哪几种？

2. 未来收益权证券化融资和应收账款保理融资的区别是什么？

3. 未来收益权证券化融资的参与主体及其主要职责有哪些？

4. 中航节能如果决定采用未来收益权证券化融资，如何设计交易结构？如何避免证券化过程中的风险？

5. 如果你是中航节能的总经理，你是否赞同未来收益权证券化融资模式？你会采用什么方式解决公司的资金困境？

公司背景信息

中航国际节能科技有限公司，前身为中和中（北京）光电科技有限公司，是中航国际新能源控股的以节能改造及照明产品服务为主的有限公司，是国家发改委、财政部第三批备案的节能服务公司。

在节能领域，公司致力于成为能源管理领域一流的集成解决方案供应商。能源管理解决方案覆盖工业和建筑业，提供包括能源咨询服务、节能改造工程实施、能源运营服务三大方面的一站式解决方案。从节能诊断开始，到节能方案设计、节能改造工程实施、节能效果评估、能源管理平台搭建，再到节能诊断的循环式能源管理服务模式，为客户提供最详尽、最深入的能源管理服务。同时，公司应用国际最先进的合同能源管理模式，承担所有的技术和资金风险，确保客户零投入、零风险。目前，公司合同能源管理模式已广泛应用于商场超市、宾馆酒店、办公楼宇、公共设施建设及工业改造等项目，成绩显著。

合同能源管理包括以下三种类型：

（1）节能效益分享型。在项目期内用户和节能服务公司双方分享节能效益的合同类型。节能改造工程的投入按照节能服务公司与用户的约定共同承担或由节能服务公司单独承担。项目建设施工完成后，经双方共同确认节能量，按合同约定比例分享节能效益。项目合同结束后，节能设备所有权无偿移交给用户，以后所产生的节能收益全归用户。节能效益分享型是我国政府大力支持的模式类型。中航国际通常采用这种类型的合同能源管理模式。

（2）能源费用托管型。用户委托节能服务公司出资进行能源系统的节能改造和运行管理，并按照双方约定将该能源系统的能源费用交节能服务公司管理，系统节约的能源费用归节能服务公司的合同类型。项目合同结束后，节能公司改造的节能设备无偿移交给用户使用，以后所产生的节能收益全归用户。

（3）节能量保证型。用户投资，节能服务公司向用户提供节能服务并承诺保证项目节能效益的合同类型。项目实施完毕，经双方确认达到承诺的节能效益，用户一次性或分次向节能服务公司支付服务费，如达不到承诺的节能效益，差额部分由节能服务公司承担。

教学用途与目的

1. 本案例主要适用于"财务管理""资本运营"等课程中资产证券化相关领域的教学。

2. 适用对象：本案例主要针对 MBA、EMBA 和企业管理人员，以及经济类、管理类专业的高年级本科生及研究生。

3. 教学目的：资产证券化作为一种替代融资方式，长期以来一直被实务界关注。节能环保产业作为国务院明确的七个战略性新兴产业之首，依托政策的持续利好，形成了庞大的市场需求。但合同能源管理这种节能服务模式导致节能服务公司资金严重不足，严重影响了公司发展。为此，中航节能正积极寻找一种既能充分发挥未来收益的促销作用，又能控制和降低权益回收成本的管理办法，未来收益权证券化便是重要的尝试。通过对本案例的研究和分析，帮助读者理解和掌握以下重要知识点：

(1) 未来收益权证券化融资的特点；

(2) 未来收益权证券化的交易结构设计；

(3) 未来收益权证券化风险分析及防控措施。

理论依据与分析

1. 资产证券化

资产证券化（asset-backed securitization，ABS）是把缺乏流动性但预计能够产生独立、可预测现金流的资产，通过一系列的结构安排和组合，对其风险及收益要素进行分离和重组，并实施一定的信用增级，从而将该资产的预期现金流的收益转换成可以在金融市场上出售和流通的证券的技术和过程。

(1) 资产证券化的运作机理。资产证券化的运作机理，包括一个核心原理——现金流分析原理，以及三个基本原理，即资产重组原理、破产隔离原理和信用增级原理。

原理1：现金流分析原理（Cash Flow Analysis）

对基础资产的现金流分析是资产证券化的核心原理。资产证券化的实质是以可预期的现金流为支持发行证券进行融资。因此，可预见的现金流是进行证券化的先决条件。只有基础资产未来产生的现金流是可预期的，才能确定该资产支持证券的价值。同时，评级机构也只有通过对基础资产历史的和未来的现金流量的确定性分析才能给予信用评级。所以，证券化表面上是以资产为支持，实质上则是以资产所产生的现金流为支持。也就是说，资产证券化所"证券化"的并不是资产本身，而是基础资产所产生的现金流。因而，对基础资产的现金流分析便成为资产证券化的核心原理。

原理2：资产重组原理（Assets Restructuring）

原始权益人在充分分析自身融资需求的基础上，结合证券市场的情况，确定资产证券化的目标，然后将自己所拥有的预计能够在未来产生现金流的资产，打包卖给特殊目的载体（special purpose vehicle，SPV），然后由SPV根据资产重组理论进行组合，形成资产池。资产证券化的这个过程和功能首先是通过资产组合的机制来实现的。具体就某一项资产来说，其风险与收益往往很难把握，然而就一组资产来说，情况就不同了。在大数定理的作用下，资产组合中的风险与收益变化呈现出一定的规律性。因而，尽管预测单个资产的可能结果很困难，但对整个组合的现金流做出可信的估计却变得十分可能。

原理3：破产隔离原理（Bankruptcy Remoteness）

资产证券化是结构化融资的主要方式，其核心构造就是将基础资产与原始权益人风险隔离，因而特别构造出一个SPV。原始权益人通过真实销售，使基础资产的卖方对已出售资产没有追索权，从而避免了由原始权益人可能的破产而导致其债权人对基础资产的追索，这就是资产证券化的破产隔离机制。破产隔离是资产证券化所特有的技术，也是它区别于其他融资方式的显著特征之一。

原理4：信用增级原理（Credit Enhancement）

在交易结构中进行信用增级是资产证券化的又一重要特征。为使证券化产品能够吸引更多的投资者参与，并有效降低票面利率和发行成本，SPV一般都对证券化产品进行信用增级，以提高所发行证券的信用等级。

（2）资产证券化的分类。资产证券化包括以下四种类型。

实体资产证券化：即实体资产向证券资产的转换，是以实物资产和无形资产为基础发行证券并上市的过程。

信贷资产证券化：即将一组流动性较差的信贷资产，如银行的贷款、公司的应收账款，经过重组形成资产池，使这组资产所产生的现金流收益比较稳定并且预计今后仍将稳定，再配以相应的信用担保，在此基础上把这组资产所产生的未来现金流的收益权转变为可以在金融市场上流动、信用等级较高的债券型证券进行发行的过程。

证券资产证券化：即证券资产的再证券化过程，就是将证券或证券组合作为基础资产，再以其产生的现金流或与现金流相关的变量为基础发行证券。

现金资产证券化：即现金的持有者通过投资将现金转化成证券的过程。

2. 未来收益权证券化与应收账款保理的对比

节能服务公司未来收益权证券化与应收账款保理两种融资方式有较大的区别，具体内容见表1。

表1　　　　　　　　未来收益权证券化与应收账款保理两种融资方式的对比

序号	项目	未来收益权证券化	应收账款保理
1	定义	未来收益权证券化是把公司的资产，通过一系列的结构安排和组合，对其风险及收益要素进行分离和重组，并实施一定的信用增级，从而将该资产的预期现金流的收益转换成可以在金融市场上出售和流通的证券的技术和过程	应收账款保理是指公司将应收账款按一定折扣卖给第三方（保理机构），获得相应的融资款，以利于现金的尽快取得。理论上讲，保理可以分为有追索权保理（非买断型）和无追索权保理（买断型）、明保理和暗保理、折扣保理和到期保理
2	参与主体	原始债务人、债权人（发起人）、SPV、信用增级机构、信用评级机构、承销机构、托管人、投资者	债务人、债权人、商业银行或专业保理机构
3	操作流程	涉及的参与主体较多，操作流程复杂	涉及的参与主体较少，操作流程简单
4	融资速度	涉及的参与主体较多，融资速度较慢，一般在2~6个月	涉及的参与主体较少，融资速度较快，一般在1个月内
5	融资规模	适合一次性大规模融资，资产池规模一般在5亿元以上	适合分批次小规模融资
6	融资成本	是一种直接向投资机构或投资人融资的方式，融资成本较低	是一种间接融资方式，融资成本较高
7	风险转移	通过结构性重组，将风险转移至SPV	只能通过无追索权保理（买断型）实现风险转移
8	对财务报表的影响	公司可以在短期内大幅降低应收账款的余额水平，加快应收账款的周转速度，改善财务报表的资产管理比率指标	在无追索权的买断型保理方式下，公司可以在短期内降低应收账款的余额水平，加快应收账款的周转速度，改善财务报表的资产管理比率指标
9	适用对象	适用于资金实力较强、有良好信誉，且收款期限较长的公司	适用于各种公司

3. 未来收益权证券化的潜在风险

未来收益权证券化的风险是指在证券化过程中由于各种因素的不确定性而给各参与主体带来损失的可能性。作为一种结构性融资方式，未来收益权证券化被认为具有低风险的特点，但是，由于其过程复杂，涉及的参与主体较多，信用链也相对较长，因此不可避免地会出现一定的风险。

一般来说，未来收益权证券化的潜在风险涉及交易结构风险、基础资产风险、提前偿付风险以及评级下降风险。

（1）交易结构风险。未来收益权证券化是一种结构性融资方式，融资成功与否及其效率与交易结构有着密切的关系。未来收益权证券化交易结构风险是指，资产支持证券由于交易结构出现漏洞而导致的价值下降的风险。从理论上讲，只要各参与主体恪守各自承诺的合约，这会是一种完善的、风险分担的融资方式。

但是，对EMC未来收益权来说，其证券化之前涉及能源审计、项目评估、方案设计、工程施工、设备安装及调试等环节，证券化之后涉及结构性重组、ABS发行等环节，整个过程复杂，涉及的参与主体较多，难免会造成不能按本意保护相关参与主体的偶然性。

（2）基础资产风险。基础资产的质量直接关系到资产证券化产品的信用风险，这是资产证券化最基础、最原始的风险。资产证券化产品的最终受益依赖于资产池资产的预期未来现金流量，即来自基础资产的收益，所以一旦基础资产质量出现问题，证券化产品将无法获得收益。

相对于其他证券化资产而言，EMC未来收益权中拖欠账户的存续时间可能比较长。有些节能项目的可行性评价为优良，实际运行中的节能效益也很显著，但节能服务公司却难以最终实现100%的预期收益。这很大程度上是节能客户方面的因素所致，具体包括节能客户的信用风险、经营风险和技术风险。

信用风险包括：恶意隐瞒能耗，诱使节能服务公司投资；合同执行过程中，转移项目的节能收益；违约与其他节能服务公司合作；客户新任领导不愿履行合同，等等。

经营风险包括：一旦客户由于经营不善而盈利能力下降，若无其他更好的措施，势必会压缩生产规模，这样节能改造后的设备就达不到预定负荷，能耗会减少，预计的节能量及效益会下降，从而导致节能服务公司的利润下降。另外，客户还有可能由于卷入法律纠纷而发生风险。比如客户由于非法经营或其他重大问题而导致停业或关闭，致使节能服务公司遭受损失。

技术风险包括：所安装的设备能否正常运行，不出问题。在这方面，节能服务公司应要求供应商为设备性能提供担保。

（3）提前偿付风险。提前偿付风险是指资产池中基础资产的债务人对债务提前偿还或债务人破产并拍卖其资产后偿还债务，从而对债权人的现金流造成影响、破坏债权人信贷计划。

资产证券化的实质是债权人为了提高资金周转率和转移风险，将自身拥有的信贷资产出售给SPV，SPV将这些资产加以整合并打包构成资产池，形成资产支持证券后出售给投资者的过程。由此可见，资产证券化是以信贷资产为基础的融资方式，由于债务人有权在债务到期前提前偿还全部或部分贷款，同时这种行为会造成资产池预期现金流的极大不确定性，因此提前偿付风险是资产证券化中不能忽视的风险。

（4）评级下降风险。在资产证券化过程中，资产池所包含的基础资产的信用风险都要由专门的信用机构进行评估，通过内部或外部专门的信用增级机构来提高证券的信用等级，从而降低发行成本、提高定价和上市能力。

这一创新过程就使资产证券化特别容易受到评级下降的影响，当交易等级下降严重或者完全撤销时，将会对市场产生巨大的影响。在资产证券化的实际操作中，上述风险会受到其他各种可能因素的影响，也会由于国家法律政策以及市场经济不稳定等其他复杂因素的变化而变化。

主要参考文献

[1] 郜丽波，罗运涛. 合同能源管理项目资产证券化融资模式研究. 项目管理技术，2012（11）.

[2] 何小锋，黄嵩. 资本：资产证券化. 北京：中国发展出版社，2013.

[3] 张文强. 我国企业集团应收账款证券化专题研究. 太原：山西出版集团山西经济出版社，2010.

[4] 中国资产证券化网. 2013年中国资产证券化年度报告. 中国资产证券化月刊，2014（8）.

公司并购篇

中国建材：
央企海外上市与联合重组

摘要：

成立于改革开放初期的中国建材集团，与大多数央企一样，面临转型困境。2003 年，集团提出"有限相关多元化"战略，随后实现了跨越式发展。2006 年，集团完成海外上市，在此基础上通过全国范围内的联合重组不断提升和优化主营业务集中度，已经成为中国建材行业的龙头企业。过去 5 年，集团主营业务收入增长 9 倍，利润增长 19 倍，成为央企成功实现资本运营的典型案例。本案例主要对中国建材海外上市与联合重组进行研究，挖掘其发展模式的独到之处，探寻央企在充分竞争的环境下利用资本市场做大做强主业的有效途径。

关键词： 中国建材；香港上市；并购类型；并购支付方式；并购经济后果

0. 引言

2007 年 4 月，杭州西子湖畔汪庄饭店，从晨曦初露直到晚霞满天，几位茶客几乎喝了整整一天茶。喝茶者分别是浙江水泥、三狮水泥、虎山水泥和尖峰水泥的掌门人，这四家企业占据着中国东南水泥市场的半壁江山，请客者则是中国建材集团董事长宋志平，他希望四家企业能够接受中国建材集团的联合重组。

宋志平 50 岁，他说话声音柔和，举止风度儒雅，仿佛一位邻家长者。但他的内心坚毅、果敢，他的嗜好是弈棋和破解数学难题，并乐此不疲。一路从基层干起来的宋志平36岁被任命为正局级单位北京新型建筑材料厂的厂长，他带领全厂职工苦干10年，将该厂锻造为知名上市公司"北新建材"。调任母公司中国建材集团任总经理后，宋志平一直在谋划和布局以让中国建材集团成为建材行业的领军者。

汪庄谈判的过程是艰苦的，四家企业由于水泥行业的产能过剩和恶性竞争正在谋求整合，它们都已经有了初步意向的"婆家"。但汪庄谈判的背后有着严密的商业逻辑，宋志平摆出的不仅仅是好茶，还有明确的利害关系和共赢的目标。最终，四位水泥大佬改变了原来的合作意向，决定与中国建材集团同桌共饮一壶茶，一起下一盘大棋。

深夜平静的西湖，突然雷声隆隆，风雨骤起。宋志平望着窗外的湖面，一颗颗白雨跳珠奔汇入湖，他坚信，下完"汪庄谈判"这颗关键的棋子之后，他的合纵连横之术将势不可挡地打破水泥界多年的沉寂，在中国水泥行业掀起一场波澜壮阔的重组风暴。

1. 临危受命

2002年春节刚刚过去，宋志平就接到了上级的调令，由北新建材董事长调任母公司中国新型建筑材料集团公司（以下简称"中新集团"）总经理。彼时的中新集团风雨飘摇，虽然是一家主营新型建筑材料制造研究的几十亿规模的国家级行业管理公司，但国有企业的通病这里基本都有。集团除了北新建材之外，几乎没有什么优质资产，下属200多家小企业大部分是从国家建材局陆续划入的，分散于全国各地，摊子大、业务杂、规模小、管理松散，其中壁纸厂、塑料地板厂、建筑陶瓷厂、稻草板厂等很多工厂由于不适应市场，已经濒临破产。宋志平知道，自己虽然"升官"了，面对的却是一副残棋。

宋志平崇尚在逆境中锲而不舍、勇往直前的企业家精神，他的偶像是力挽狂澜，成功把克莱斯勒从危机中拯救出来并东山再起的商业传奇人物亚科卡。面对中新集团这个烫手的山芋，他欣然接受，带着笑容走马上任。来到北京紫竹院南路那座低矮的5层办公楼，原总经理有点悲壮地对他说："志平，我从弹坑里爬出来，你又进去了。"

宋志平上任后面对的最大危机是公司账上的 32 亿元逾期负债，当他巡视办公楼时，发现财务处已经被贴上了法院的封条。总会计师告诉他，财务人员只能晚上偷偷进去办公，白天再把封条贴好。千头万绪还得逐一理清，宋志平首先凝聚人心，鼓励干部职工坚定信心，同舟共济克服困难。随后一年，他的主要工作就是马不停蹄地跑银行和金融机构，与信达资产管理公司、东方资产管理公司合作进行债务重组，通过政策性破产和债转股等方式，妥善解决了历史遗留的 32 亿元银行逾期债务问题，羁绊中新集团多年的债务风险得以化解。同时，通过资产划转、重组、盘活等方式，先后处置了涉及长期投资 4.3 亿元、资产总额 16 亿元的 30 家困难企业。

短期内债务危机解决了，但是宋志平一直在思考企业发展问题：他掌舵的中新集团要往何处去？

2. 明晰战略

2.1 回归主流

2003 年 3 月，国务院国有资产监督管理委员会（以下简称"国资委"）成立，中新集团被列入国资委直接管理的 196 户大型中央企业集团之一。国资委明确提出，中央企业今后的方向就是围绕主业调整结构，把企业做大做强，做行业的排头兵。时任国资委主任李荣融放出了狠话："未来三年内国资委将根据企业收入规模、利润水平、成本控制能力等因素构成的综合指标为中央企业排名，未到行业前三甲的企业将被强制重组。"

一石激起千层浪，李荣融主任此言一出，在中央企业引起了巨大震动。宋志平反复体会此言，意识到其执掌的企业走到了一个重要的关口，企业转型已经势在必行，如果目前仅仅在新型建材领域和民营企业争市场的小规模经营局面再不改变，那么在行业中没有优势的中新集团就可能被别人吃掉。

宋志平决定听听高参们的意见，他邀请了几位原国家建材局的老局长、行业协会的专家来出谋划策，和中新集团的领导层一起进行战略研讨。最后大家达成了共识：建材行业是一个规模性经济、资源性经济和区域性经济行业，中新集团作为央企，必须有清晰的主业，扎根、占领一个有行业规模的"地盘"，做大行业、大产业。水泥占建材工业 GDP 70％的比重，建材百强企业前几名基本都是水泥企业，如果不进入水泥市场，等于没有进入建材行业的核心领域。

中新集团要从过去单纯发展新型建材，转向以水泥为主，以玻璃、玻璃纤维和复合材料为辅，实施有限相关多元化战略，目标就是做建材行业的排头兵企业！

穷则变，变则通，通则久。一个月后，中新集团正式更名为"中国建筑材料集团公司"（以下简称"中国建材集团"），毅然回归行业主流，开始酝酿做水泥等大宗建材。

2.2 行业状况

水泥是国民经济的重要基础原材料产业，也是一个市场充分竞争的领域。改革开放以来，中国水泥行业发展迅速，产销规模连续多年位居世界第一，但也存在产能过剩、产业集中度低、企业竞争无序、运行绩效低下等问题。

2000年后，受宏观经济环境的推动，水泥行业掀起了一轮粗放式的产能投资热潮，一时间水泥生产线在全国遍地开花。2003年，中国水泥行业完成固定资产投资303.16亿元，比2002年增长近一倍（见图1），是所有工业部门之冠。水泥行业投资额和销售利润率的增速到达阶段波峰，简单重复建设引起的产能过剩、企业恶性竞争等问题开始凸显。

图1 2001—2009年水泥行业固定资产投资额及增长率

针对水泥行业投资过热的问题，国务院办公厅发布了《关于防止水泥行业盲目投资加快结构调整的意见》，中国水泥协会会长雷前治公开提示全行业："在如此高增长、高效益、高投入的情况下，要保持高度的清醒。"

然而令人担忧的情况还是发生了，随着国家宏观调控收紧和过剩产能的集中释放，2004年水泥产品开始供过于求。过热投资使得全国水泥企业总数超过5 000家，但是前10家企业的市场集中度仅占行业比重的15.78%（见图2），而在发达国家，前10家企业能够占据60%左右的市场份额。尽管海螺集团、华新集团、山水集团、浙江三狮等企业在行业中脱颖而出，但谁也没有绝对的区域市场控制力。在很多省份的区域市场，大小水泥诸侯开始厮杀混战，行业又进入了滑坡期的"春秋战国"时代。

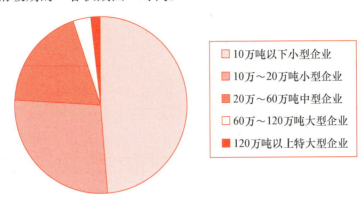

图例：
- 10万吨以下小型企业
- 10万～20万吨小型企业
- 20万～60万吨中型企业
- 60万～120万吨大型企业
- 120万吨以上特大型企业

图2　2004年中国5 000家水泥企业的规模结构

2.3　柳暗花明

中国建材集团进军水泥行业时，手里是这样一副牌：水泥公司1家（中国联合水泥）、水泥年产能300万吨（不到行业老大海螺集团的1/10）、发展资金匮乏。当时，没有多少人相信中国建材集团能用这副牌在水泥领域形成气候。

在2003年的水泥投资热潮中，中国建材集团通过资产划转的方式，先后接手了山东、河北、江苏的几家水泥厂，并投资上马了数条新型干法水泥生产线。但随着宏观经济和水泥行业的变化，头脑冷静的宋志平很快意识到，水泥行业产能已经过剩，中国建材集团作为水泥行业的后进入者，要想快速赶上海螺集团、华新集团等老牌水泥企业，走它们走过的建新线、滚雪球、靠增量发展的老路是行不通的。

宋志平研究过西方发达国家的水泥发展史，发达国家的水泥行业也是在自由的市场竞争环境、完善的金融系统支持和国家产业政策引导下，历经多次并购重组，不断从分散走向集中而逐渐成熟起来的。并购重组是水泥行业资源整合、提高集中度、形成稳定性的必由之路。世界最大水泥企业集团拉法基的成功就是以重组英红、蓝圈和控股土耳其Asland、奥地利Perlmooser等公司为主要手段实现的。

想到重组，宋志平眼前一亮，水泥行业的低迷其实是个很好的机遇，既然靠增量投资发展行不通，那么能不能对存量进行重组？能不能发挥中国建材集团央企的优势，把分散的水泥企业统一联合到中国建材集团这个平台之中？能不能把水泥企业间的竞争关系转变为竞合关系，发挥聚集协同效应，共同营造一个健康的行业市场？宋志平反复思考这些问题，他相信自己的想法是可行的，尽管重组是一项高风险的活动，但水泥行业正处于亟须转变发展方式、提高产业集中度的关键时期，这时实施整合重组是不可错失的重大发展机遇，何况此时的中国建材集团已经没有退路，必须大胆放手一搏。

水到而渠成。在这样的背景下，中国建材集团确定了区域联合重组的水泥业务发展方式，即选取核心战略区域，对区域水泥存量进行联合重组，取得区域市场控制权，以增量投入技术提升和产业升级，以管理整合创造效益，追求一种社会资源充分利用的资源重组和行业整合的扩张路线。

3. 海外上市

做建材行业排头兵的目标明确了，以水泥为主的有限相关多元化战略明确了，实施区域联合重组的方式明确了，但巧妇难为无米之炊，在水泥这个高度市场化的重资产行业开展联合重组，资金的重要性不言而喻。公司捉襟见肘的财务状况和现金流量根本无法满足实施大规模联合重组的需要，那么重组所需的大量资金从哪里来呢？

当时，中国建材集团刚刚经过清产核资，公司净资产减半，资产负债率偏高。国家对于建材企业没有资本金预算，如果通过银行借款和债券筹资，则会进一步恶化企业的资本结构，加大债务负担和财务风险。通过社会直接融资渠道上市融资是个较好的选择，但是集团的核心子公司、占集团收入50%的北新建材已经在A股上市，由于同业竞争等问题，A股融资无法操作。

有一天，宋志平随手翻报纸，一条消息跃入眼中——某公司将内地的上市公司资产打包后在香港实现双重上市。曾经操盘过北新建材A股上市的宋志平抓着报纸，兴奋地在屋里踱步，心里只有一个声音："要上市，要到香港去上市！"

然而，海外上市谈何容易，进入国际资本市场的门槛很高，要求公司结构精干、主业突出、业绩优良、成长性好。而当时中国建材集团业务分散、盈利能力弱，各级子公司阵容杂乱。当宋志平提出香港上市设想时，集团内部很多干部职工都觉得这个想法遥不可及。公司联系了几家知名的中介机构进行咨询，有的中介机构又狠狠泼了一盆冷水，认为中国建材集团海外上市是一件不可能完成的任务。到底要不要海外上市？最终，难题提交到中国建材集团董事会，董事会给出的答案是：坚持海外上市的融资策略，果敢前行！

在宋志平的主导下，中国建材集团很快成立了上市工作组，拿出了上市方案，计划以下属公司——中国建筑材料及设备进出口公司为壳，剥离其现有资产和业务，通过股权划转注入北新建材、中国玻纤两家 A 股上市公司的核心优质资产，以及中联水泥、国际工程等公司分立出的有利润的业务，将中国建筑材料及设备进出口公司改制为中国建材股份有限公司在香港上市。

海外上市计划得到了国资委的支持，国资委也希望有条件的中央企业能够通过海外上市解决企业对资本的需求问题，完善公司治理结构，为将来的发展打下规范的基础。2004 年 11 月，国资委在征求中国证监会、国家工商总局、国家发改委、财政部、国家税务总局和商务部等六部委的意见后，正式批准了中国建材集团的改制方案。

经过对进入上市范围的 60 多家企业紧锣密鼓的分立改制和一系列股权划转，2005 年 3 月，中国建材股份有限公司正式成立，公司股本 13.88 亿元，中国建材集团作为主发起人，直接持有和通过其他子公司间接持有合计 94.75％的股份，信达资产管理公司以债转股形式持有 5.25％的股份。中国建材股份有限公司的业务分部包括轻质建材、新型干法水泥、工程服务以及玻璃纤维和玻璃钢制品。

2005 年 11 月，中国建材股份有限公司正式向香港联交所递交上市申请文件，次日收到香港联交所出具的 A1 文件受理函，上市工作进入倒计时。2006 年 2 月，中国证监会批准了中国建材股份有限公司境外发行外资股的申请。

2006 年 3 月初，宋志平带领中国建材股份有限公司的管理层踏上了飞往香港的航班，他们此行的任务是进行全球路演。在香港的新闻发布会上，宋志平即兴演说："中国建材的故事，将是一个稳健经营、业绩优良、行业整合、快速成长的故事。"宋志平的故事从香港讲到新加坡、东京、伦敦、纽约、旧金山，全球投资者反响热烈。根据公司的招股说明书，募资用途主要是对水泥生产线、石膏板生产线和玻璃纤维生产线进行建设和整合，投资者对公司的水泥业务整合规划尤其感兴趣，投资订单纷至沓来，香港富豪嘉里建设大股东郭鹤年及恒基主席李兆基也私人认购该股。随着市场各方的追捧，包销商摩根士丹利添惠亚洲投资有限公司的信心不断增长，与此同时股票发行价格也逐渐上涨。最终，公开发售部分获 537 倍超额认购，机构超额配售 51 倍，创下港股两年来认购倍数新高，股票发行价以招股价上限 2.75 港元/股定价。

3 月 23 日，在香港联交所执行总监霍广文的主持下，中国建材股份有限公司成功在香港联交所主板挂牌上市。当天股票开盘价 3.25 港元/股，尾市收于 3.325 港元/股，较发行价上涨 20.9%。中国建材股份有限公司此次 IPO 共发行股票 7.5 亿股，占公司总股份的 36.3%，融资 21 亿港元。

两年时间，从不可能完成的任务到成功海外上市，中国建材集团的 IPO 之路很好地诠释了"没有做不到，只有想不到"的名言。融资所得 21 亿港元虽然不多，但对于战略明晰却无钱实施的中国建材集团无异于雪中送炭，给企业发展输入了宝贵的血液。有了资金支持，中国建材集团联合重组的车轮终于可以启动了。

股票公开上市交易后，中国建材实施水泥行业重组整合的预期得到了广大投资者的高度关注和肯定，公司股价一路飙升，2006—2007 年股价上涨 11 倍，列 H 股 2006 年涨幅第二位，2007 年第一位。随后，中国建材股份有限公司把握好节奏，在实施大规模联合重组的几个关键节点上，左手融资，右手重组，通过资本纽带实现了资本与产业的紧密结合。公司先后于 2007 年 8 月、2009 年 2 月、2010 年 9 月完成三次全球增发和配售，IPO 加上三次增发，累计从海外资本市场直接融资 110 亿港元。

4. 联合重组

2006 年 4 月，几乎在中国建材集团实现海外上市募资成功的同时，国家发改委等八部委针对水泥行业的突出问题，紧急发布《关于加快水泥工业结构调整的若干意见》，明确鼓励大型水泥企业集团采取兼并、重组、联合等方式，提高产业集中度，优化资源配置。敏锐的宋志平认为实施大规模联合重组的时机成熟了，公司战略、行业机遇、发展资金、政策支持等要件都已具备，时不我待，可以出手了。

受市场半径限制（250～300 公里），水泥行业的布局非常关键。就像一盘围棋，首先需要谋划整体布局，然后选好战场，合理布置棋子，并把布点棋子连成片，在局部区域形成强势以克敌制胜。各行政大区内的重点企业便是这类"棋子"，这些企业一般在区域市场占据主要地位，拿下它们等于攻占了某个区域市场。经过深思熟虑，宋志平把实施重组扩张的起点选在区域优势明显的淮海经济区，而第一步要吃掉的棋子就是当时中国水泥行业的老大海螺集团在徐州的万吨生产线。

4.1 淮海"战役"

徐州是淮海经济区的核心，中国建材集团旗下的中联水泥原本是徐州水泥市场的龙头企业，但 2006 年初，海螺集团旗下的徐州海螺引进德国技术装备的日产万吨水泥生产线投产，这是当时全世界仅有的七条万吨水泥生产线之一，使得徐州水泥市场格局突变。中联水泥与徐州海螺两雄对峙，形成了明显的竞争局面。徐州海螺依靠其低成本优势打起了价格战，中联水泥被迫降价应战。

两虎相争，必有一伤。如何解决与徐州海螺的竞争问题，摆上了中国建材集团决策层的重要议事日程。为了避免在同一市场上恶性竞争，中国建材集团提出收购徐州海螺全部股权。在行业协会的穿针引线下，经过艰苦的谈判，海螺集团掌门人郭文叁最终同意"握手言和"。

2006 年 7 月，在香港上市 3 个月后，中国建材集团拿出所募集的近半资金 9.61 亿元注入中联水泥，溢价 1.5 倍收购了安徽海螺创投及台湾水泥集团所持徐州海螺 52.5% 及 47.5% 的股权，重组徐州海螺完美收官。中国建材集团凭借资本运营积蓄的能量，一举夺得徐州市场主导权，将鲁南、苏北区域布点的棋子连成了一体。同时借此收购项目，向资本市场和水泥行业发出了联合重组的声音。

随后几年，中联水泥在山东、江苏、安徽、河南、山西等地势如破竹，先后重组泰山水泥、德州大坝水泥、洛阳黄河水泥等 42 家企业，产能从 2006 年的 1 100 万吨激增到 2011 年的 8 000 万吨，成为淮海经济区最大的水泥企业，实现了"控制中原，辐射京津，沿陇海一线成片形成大区域控制"的既定战略布局。

4.2 出击东南

中国水泥行业有句话叫做"得淮海者得东南，得东南者得天下"。东南区域经济发达，水泥需求量巨大，是水泥行业兵家必争之地。如果能够将这片市场据为己有，中国建材集团将顺利成为水泥行业的领军企业。从 2005 年起，东南水泥市场陷入低谷，尤其是浙江省，水泥技术结构调整基本完成，但缺乏大型领军企业，产能过剩达 50%。水泥企业在产业链中受制于煤炭、电力、成品油和运输上游产业的涨价，却无法向下游产业传递，吨水泥平均利润仅为 1 元。直至 2007 年，浙江水泥行业仍深陷泥沼不能自拔，一度全行业亏损，整合的呼声很高。

如此好的整合机遇，宋志平怎能错过？有了资本市场的支撑，他对于成立南方水泥公司这步最关键的棋已经成竹在胸。"汪庄会谈"之后，中国水泥业最大规模的联合重组风暴即将袭来。

2007年8月，中国建材股份有限公司闪电增发1.5亿股H股，成功募集资金27亿港币。9月，在南方地区没有一条生产线、不产一两水泥的中国建材集团毅然投入全部增发募集资金，正式组建南方水泥有限公司（以下简称"南方水泥"）。公司总投资100亿元，首期注册资本35亿元，其中中国建材股份有限公司出资26.25亿元，占75%；浙江邦达出资4.37亿元，占12.5%；江西水泥出资1.4亿元，占4%；湖南省国资委、尖峰集团各出资1.05亿元，各占3%；北京华晨出资0.875亿元，占2.5%。这样的股权设置是经过精心设计的，浙江邦达这部分股权的拥有者是三狮水泥、虎山水泥，这两家公司正是通过"汪庄会谈"新进入的联合重组企业的原股东，它们将有机会分享企业重组整合后产生的利润。江西水泥、尖峰集团是重组目标市场的主导企业，把它们拉进南方水泥的股东组合，以南方水泥为平台在目标市场开展收购重组可以避免与它们的冲突和敌对。而湖南省国资委的加盟也将有助于减小南方水泥在湖南的收购整合难度。

南方水泥的横空出世成为2007年中国水泥业的头号新闻。南方水泥的产业蓝图是：通过联合重组方式整合浙江、江西、湖南、福建、上海四省一市的水泥企业，尽快使水泥产能占浙江区域的40%～50%并拥有定价权，用3年左右的时间成为水泥产能达到1亿吨、东南经济区的核心水泥企业。

南方水泥的产业蓝图迅速转变为现实。成立后的短短3年时间内，南方水泥的重组风暴席卷环太湖、浙中南、沪、闽、赣、湘、桂等区域，迅速联合重组150家水泥企业，产能从成立时的3000万吨飞速扩大到1.2亿吨，成为东南经济区最具影响力的大型水泥集团。按照"联合重组、合理布局、管理整合、市场协同、技术进步"的方针，南方水泥通过联合重组迅速提高区域产业集中度，通过优化布局推动区域市场由恶性竞争到适度竞争，通过管理整合拓展盈利空间，通过市场协同使区域水泥价格理性回归，通过技术改造带动产业升级。3年间，吨水泥盈利年复合增长率达到20%，净利润复合增长率超过60%。

4.3　拼图完成

称霸淮海和东南水泥市场后，中国建材集团将联合重组的战车开到了东北和西南区域。2009年2月，中国建材股份有限公司在资本市场逐步走暖后，向全球配售近3亿股H股，募集资金23.4亿港元。3月，中国建材集团与辽源金刚水泥、弘毅投资产业基金共同成立北方水泥有限公司，先后重组佳木斯鸿基水泥、宾州水泥等10余家水泥企业，在黑龙江、吉林东南部、辽宁西南部建立起核心利润区，在区域及价格主导上占据了绝对优势。

西南地区区位优势明显，是西部大开发的增长极，水泥市场拥有很好的成长性。但西南地区水泥行业的现状却不乐观，产能严重过剩，企业规模小且高度分散，是全国的水泥价格洼地，宋志平把西南地区设定为全国水泥市场布局的最后一块拼图。2011 年 12 月，中国建材集团旗下第四家水泥产业集团——西南水泥有限公司在成都正式挂牌成立。中国建材集团投资 50 亿元，其他三家战略投资伙伴投资 50 亿元。西南水泥覆盖的市场区域为四川、云南、贵州、重庆三省一市，计划在 2~3 年内水泥产能超过 1 亿吨，区域市场覆盖率达到 20%~25%，成为区域内最大的水泥专业公司。至此，中国建材集团在全国水泥市场的战略布局基本完成（见图 3）。

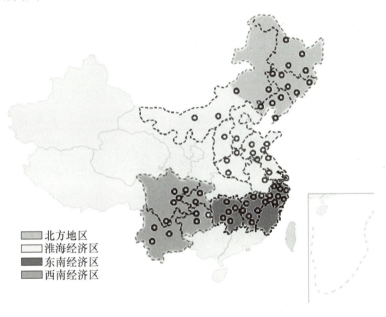

北方地区
淮海经济区
东南经济区
西南经济区

图 3 中国建材集团核心水泥区域布局

5. 财务绩效与股价表现

中国建材集团实施大规模联合重组的 6 年，正是中国经济发展的重要战略机遇期和建材行业结构调整的重大机遇期，中国建材集团紧紧抓住这个难逢的机遇，围绕主业，创新理念，探索了一条资本运营＋联合重组的双轮驱动发展道路，从一家默默无闻的困难企业嬗变为世界 500 强企业，成功演绎了一个企业"稳健经营、业绩优良、行业整合、快速成长"的故事。

6 年间，中国建材集团资产总额从 277 亿元增至 2 075 亿元，增长 6 倍，营业收入从 191 亿元增至 1 941 亿元，增长 9 倍，利润从 8 亿元增至 158 亿元，增长 18 倍，年均复合增长率均超过 50％，凭借良好的经营业绩连续获得国资委考核 A 级。历年主要财务指标详见表 1。

表 1　　　　　　　　　　　　　中国建材集团历年主要财务指标

指标	2006 年	2007 年	2008 年	2009 年	2010 年	2011 年
资产总额（亿元）	277	549	918	1 133	1 535	2 075
营业收入（亿元）	191	343	629	816	1 354	1 941
利润总额（亿元）	8	18	27	39	76	158
总资产报酬率（％）	3.3	4.4	3.7	3.8	5.7	8.8
净资产收益率（％）	3.2	13.2	14.7	16.3	20.8	29.7
资产负债率（％）	72.9	75.0	82.2	80.8	77.8	77.8

　　资料来源：中国建材集团公司年报（2006—2011 年）。

　　经过大规模联合重组和市场布局，中国建材集团的水泥产能从 2006 年初的 1 100 万吨快速增加到 3 亿吨，跃居世界第一。同时，其率先主导的存量资源整合促进了相关区域水泥集中度的有效提高，使中国水泥产业集中度从 15％增加到 30％，企业间的无序竞争得以矫正，水泥价格和行业价值理性回归，中国水泥行业逐步走向成熟，得到健康发展。

　　与此同时，中国建材在香港联交所挂牌上市后股价表现强劲。虽然经历了 2008 年国际金融危机的冲击，但公司上市以来经市场调整的股价月累计超额收益率持续为正（见图 4），表明投资者对中国建材完成大规模兼并重组后的长期业绩增长和价值提升持乐观态度。

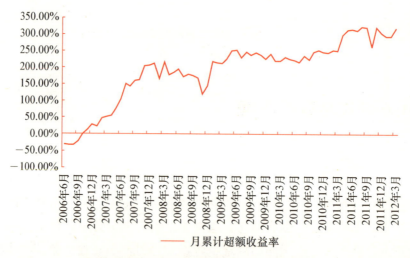

图 4　中国建材上市以来股价月累计超额收益率

6. 后记

2007 年，宋志平访问了全球最大的建材集团——法国圣戈班，他与圣戈班年届 70 的董事长让-路易·贝法（Jean-Louis Beffa）进行了会谈。贝法对中国建材集团的扩张一直十分关注，他和圣戈班的管理层曾经认真研究过花旗银行对中国建材的分析报告，认为中国建材集团将是未来全球建材行业中最具活力和成长性的企业集团之一。4 年后，贝法果然看到，在全球建材企业集团排名榜单上，中国建材集团已经越来越靠前。

中国建材集团并不满足于做中国的水泥大王，它目前的主要收入来源于国内，而其他国际建材巨头的收入来自全球，来自本土的收入占比很小。中国建材集团要想进一步提升核心竞争力，完善产业链和价值链，就必须"走出去"参与经济全球化和国际竞争。为此，中国建材集团确定了未来 5 年的发展目标：大力实施"大建材国际化"经营战略，做大型建材的制造商和包括建筑钢材、木材在内的大型建材的综合供应商，培育具有国际竞争力的世界一流建材集团。

宋志平的棋局由淮海变成了中国，又由中国变成了世界，也许，在不久的将来，他引领的中国建材集团在全球商业舞台上将演绎一个新的传奇。

启发思考题

1. 为什么中国建材会选择海外上市之路？A 股与 H 股的上市条件有哪些区别？

2. 中国建材海外上市做了哪些准备？是否达到了目的？

3. 中国建材在进军水泥行业时采用了什么方式？并购的类型有哪些？并购时采取了哪种支付方式？

4. 中国建材为什么会选择从淮海经济区开始并购重组之路？有什么依据？并购成功的关键是什么？

5. 如何评价中国建材的并购重组之路？如何检验并购的结果和绩效？

公司背景信息

　　中国建材集团是 1984 年经国务院批准设立的国家级建材行业管理公司，2003 年成为国资委管理的中央企业。1997 年 5 月 30 日，全资子公司北新集团独家发起设立北新集团建材股份有限公司，6 月 6 日北新建材 A 股在深圳证券交易所上市。1999 年 6 月 28 日，中国联合水泥有限责任公司成立。2006 年 3 月，发起设立的中国建材股份有限公司在香港联交所挂牌上市。2007 年 9 月 26 日，南方水泥有限公司成立。2009 年 2 月，中国建材在香港联交所向全球配售近 3 亿股 H 股，募集资金 23.4 亿港元。2009 年 3 月，中国建材力推行业重组合资，设立北方水泥有限公司。2010 年 9 月 14 日，中国建材股份在香港联交所完成约 2.4 亿股 H 股闪电配售，募集资金 38.2 亿港元。2011 年 12 月 15 日，中国建材旗下第四家水泥公司——西南水泥有限公司在成都正式挂牌成立。2012 年，中国建材集团稳步推进传统建材领域的联合重组和结构调整，继续巩固和延伸产业链，水泥产能超过 3.5 亿吨，商混产能达到 3.5 亿立方米，均居世界第一。

　　中国建材集团以"善用资源、服务建设"为核心理念，大力实施"科技创新""大建材国际化"和"人才强企"战略，是集科研、制造、流通为一体，拥有产业、科技、成套装备、物流贸易四大业务板块的中国最大的综合性建材产业集团。中国建材集团实行母子公司管理体制，是较早进行国有独资公司董事会试点的企业和国家级创新型试点企业。集团公司作为战略中心、决策中心、资源中心、政策文化中心，行使出资人权利。子集团作为经营平台，突出核心专长和主营业务，以品牌知名度和市场占有率为基础构造利润中心。2012 年 7 月 9 日，美国《财富》正式公布 2012 年世界 500 强企业排行榜，中国建材集团以 300.22 亿美元的营业收入位列第 365 位，比上年提升 120 名。这使中国建材集团超越爱尔兰 CRH 集团、瑞士 HOLCIM 集团和法国拉法基集团，紧随法国圣戈班集团，稳居全球建材企业第二。

　　中国建材集团的战略愿景是致力于成为世界一流的综合性建材产业集团，战略定位是行业整合的领军者、产业升级的创新者、国际产能合作的开拓者，重点打造先进制造业平台、国际产能合作平台、三新产业发展平台、国家级材料科研平台、国家级矿山资源平台、金融投资运营平台等六大业务平台。

教学用途与目的

1. 本案例主要适用于"财务管理""资本运营"等课程中公司融资、公司并购相关领域的教学。

2. 适用对象：本案例主要针对 MBA、EMBA 和企业管理人员，以及经济类、管理类专业的高年级本科生及研究生。

3. 教学目的：诺贝尔经济学奖获得者斯蒂格勒在评价美国企业成长路径时指出，"没有一个美国的大公司不是通过某种程度、某种方式的并购而成长起来的，几乎没有一家大公司是靠内部扩张成长起来的"。纵观世界 500 强企业，产业并购已成为很多公司的典型成长之路。近年来，央企掀起了兼并重组的高潮，并获得了国家的融资支持。而这其中以中国建材的兼并重组最为雷厉风行，效果显著。通过对中国建材海外上市与联合重组进行案例研究，挖掘其发展模式的独到之处，探寻央企在充分竞争的环境下利用资本市场做大做强主业的有效途径。通过对本案例的分析和研讨，帮助读者理解和掌握以下重要知识点：

（1）公司的融资方式选择与资本结构；

（2）公司 IPO 上市条件；

（3）公司并购的类型与支付方式选择；

（4）检验公司并购成败的主要评价方法。

理论依据与分析

1. 公司 IPO 融资的发行条件

IPO 即首次公开发行股票，具体是指公司通过证券交易所首次公开向投资者发行股票，以期募集用于公司发展的资金的过程。不同国家和地区对于股份有限公司 IPO 的发行要求并不一样，下面以 A 股和 H 股的主板 IPO 的发行条件为例进行介绍。

A 股 IPO 发行条件：（1）发行主体为依法设立且合法续存的股份有限公

司；（2）持续经营时间应该在3年以上；（3）发行人最近3年内主营业务和董事、高级管理人员没有发生重大变化，实际控制人没有发生变更；（4）最近3个会计年度净利润累计超过人民币3000万元；（5）最近3个会计年度经营活动产生的现金净流量累计超过人民币5000万元，或者最近3个会计年度营业收入累计超过人民币3亿元；（6）发行前股本总额不少于人民币3000万元。

H股IPO发行条件：（1）盈利测试标准。具备不少于3个会计年度的营业记录，而在该段期间，新申请人最近1年的股东应占盈利不得低于2000万港元，其前两年累计的股东应占盈利亦不得低于3000万港元，上述盈利应扣除日常业务以外的业务所产生的收入或亏损；至少前3个会计年度的管理层维持不变；至少经审计的最近1个会计年度的拥有权和控制权维持不变。（2）市值/收益/现金流量测试标准。具备不少于3个会计年度的营业记录；至少前3个会计年度的管理层维持不变；至少经审计的最近1个会计年度的拥有权和控制权维持不变；上市时市值至少为20亿港元；经审计的最近1个会计年度的收益至少为5亿港元；新申请人或其集团的拟上市的业务于前3个会计年度的现金流入合计至少为1亿港元。（3）市值/收益测试标准。具备不少于3个会计年度的营业记录；至少前3个会计年度的管理层维持不变；至少经审计的最近1个会计年度的拥有权和控制权维持不变；上市时市值至少为40亿港元；经审计的最近1个会计年度的收益至少为5亿港元。

2. 公司并购的主要类型

公司并购按行业关联性可以分为横向并构、纵向并购和混合并购。

（1）横向并购。是指两个或两个以上生产和销售相同或相似产品公司之间的并购行为。横向并购的优点：获取自身不具备的优势资产，削减成本，扩大市场份额，是进入新的市场领域的一种快捷方式；发挥经营管理上的协同效应，便于在更大的范围内进行专业分工，采用先进的技术，形成集约化经营，产生规模效益。横向并购的缺点：容易破坏自由竞争，形成高度垄断的局面。

（2）纵向并购。是指生产过程或经营环节相互衔接、密切联系的公司之间或者具有纵向协作关系的专业化公司之间的并购行为。纵向并购的优点：通过市场交易行为内部化，降低市场风险；节省交易费用；易于设置进入壁垒。纵向并购的缺点：公司生产发展受市场因素影响较大，容易导致"小而全，大而全"的重复建设。

（3）混合并购。是指在彼此没有相关市场或生产过程的公司之间进行的并购行为。混合并购有两种含义：第一种是指横向并购和纵向并构相结合的公司并购；第二种是指两个或两个以上相互间没有上下游关系和技术经济关系的公司之间的并购。混合并购的优点：有助于降低经营风险；可以降低公司进入新的经营领域的难度，增大进入新行业的成功率；有助于公司实行战略转移；有助于公司实施技术战略。混合并购的缺点：实施混合并购后，公司资源分散在多个业务领域，分散了公司在具体业务领域的资源实力，尤其是影响了需要一定资源保障的核心或主营业务领域的竞争实力，损害了公司利润的"发动机"，给公司带来风险；分属不同产业的公司并购后所形成的多元化格局，常因公司间的资源关联程度低而导致管理成本剧增。

3. 公司并购的支付方式

一般来说，并购的支付方式主要分为四种，即现金支付、股票支付、综合证券支付和递延支付。

（1）现金支付。是指主并公司按照交易双方谈判所确定的并购价格，向目标公司的所有者一次性或者分期偿付现金的方式。只要不涉及新股的发行，即便是主并公司直接发行了其他形式的有价证券，也可被认为是现金支付。现金支付最突出的特点在于它的迅捷性，一般来讲，需要考虑主并公司自身的短期货币资金的流动性、目标公司中长期货币资金的流动性，在跨国并购时还需注意汇率风险以及成本和税收问题。

（2）股票支付。是指主并公司以本公司的股票换取目标公司股票的行为，与现金支付相对，不涉及现金支付。随着全球化并购浪潮的推进，并购交易所涉及的金额越来越大，单纯依靠现金支付难以完成，因此股票支付逐渐成为主要的支付方式。股票支付包括增发新股、库存股换股和母子公司之间的交叉换股三种方式。股票支付优势明显，不会影响主并公司自身的现金状况，能够享受税负递延的好处，但是需要考虑主并公司股权结构、管理层需求、财务杠杆比率和当前公司股价水平等因素。

（3）综合证券支付。是指主并公司采用公司债券、优先股、认股权证、可转换债券等多种支付方式。与股票相比，公司债券的利率比较低，而且股权稀释的可能性小，还可防止公司被恶意并购。主并公司发行认股权证可以延期支付股利，提供了额外的股本基础，是一种选择权证，而可转换债券兼具股票和债券的双重特征，公司可以利用财务杠杆的作用，降低并购成本。

（4）递延支付。在并购的支付方式中，也常常使用递延支付。在并购时，主并公司和目标公司的股东都会面临估值的风险，递延支付可以降低这种风险。但是此种支付方式的使用范围有限，只适用于股东数量比较少、股权相对集中的目标公司。

財務管理案例——中国情境下的"哈佛范式"案例

4. 公司并购的经济后果

从理论上讲，并购绩效表现为两个方面：一是并购双方的股票市场价值变化，即市场绩效；二是并购双方的财务绩效。市场绩效主要考察并购事件对并购双方股价的影响，并用（累计）超额收益来度量此种影响；财务绩效的研究方法相对简单，主要是并购完成前后期的财务指标对比。成功的并购意味着为股东创造更多的财富，而财富的创造不仅体现为资本市场短期超额回报，更体现为公司在长期经营中提高资源配置效率、降低经营及管理成本，最终提高盈利能力，创造更多的股东权益增加值。由此可见，公司并购绩效的衡量需要一个综合性指标，不仅要准确反映公司并购前后市场价值的增加量，还要反映公司并购协同效应的实现与否。

主要参考文献

[1] 彭正昌. 股票市场错误定价、企业并购与财富效应. 北京：中国经济出版社，2012.

[2] 深圳证券交易所创业企业培训中心. 上市公司并购重组问答. 北京：中国财政经济出版社，2014.

[3] 中国证监会. 上市公司证券发行管理办法，2006.

[4] 香港交易所. 上市规则与指引，2009.

兖州煤业：
管理者过度自信的海外收购

摘要：

总部位于山东省邹城市的兖州煤业股份有限公司（以下简称"兖州煤业"，股票代码：600188）以煤炭开采、洗选加工与销售为主营业务。21世纪初，面对煤炭资源储备先天不足的自身条件，兖州煤业管理层提出"走出去"的发展战略，以增强公司优质煤炭资源战略储备。兖州煤业从2009年到2013年7月总共发起了12次收购，其中包括6次海外收购，收购资金总额高达474.37亿元，公司也因此成为中国唯一一家拥有境内外四地上市平台的煤炭企业。2013年上半年，公司净利润首次出现负值，亏损高达23.97亿元，而公司在澳大利亚设立的全资子公司兖州煤业澳大利亚有限公司（以下简称"兖煤澳洲"）半年亏损更是达到45.88亿元。究竟是什么原因导致兖州煤业如此大幅亏损？公司业绩的急剧下滑与管理者持续的盲目扩张收购是否密切相关？本案例从管理者过度自信的视角讨论公司海外收购动机、融资方式及其经济后果。

关键词： 兖州煤业；海外收购；融资方式；收购绩效；管理者过度自信

0. 引言

2013年7月22日，山东省邹城市骄阳灼灼，晴朗的天空中没有一丝云彩，鼓噪的蝉鸣声不绝于耳。街上行人神色匆匆，迫不及待地想要摆脱烈日的灼烤，走进充盈冷气的室内。

位于凫山南路 298 号的兖州煤业办公楼里，员工都对即将上任的张新文和李希勇充满期待。在刚结束的兖州煤业董事会上，张新文和李希勇通过提名成为公司董事候选人，并将接替公司原董事李位民和王信。李位民自 2009 年从兖矿集团副总经理一职调到兖州煤业，已 4 年有余，曾担任过公司董事长。而王信 2004 年就职兖州煤业，先后担任过公司董事长、副董事长等重要职务，为公司奉献了近 10 年的光阴。两人年龄相仿，都是 60 后和高学历出身，既有工学博士学位，也有高级工商管理硕士学位，还都有 20 多年煤矿基层工作经历。如今两人纷纷要求辞职，虽说事因工作调整——李位民调任山东能源集团担任总经理，王信调任山东省经济和信息化委员会副主任，且都算得上是高升，但这突然的变动还是让人心生疑惑。根据公司年报资料，董事长李位民和副董事长王信的任期起止日期都为 2011 年 5 月 20 日至 2014 年 5 月 20 日，现在才 2013 年 7 月，显然未到预计卸任时期，公司两位重要高管此番早早退场，莫非另有隐情？

随后，兖州煤业发布 2013 年半年度报告，披露了公司上半年出现的近 24 亿元亏损，而公司为拓展澳大利亚业务而设立的全资子公司兖煤澳洲更是出现了 46 亿元的巨额亏损，与 2012 年同期相比，公司这两项业绩降幅分别达到 149.18% 和 273.03%。

公司董事长和副董事长双双离职，公司业绩创下上市以来最大亏损等消息一出，便在业界引起巨震。更有媒体拿出兖矿集团内部人士的说法，指出兖州煤业领导班子大调整与公司经营业绩巨亏存在密切关联。虽然公司董事会秘书张宝才在接受采访时对此市场传闻予以否认，并将公司业绩巨亏的原因指向汇率变动和煤价走低，但兖州煤业业绩"大变脸"、兖煤澳洲业绩表现与公司预期相悖等现象背后是否还有其他更深层次的原因？公司管理者为何在 2009—2013 年间进行如此频繁和大规模的收购活动？这些收购又能否经受住市场的考验，并最终提升公司价值？

1. 行业特点和市场环境

中国的煤炭资源储量丰富，煤质较好，品种相对齐全。煤炭的用途十分广泛，主要可分为动力煤、焦煤和无烟煤三种。中国作为当今世界第一产煤大国和消费大国，煤炭在国家能源结构中占据着绝对重要位置。中国煤炭资源主要分布在西北和华北地区，其中山西和内蒙古两地的煤炭储量占据全国 55.77％的份额，其煤炭产量对全国煤炭的总供给具有重要影响。

煤炭行业属于劳动密集型和资本密集型行业，主要生产活动包括对各种煤炭的开采、洗选、分级等，直接下游行业一般分为火电、钢铁、建材和化工四大行业，具有典型的周期性，行业景气度与宏观经济和投资密切相关。从 2002年到 2012 年，煤炭市场在强劲需求的带动下，由于受到安全生产压力、铁路运输限制、煤炭资源整合等多种因素的制约，长期处于供不应求的状态，导致煤炭价格持续攀升，煤炭行业迎来了高速发展的"黄金十年"。此后，受宏观经济形势疲软、产能过剩、进口低价煤炭冲击等因素的影响，煤炭市场供需关系发生急速逆转，煤价应声跌落，煤炭行业的"黄金十年"就此结束。

在行业盈利大幅提升的"黄金十年"期间，煤炭企业数量也呈现爆发式增长。2001 年年底，中国煤炭企业单位数为 2 593 家，到 2010 年年底达到 9 243家。除大型国有煤炭生产企业外，还新增了众多的中小型煤炭企业，形成煤炭资源分散、行业集中度低的整体格局。对于拥有较强经济实力和技术优势的大型国有控股煤炭集团而言，如何获得更多的煤炭资源储备，增强自身应对供需变化和市场波动的能力，已成为各大煤炭集团实现可持续发展的关键。

2. 审时度势，出击澳大利亚

与华北地区其他拥有丰富地方煤矿资源的企业相比，地处山东省的兖州煤业煤炭资源相对紧缺，发展潜力有限。从 1999 年到 2009 年这 10 年间，全国原煤生产总量实现了 118％的增长，但兖州煤业原煤生产总量的增长率只有 51％，商品煤生产量的增幅也极小，公司经营业绩的提升主要依赖煤炭价格的上涨。在煤炭行业一片向好之时，兖州煤业资源储备低的缺陷很可能会成为公司发展壮大的阻碍。

进入 21 世纪，中国经济迈入高速发展的轨道，市场对煤炭的需求量持续增加，同时对煤炭产品质量提出了更高的要求。兖州煤业的主战场——山东省虽然在煤炭资源储备上表现势弱，但是处在北煤南调的前沿，既有日照港、连云港港、青岛港等知名港口，海上运输便捷，又与日本、韩国等世界主要煤炭进口国家毗邻，有着得天独厚的运输与销售优势。在煤炭企业数量日益增加，煤炭资源争夺愈发激烈的市场形势下，公司若想扭转当前的不利局面、谋求长久发展，就要解决如何增加优质煤炭资源储备这一根本问题。

澳大利亚是仅次于中国的世界第二产煤大国，不仅黑煤、褐煤等煤炭资源丰富，而且地质赋存条件好，煤炭质量好、热量高，出口总量始终占据世界前列。如果能够把澳大利亚的煤炭作为自己的资源储备，上述制约公司发展的根本问题将迎刃而解。

事实上，公司高层管理者基于对自身实力的分析和对外部形势的了解，早已认识到远赴澳大利亚开拓煤炭资源具有重要战略意义。1999年，兖州煤业计划收购澳大利亚一家煤炭企业，但由于受到审批流程的阻碍而搁浅。此后，公司依托拥有自主知识产权和国际先进水平的综采放顶煤技术，与澳大利亚联邦科学院就该项技术在澳大利亚煤矿条件下的应用展开合作研究，并成功解决了当地厚煤层开采的技术难题，提高了煤炭资源回收率。表面上，兖州煤业在澳大利亚的那几年是为了与当地科学院及企业进行技术合作、提高自身技术水平，但实际上，公司是想借此机会打入澳大利亚的煤炭行业内部，了解当地煤炭企业的生产与经营，物色合适的海外收购标的。

2003年年底，在澳大利亚蛰伏多年的兖州煤业终于抓住了一个千载难逢的收购机会——位于澳大利亚新南威尔士州猎人谷矿区的南田煤矿因多次自燃起火而进入破产程序。据报道，兖州煤业曾经对这个煤矿进行实地考察，并估计拥有约4 100万吨的有效可采储量，但受采煤技术水平所限，煤矿资源并未得到充分开采。为了不再错失海外收购机会，兖州煤业趁煤矿资产贬值之际，果断参与收购竞标，最终凭借先进的综采放顶煤技术和雄厚的资金实力成功竞标。

2004年，兖州煤业投资3 200万澳元在澳大利亚成立兖煤澳洲，同年10月5日，兖州煤业以3 200万澳元交易对价收购澳大利亚南田煤矿全部资产，并将其更名为“澳斯达煤矿有限公司”，由兖煤澳洲100%控股。

这一并购的顺利完成坚定了公司加快现有资源开发项目的进程，继续在澳大利亚寻求其他收购机会的经营策略。

3. 收购菲利克斯公司

3.1 首战告捷

在接管澳斯达煤矿后，公司对澳大利亚的政治环境、法律体制和经济形势有了更深入的了解，积累了不少关于当地煤矿开采、劳工关系处理的实战管理经验。

2007年，澳斯达煤矿全年实现煤炭销售142万吨，增加了兖州煤业当年的煤炭产销量，增强了公司的可持续发展能力。在公司"加强环境保护、注重洁净生产"经营方针的指导下，澳斯达煤矿连续3年被评为澳大利亚新南威尔士州最安全的矿井。

澳斯达煤矿良好的运营效果和经营业绩给公司带来了喜人的投资收益，也增强了兖州煤业管理层再次对澳大利亚煤炭企业发起海外收购的信心。

3.2　暗藏在危机中的机遇

2008年，一场席卷全球的金融风暴将大宗商品、制造、金融等行业打入严冬，诸多企业倒闭破产。遭此变故，2008年下半年，全球市场上动力煤和炼焦煤等煤炭产品的价格纷纷跳水，全球各类煤炭上市公司股票价格应声下跌，公司价值严重缩水。2009年年初，全球经济出现回暖趋势，原油、铜等大宗商品价格反弹，势头强劲。与之相比，国际煤炭价格虽有小幅上涨，却显得疲软无力。

彼时，澳大利亚煤炭企业菲利克斯资源公司（以下简称"菲利克斯公司"）在煤炭行业剧烈震荡的打击下，通过澳大利亚证券交易所（以下简称"澳交所"）发出公告，称其主要股东有意出售公司股权，谋求退出。

菲利克斯公司以煤炭勘探和开采为主营业务，不仅在澳大利亚拥有较为丰富的煤炭储量和资源量，地质赋存条件良好，而且矿井生产设备完善，港口、铁路等交通运输条件便利，是一家盈利能力较强的煤炭上市公司。当前公司拥有的煤炭资源包括4个运营中的煤矿、2个开发中的煤矿以及4个煤炭勘探项目，资源总量达到25.21亿吨，具有较大的发展潜力和成长前景。除上述煤炭资产外，菲利克斯公司还掌握超洁净煤专利技术，并拥有纽卡斯尔港煤炭基础设施集团（Newcastle Coal Infrastructure Group，NCIG）15.4%的股权。超洁净煤专利技术主要用于生产高纯度化学精煤，不仅能够减少温室气体排放，还能提高燃料发电的转换效能，具有较大的环保潜力和经济潜力。拥有NCIG部分股权能够帮助其解决煤炭出口所需基础设施运力不足的问题，为部分项目的煤炭运输提供保障。

2008年10月，兖州煤业管理层在对菲利克斯公司进行一番初步了解后，立刻带领精心挑选的收购团队赶赴澳大利亚，与菲利克斯公司董事会及股东进行磋商交流。

此时的菲利克斯公司，其股价正经历金融危机带来的动荡与低谷。在出售股权的消息发布后不久，菲利克斯公司发布公告称，已与几家公司就股权收购与控制权转移一事展开谈判、协商，而且这些公司都试图收购菲利克斯公司100％股权，并就控制权转移一事提供了各自的方案。根据当时国内媒体的报道和兖州煤业的公告，正与菲利克斯公司进行谈判的几家意向公司中就包括兖州煤业。

在目标公司自身拥有强大实力，且有竞争对手介入的情况下，兖州煤业管理层仍如此焦急地展开并购磋商，一方面是想趁菲利克斯公司股价大幅折损之时以低价将其收入囊中，另一方面也是担心这块"肥肉"落入其他猎食者的口中。不知当时正忙于并购谈判、拟订方案的兖州煤业管理层是否料到此次并购的风险已悄然增加，公司又该采取何种方式拿下这块"肥肉"？

3.3 有惊无险

但姜还是老的辣。虽然菲利克斯公司每股股价在2008年年末最低跌到4.61澳元，但其主要股东始终拒绝低价出售公司股权。进入2009年后，菲利克斯公司股价在逐渐升温的经济形势下从反复波动到最终持续向上走高，股权交易的有利形势似乎开始转向菲利克斯公司。

2009年3月12日，据彭博新闻报道，有知情人士称，菲利克斯公司与兖州煤业的并购谈判因交易价格上的分歧而陷入停滞。该报道称，菲利克斯公司股东欲以不低于29亿澳元、15澳元/股的价格出售公司股权，但兖州煤业只愿意支付23.5亿澳元、10～12澳元/股的交易对价。4月底，菲利克斯公司向市场就出售股权一事发布消极公告，宣告公司可能不会在近期变更控制权。

并购的前景从此时开始变得有些扑朔迷离，双方态度的不合更是加大了此次交易的不确定性和风险。此时的兖州煤业，到底会采取怎样的姿态？是与菲利克斯公司的股东继续谈判、商拟方案，还是就此收手，退一步，等待下一个收购时机？

在历经持续数月的博弈与谈判后，兖州煤业和菲利克斯公司股东终于就并购交易达成一致意见。2009年8月10日，兖州煤业因筹划重大资产重组事项停牌。8月13日，兖州煤业与菲利克斯公司签署了《安排执行协议》，兖州煤业的全资子公司兖煤澳洲将通过安排方案的方式，以16.95澳元/股（约合人民币96.38元/股）的现金对价收购菲利克斯公司的全部股份。在考虑到未来煤炭价格走势及其他相关因素的基础上，兖州煤业确定最终收购交易价格为菲利克斯发布公告前最后一个交易日前一个月经股利调整后的成交量加权平均价格基础上溢价10.9％的价格。

　　此次并购交易的总对价约合人民币 189.51 亿元，成为当时中国企业在澳大利亚规模最大的一宗并购案。仔细对比彭博新闻报道中的数据和最终协定的交易对价，不难发现，兖州煤业与菲利克斯公司最终确定的交易价格高于 3 月份报道的价格。由菲利克斯公司股票价格走势可以发现，目标公司的股票价格自 2009 年第二季度逐步上涨（见图 1）。兖州煤业选择在此时进行这样一笔巨额海外并购交易是否明智？

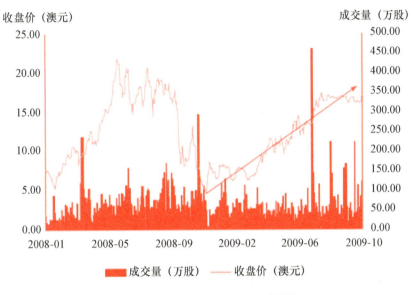

图 1　菲利克斯公司被收购前股价走势图

3.4　大胆玩杠杆

　　面对 189.51 亿元的交易对价，兖州煤业会采取何种支付方式？又会如何获取相应的资金？

　　根据兖州煤业随后发布的公告，此次对菲利克斯公司的收购将采用现金支付方式。为完成此次收购交易，兖州煤业初始融资方案为申请 16.65 亿澳元或其他等值币种的银行贷款，余下的 16.68 亿澳元由兖州煤业自有资金支付。收购交易所需全部资金将由兖州煤业提供给兖煤澳洲，其中包括兖州煤业向兖煤澳洲增加注册资本 8.34 亿澳元，并向兖煤澳洲提供 25 亿澳元或其他等值币种的委托贷款。9 月 11 日，兖州煤业发布了《重大资产重组报告书（修订版）》，旨在调整收购项目融资方案。根据修订版本，兖州煤业的全部交易资金将以债务融资方式获得——中国银行悉尼分行及其牵头组成的银团将向兖煤澳洲以银行贷款的方式提供此次收购所需的所有资金，而兖州煤业被要求在以最初提款日为初始计算日的 5 年内偿还全部本息。

2009 年 12 月 23 日，兖州煤业将这次巨额交易对价以现金方式支付给菲利克斯全体股东，30 日，菲利克斯公司从澳交所退市。至此，兖州煤业收购菲利克斯公司 100％股权的法律手续全部完成。

面对此次复杂且没有先例可循的并购交易，从初始谈判到最终协议达成，兖州煤业在不到一年的时间内全部完成。在 2009 年年底进行的中国经济年度人物评选活动中，兖州煤业董事长王信凭借此次海外收购荣获年度人物提名奖。

4. 迅猛扩张，并购连连

2010 年，菲利克斯公司为兖州煤业贡献了 687 万吨的煤炭销量和 7.32 亿元的净利润，充分显示出这家公司的实力。此外，受澳元兑美元汇率变动的影响，兖煤澳洲在 2010 年报告期内产生了 26.882 亿元的账面汇兑收益，贡献净利润 18.82 亿元，这也让兖州煤业成为当时国内盈利能力最强的煤炭企业之一。

进入 2011 年，兖州煤业在国内外展开了更为迅猛的收购扩张活动，公司的势力范围从山东逐步向内蒙古及澳大利亚、加拿大等地进一步辐射。

2011 年 5 月 13 日，兖州煤业通过其附属公司出资 2.5 亿美元（约合人民币 16.64 亿元）收购澳大利亚艾诗顿煤矿合资企业 30％的股权，完成了股权交割手续，公司对其控制权由 60％提高至 90％。同年 8 月 1 日，公司发布公告，披露兖煤澳洲通过其全资附属公司出资 2.025 亿澳元（约合人民币 14.29 亿元）收购澳大利亚新泰克控股公司和新泰克Ⅱ控股公司 100％股权。紧接着，9 月 27 日，公司再次发布海外收购公告，宣称兖煤澳洲通过其全资附属公司出资 2.968 亿澳元（约合人民币 18.63 亿元）收购西农普力马煤矿有限公司和西农木炭私有公司 100％股权。3 天后，公司发布对外投资公告，表示计划通过全资附属公司兖煤加拿大资源有限公司出资 2.6 亿美元（约合人民币 16.81 亿元）收购加拿大萨斯克彻温省 19 项钾矿资源探矿权。

2011 年年底和 2012 年年初，公司召开多次董事会商讨、确定兖煤澳洲与格罗斯特煤炭有限公司（以下简称"格罗斯特公司"）合并事宜。根据协议，兖煤澳洲将在剥离部分资产后与格罗斯特公司全部股份以安排方案的形式进行换股合并。2012 年 6 月 27 日，合并交易生效，兖煤澳洲从 6 月 28 日起取代格罗斯特公司在澳交所上市交易，成为澳大利亚最大的上市煤炭生产商。

从 2009 年到 2013 年上半年，兖州煤业通过其全资子公司在海外进行了 6

次并购，交易总对价金额达到 255.88 亿元。与此同时，兖州煤业还相继收购了华聚能源、昊盛公司、安源煤矿等多家国内公司，收购交易对价总资金达到 218.50 亿元。

5. 风险吞噬"胜利果实"

虽然兖州煤业在其领导的收购扩张中节节获胜，但隐藏在这些辉煌战果背后的风险却从未消退。在 2008 年金融危机爆发后，许多中国企业在政府的大力支持下通过海外收购实施国际化战略，拓展海外资源。来自联合国贸易与发展组织的投资报告显示：中国大陆境内投资者对外直接投资逐年高速增长，中国企业海外收购在并购规模、活跃程度、操作规范、增长速度等方面均取得了丰硕的成果。然而，麦肯锡 2009 年的一份报告指出，在过去 20 年间，全球大型企业并购案例中达到预期效果的比例低于 50%；而中国有近 70% 的海外收购可以认为是失败的。在兖州煤业如火如荼进行海外收购的背后，又隐藏着多高的风险？这些并购交易是否最终达到了预期收益？

2012 年，在 30.4 亿美元贷款起始还本日临近之际，兖煤澳洲分别与中国银行悉尼分行、中国建设银行香港分行签订展期合同，将起始还本日推迟至 2017 年 12 月 16 日。2013 年，受国内煤炭需求不振影响，兖州煤业的煤炭销售平均价格同比有所下降，不期而至的澳元大幅贬值更是将兖州煤业打入了巨亏深渊。2013 年上半年兖州煤业出现历史性首次亏损，其亏损幅度之大，引起了境内外市场的广泛关注，有媒体甚至因此赋予兖州煤业"亏损王"的称号。

这些年近乎疯狂的海外扩张无疑削弱了兖州煤业抵御外部风险的能力。当市场环境发生剧烈波动时，公司积聚已久的漏洞再也无法隐藏，经营业绩大幅下滑难以避免。虽然公司在巨亏后更换了领导班子，采取了增量、降本、提质、创效等经营管理措施，但这些措施只不过使兖州煤业的业绩变得体面一些，导致公司巨亏的关键——兖煤澳洲的业绩仍在寒风中瑟瑟发抖。2013 年兖州煤业全年实现净利润 2.99 亿元，而兖煤澳洲全年却亏损 49.78 亿元，与半年报披露的 45.88 亿元亏损相比有增无减。2014 年，兖州煤业虽然实现了全年 22.84 亿元的净利润，但兖煤澳洲交出的成绩单依旧惨淡——全年净利润为 -23.58 亿元。

煤炭行业作为周期性行业，煤炭价格容易受到市场供给和需求以及石油等其他大宗商品价格因素的影响，从而影响公司财务绩效。虽然在 2007—2013 年期间，煤炭行业整体营业收入增长率和净资产收益率波动较大,且从 2011 年起均呈现下滑趋势,但兖州煤业相应指标的波动更为剧烈,下降速度更快(见图 2 和图 3)。

图 2　兖州煤业与行业营业收入增长率对比　　图 3　兖州煤业与行业净资产收益率对比

计算兖州煤业从 2010 年年初到 2013 年年底的海外收购月累计超额收益率,如图 4 所示。我们发现,从 2011 年 6 月份开始,公司股价长期市场表现持续下跌,并在 2013 年年末达到负值。由此可见,兖州煤业在 2009—2013 年期间高频率的连续海外收购并未能持续提高公司的整体经营业绩,且多项偿债能力指标均暴露出海外收购给公司带来诸多风险。在"走出去"和"外延式"发展光鲜战绩的背后,是股东财富持续的流失和公司价值的折损。

图 4　兖州煤业海外收购长期市场表现

6. 尾声

海外收购是一项高风险的长期投资活动,以往并购的成功经验虽可借鉴,却并不意味着照此运作，公司此后的并购活动也会获得成功，公司管理层对实施海外收购的潜在风险应有更充分的认识。虽然兖州煤业在 2004 年对澳大利亚南田煤矿的收购取得了良好的经济效益，但公司此后对菲利克斯公司以及其他海外煤炭企业的收购活动并未取得预期的收益。那些对兖州煤业多项海外收购持续叫好的媒体，在察觉公司业绩往不利方向发展后，迅速唱衰。

频繁的海外收购造成公司实力虚高，这种虚高的假象左右了公司管理层的判断，导致其对公司实力和风险应对能力的判断缺乏深度和准度。收购菲利克斯公司时，如果公司管理者能够在谈判陷入僵局时知难而退，或者在选择交易对价的支付方式和融资方式时进行更为周全的考虑，公司的业绩也许不至于如此惨淡。在"黄金十年"结束后煤炭行业刮起的萧萧寒风中，承受诸多风险和不确定性的兖州煤业怎样才能平安度过？这是新任公司高管必须认真反思的议题。

启发思考题

1. 兖州煤业所处的行业有什么特点？兖州煤业选择海外收购的动因是什么？

2. 兖州煤业管理者是否具有过度自信特征？作出判断的主要依据是什么？

3. 兖州煤业管理者的过度自信特征对海外收购产生了哪些影响？

4. 结合公司股价市场表现和财务绩效，请从管理者视角对本案例进行评价。

公司背景信息

兖州煤业由兖矿集团于 1997 年独家发起设立，并获得了兖矿集团拥有的四个特大型经营煤矿及与煤炭经营业务有关单位的经营性资产。公司于 1998 年分别在香港联交所、纽约证券交易所、上海证券交易所上市，并在 2006 年完成股权分置改革。兖州煤业在 2009 年收购菲利克斯公司前 3 年未发生控制权变更和重大资产重组情况。

兖州煤业的主营业务为地下煤炭开采、洗选加工、销售，煤炭铁路运输，煤化工及电力业务等。公司本部辖有南屯煤矿、兴隆庄煤矿、鲍店煤矿、东滩煤矿、济宁二号煤矿和济宁三号煤矿等六座大型煤矿。截至 2008 年 12 月 31 日，公司本部已探明及推定储量合计约 18.66 亿吨。公司拥有气煤、半硬焦煤、1/3 焦煤、贫煤、无烟煤等多个煤炭品种。煤炭产品包括优质动力煤、炼焦配煤和高炉喷吹煤，具有低灰、低硫、低磷、高发热量等特点，主要销往中国的华东、华南地区和日本、韩国等国家。通过实施外延式发展战略，赴省外和境外寻求开发新的煤炭项目，兖州煤业先后在澳大利亚、山西和顺、山东菏泽开发了澳斯达煤矿、天池煤矿和赵楼煤矿，公司新增煤炭可采储量 1.82 亿吨。

目标公司菲利克斯的前身成立于 1970 年 1 月 29 日，并于当年在澳交所上市。2003 年 11 月，目标公司进行重组，并更名为现在的名称，是依据澳大利亚法律合法设立、有效存续的公司。截至 2009 年 8 月 13 日，菲利克斯公司股份总数为 196 455 038 份普通股，以及 170 000 份股票期权。其当前已发行的 196 455 038 股股份对应的股权款已全额缴足，其 170 000 份股票期权已全部行权。菲利克斯公司主要从事煤炭开采和勘探，主要资产为旗下矿区的采矿权、矿产开发权、采矿权申请、探矿权以及勘探许可，产品主要包括动力煤、高炉喷吹煤和半软焦煤，主要客户为亚洲、欧洲、美洲和澳大利亚本土的钢铁制造商、发电企业和其他工业企业等。截至 2009 年 6 月 30 日，目标公司集团的对外担保余额为 1 068.8 万澳元，其中目标公司及其子公司的对外担保共计 482.4 万澳元，下属合营企业按权益计算的对外担保共计 586.4 万澳元。总负债为 2.95 亿澳元，其中有息负债共计 5 143 万澳元，具体包括 1 992 万澳元的短期负债以及 3 151 万澳元的长期负债。在上述有息负债中，共有 863 万澳元的银行借款，均为短期负债，其余部分主要为融资租赁，融资租赁共计 4 151 万澳元。从 2007 财政年度到 2009 财政年度，菲利克斯公司通过稳健的生产、运营和销售活动取得了较为显著的业绩增长，无论是商品煤的销售量还是销售收入，涨幅均十分突出，分别实现销售收入 2.41 亿澳元、4.41 亿澳元和 7.31 亿澳元。

教学用途与目的

1. 本案例主要适用于"财务管理""资本运营"等课程中公司并购相关

领域的教学。

2. 适用对象：本案例主要针对 MBA、EMBA 和企业管理人员，以及经济类、管理类专业的高年级本科生及研究生。

3. 教学目的：21 世纪初，面对煤炭资源储备先天不足的自身条件，兖州煤业管理层提出了"走出去"的发展战略，以增强公司优质煤炭资源战略储备。频繁的收购虽然使公司的资产规模迅速翻倍，但经营业绩未能取得同步增长。本案例从管理者过度自信视角，对兖州煤业收购动机、融资方式以及经济后果等方面进行细致描述与深入分析，培养读者从行为财务视角深入考察公司并购决策。通过对本案例的分析和研讨，帮助读者理解和掌握以下重要知识点：

（1）管理者过度自信的界定和度量；

（2）管理者过度自信与公司并购决策；

（3）管理者过度自信与公司并购绩效。

理论依据与分析

1. 管理者过度自信的界定和度量

尽管难以为管理者过度自信这一心理认知偏差找到具有说服力的测量指标，但自 Roll（1986）提出管理者"自大假说"（Hubris Hypothesis）以来，国内外学者围绕这一主题进行了大量有益的探索，提出了一些具有影响力的间接反映或度量管理者的过度自信心理的方法。通过对以往研究文献的梳理和归纳，结合中国资本市场的实际情况，我们总结出以下几种衡量管理者过度自信的代理指标。

（1）管理者个人背景。Landier and Thesmar（2009）在实证研究中指出，受教育程度越高的企业家表现得越乐观。姜付秀等（2009b）探究了管理者背景特征（如学历、教育背景、工作经历、年龄等）对公司过度投资的影响，并通过实证检验发现两者之间显著相关。余明桂等（2013）在研究管理者过度自信与公司风险承担水平的关系时，建立了由上市公司总经理性别、学历、年龄、教育背景和两职合一等个人特征构成的综合指标，以此作为管理者过度自信的替代变量。

（2）公司业绩预告偏差。Lin et al.（2005）在研究中国台湾市场管理者过度自信与公司投资行为之间的关系时，首次提出可以根据管理者对公司年度盈利水平预测与实际情况的偏差来度量管理者是否过度自信。由于中国沪深两市均对上市公司业绩预告做了明确规定，因此这一度量方法被国内学者广泛采用（余明桂等，2006；王霞等，2008；姜付秀等，2009a）。在所有实际情况与预测情况的组合中，符合管理者过度自信界定要求的共有三种，分别是：预盈，但实际亏损；预增，但实际盈利下降；预增，但增长幅度低于预测的幅度。根据姜付秀等（2009a）的判断标准，如果上市公司在样本期内至少有一次实际盈利水平低于预测水平，则认为该公司存在管理者过度自信。

（3）管理者实施并购频率。Malmendier and Tate（2005b）认为，公司在一年之内进行多次并购是不合理的，因为高频并购会降低并购的质量和效率。在学术界对公司连续并购的研究中，Doukas and Petmezas（2006）基于行为金融理论，将管理者过度自信与连续并购及其绩效表现联系起来，指出3年内进行5次及5次以上并购的公司的管理者具有过度自信特质。

（4）管理者持股状况。这一反映管理者过度自信的替代指标主要应用于西方学者的研究中。郝颖等（2005）曾以公司高管在任期内持股数量的变化来衡量管理者是否过度自信。但考虑到当前中国上市公司高管能够持有的公司股份数量有限、股份持有原因复杂等现实情况，姜付秀等（2009a）和江伟（2010）均认为用这一度量指标衡量中国上市公司管理者过度自信并不合适。

（5）管理者相对薪酬。已有研究表明，CEO相对于公司内其他管理者的薪酬越高，其地位越重要，也越容易产生过度自信心理（Hayward and Hambrick，1997）。由于中国上市公司的会计报告中只披露薪酬最高前三名高管的薪酬之和以及全部高管薪酬之和，因此国内学者依据这一思想度量管理者过度自信时，通常采用"薪酬最高前三名高管薪酬之和/所有高管薪酬之和"（姜付秀等，2009a；余明桂等，2013）。

2. 管理者过度自信与公司并购决策

行为金融学中的管理者过度自信理论来源于现代认知心理学对人类决策行为认知偏差的观察和分析。过度自信心理在公司员工中普遍存在，Langer（1975）的研究发现，与普通员工相比，公司管理者往往具有更加严重的过度自信心理。

综合现代认知心理学和行为金融学的研究成果，过度自信的管理者通常表现出如下具体特征：高估自身经营管理和选择投资项目的能力（Malmendier and Tate，2005a）；高估投资收益，低估风险（Heaton，2002）。由上述特征可以推断，管理者过度自信会影响其所在公司的投融资行为和并购决策。

Roll（1986）基于市场强有效性的假设，提出了管理者非理性即自大假说，认为过度自信的管理者会高估并购的正向收益，低估并购风险，倾向于为了顺利实施并购而支付过高的价格，从行为金融角度解释了公司并购动机。后续学者围绕管理者过度自信与公司理财行为进行了细致观察和深入分析，并取得了具有重要价值的研究成果。

Malmendier and Tate（2005a）将管理者过度自信与公司投资决策联系起来，认为过度自信的管理者由于高估其自身能力而倾向于选择高风险的并购，并为此支付较高的溢价，但这种低质量和过度支付的交易往往会使公司股东财富蒙受不必要的损失。Lin et al.（2005）利用中国台湾公司的数据研究了管理者过度自信与公司投资之间的关系，发现管理者过度自信程度越高，其所在公司越容易实施并购。

王霞等（2008）利用中国2001年以前上市的非金融类A股公司数据进行分析后指出，管理者过度自信与公司过度投资水平正相关。姜付秀等（2009a）基于2002—2005年上市公司数据的研究结果表明，管理者过度自信与公司投资和内部扩张显著正相关，这种扩张型战略会加大公司陷入财务困境的可能性。史永东和朱广印（2010）的研究得出了管理者过度自信与公司并购显著正相关的结论。

心理学的研究表明，校准误差（managerial miscalibration）是过度自信的一种表现，另外两种表现分别是优于平均效应（above-average effect）和控制错觉（illusion of control）。当管理者高估自己预测未来的能力或者低估风险时，就容易产生校准误差。Ben-David et al.（2007）基于美国市场的研究表明，校准误差在公司高管中普遍存在，拥有这类心理特征的高管倾向于领导公司进行更多的投资、持有更多的债务。Heaton（2002）从理论上分析了管理者过度自信对公司融资偏好的影响，为融资优序理论提供了新的解释。Hackbarth（2008）基于管理者过度自信视角，对公司资本结构权衡理论提出了新的观点，认为过度自信的管理者容易低估公司陷入财务困境的可能性，倾向于选择较高的负债比率，从而使公司偏离最佳资本结构。Malmendier et al.(2011)在分析管理者人格特质对公司财务政策的影响时指出，过度自信的管理者相信其所在公司的价值被市场低估，会认为外部融资（尤其是股权融资）成本过于高昂而采用内源融资方式。当公司必须进行外部融资时，过度自信的管理者倾向于选择举债的方式。

过度自信的管理者倾向于进行激进负债融资的特征也在中国学者的相关研究中得到了证实。余明桂等（2006）对沪深两市上市公司的数据进行分析后发现，管理者过度自信与资产负债率显著正相关。江伟（2011）从董事长个人特征角度分析了管理者过度自信对公司资本结构的影响，得出了相同的结论。不过，余桂明（2013）在研究管理者过度自信与公司风险承担时也提出，虽然管理者过度自信会提高公司风险承担水平，但更高的风险承担水平有利于提高公司资本配置效率和公司价值，管理者过度自信在公司投资决策中并不总是表现为消极影响。

近年来，越来越多的国内外公司选择在一定时期内连续发起多次并购。针对这种现象，部分学者尝试从管理者过度自信的角度对公司连续并购行为进行解释，得出管理者过度自信与公司并购频率正相关的结论（Malmendier and Tate，2005b）。吴超鹏等（2008）以1997—2005年间国内1 317起上市公司连续并购事件为样本展开的实证研究表明，上市公司管理者可能因首次并购成功而过度自信，导致其后各次并购的绩效显著下降。因此，可以推断具有过度自信特征的管理者倾向进行连续并购。

3. 管理者过度自信与公司并购绩效

目前，学术界对并购能否提升公司价值而为股东带来收益尚未形成一致结论。波士顿咨询公司（2003）对并购后股东价值变化的研究发现，样本中64%的交易在宣布之时就出现了价值损失，而56%的样本在交易之后的两年仍继续损害其价值。在国内的研究中，张新（2003）利用事件研究法和会计研究法，对1993—2002年上市公司的1 216个并购重组事件是否创造价值进行了全面分析，研究结果表明，并购重组为目标公司创造了价值，却对主并公司的股东产生了负面影响。

尽管由于样本数据和分析方法的差异，不同学者对公司并购绩效的实证检验得到了不同结果，但不可否认的是，公司并购绩效会受并购动机、交易方案、并购风险等多种因素的影响。许多学者尝试对潜在相关因素与并购绩效之间的关系进行理论分析与实证检验，以探究某一特定因素对公司并购绩效的影响及其作用机制。

Roll（1986）在研究公司并购行为时引入了管理者自大假说，指出在竞争性的并购交易中，过度自信的管理者为了完成并购倾向于对目标公司支付更高的价格，致使收购完成后主并公司绩效很差甚至为负的情况发生。Heaton（2002）认为，由于管理者非理性而引起的公司并购会导致高额交易成本，这无疑增大了公司并购失败的可能性。根据Malmendier and Tate（2005a）的研究模型，过度自信的管理者更倾向于进行价值摧毁式的合并，他们通常会过高估计自身能力，而且倾向于为并购支付较高的溢价，造成股东财富的损失。

国内学者基于管理者过度自信视角对公司并购交易的分析也得出了类似的结论。余明桂等（2006）认为，过度自信的管理者会错误地把握市场时机而在不恰当的时间进行并购，并促使公司采取激进的债务融资策略，隐含较高财务风险，因此，由其领导公司进行的并购交易很可能会损害股东的相关利益。姜付秀等（2009a）对中国上市公司管理者过度自信的实证研究发现，过度自信的管理者所实施的扩张战略会加大公司陷入财务困境的可能性。吴超鹏等（2008）认为，管理者过度自信可能是导致公司进行连续并购，且并购绩效逐次下降的主要原因。

通过对以往研究的回顾发现，具有过度自信特征的管理者所进行的并购很可能不会为公司股东带来正向收益，但这并不意味着过度自信的管理者与股东利益存在冲突。Heaton（2002）指出，过度自信的管理者在忠于股东的前提下仍可能因高估收益而投资一个净现值为负的项目，他并非有意损害股东的价值，只是因为过度自信。

主要参考文献

[1] Ben-David I，Graham J R，Harvey C R，Managerial miscalibration. Quarterly Journal of Economics，2013，128：1547-1584.

[2] Doukas J A，Petmezas D. Acquisitions，overconfident managers and self-attribution bias. European Financial Management，2007，13：531-577.

[3] Hackbarth D. Managerial traits and capital structure decisions. Journal of Financial and Quantitative Analysis，2008，43：843-881.

[4] Hayward M L A，Hambrick C D. Explaining the premiums paid for large acquisitions：evidence of CEO hubris. Administrative Science Quarterly，1997，42：103-127.

[5] Heaton J B. Managerial optimism and corporate finance. Financial Management，2002，31：33-45.

[6] Landier A，Thesmar D. Financial contracting with optimistic entrepreneurs. Review of Financial Studies，2009，22：117-150.

[7] Lin Y S，Hu S Y. Chen M S. Managerial optimism and corporate

investmen: some empirical evidence from Taiwan. Pacific-Basin Finance Journal, 2005, 13: 523-546.

[8] Malmendier U, Tate G. CEO overconfidence and corporate investment. Journal of Finance, 2005, 60: 2261-2700.

[9] Malmendier U, Tate G. Does overconfidence affect corporate investment? CEO overconfidence measures revisited. European Financial Management, 2005, 11: 649-659.

[10] Malmendier U, Tate G, Yan J. Overconfidence and early-life experiences: the effect of managerial traits on corporate financial policies. Journal of Finance, 2011, 66: 1687-1733.

[11] Roll R. The hubris hypothesis of corporate takeovers. Journal of Business, 1986, 59: 197-216.

[12] 郝颖, 刘星, 林朝南. 我国上市公司高管人员过度自信与投资决策的实证研究. 中国管理科学, 2005 (5).

[13] 姜付秀, 张敏, 陆正飞, 陈才东. 管理者过度自信、企业扩张与财务困境. 经济研究, 2009 (1).

[14] 姜付秀, 伊志宏, 苏飞, 黄磊. 管理者背景特征与企业过度投资行为. 管理世界, 2009 (1).

[15] 江伟. 管理者过度自信、融资偏好与公司投资. 财贸研究, 2010 (1).

[16] 江伟. 董事长个人特征、过度自信与资本结构. 经济管理, 2011 (2).

[17] 王霞, 张敏, 于富生. 管理者过度自信与企业投资行为异化——来自我国证券市场的经验证据. 南开管理评论, 2008 (2).

[18] 余明桂, 李文贵, 潘红波. 管理者过度自信与企业风险承担. 金融研究, 2013 (1).

[19] 余明桂, 夏新平, 邹振松. 管理者过度自信与企业激进负债行为. 管理世界, 2006 (8).

[20] 张新. 并购重组是否创造价值?——中国证券市场的理论与实证研究. 经济研究, 2003 (6).

公司治理篇

CHINA
MANAGEMENT CASES
中国管理案例库

海特高新：
子承父业式家族企业传承

摘要：

2008年7月4日，国内航空维修"教父"级人物——四川海特高新技术股份有限公司（以下简称"海特高新"，股票代码：002023）董事长李再春突然宣布辞职，董事长一职由他的长子李飚继任。而此时，海特高新刚刚加入大飞机维修队伍，业务再度迈上新台阶，公司掌门人李再春的辞职让人颇感疑惑。李飚接棒后，提出"同心多元化战略"，迅速在整个产业领域抢滩布局，欲打造一个多元化的航空产业王国，使得海特高新拥有更大的发展潜力和更好的业绩增长，成为家族企业传承的典型案例。本案例介绍海特高新的传承过程，剖析传承前的准备、继任者的培养、传承时机的选择以及传承后公司的发展变化。

关键词： 海特高新；家族企业传承；传承模式；传承时机；相关多元化

0. 引言

2008年7月5日，厦门太古飞机工程有限公司总部会议大厅宾客云集，来自四川、香港和福建等地的多家重量级航空公司和航空维修公司的高管人员齐聚于此，商讨新成立的四川太古飞机工程服务有限公司的未来战略和发展问题。当年仅37岁的海特高新董事长李飚缓步登上主席台发言时，会场顿时安静下来，人们都愣住了。就在3天前，在成都举行的合资设立四川太古飞机工程服务有限公司签约仪式上，代表海特高新签字的还是66岁的董事长李再春。

现场嘉宾的疑惑并没有持续很久，当天下午全国主要财经媒体几乎都报道了前一天（7月4日）李再春向董事会提交辞职报告，海特高新董事长一职由其长子李飚继任的消息。此次厦门之行正是李飚接任董事长第一天的工作行程。有媒体称："海特高新的这一人事变动，成为川内知名家族企业中最早完成新老交接、创富二代完整接班的标志性事件……意义和影响深远。"

海特高新是李再春一手打造的航空维修王国，是目前沪深两市唯一一家飞机维修类上市公司，也是国内规模最大、市场覆盖面最广的专业化航空机载设备维修企业之一。2008年7月2日，四川航空集团公司、香港飞机工程有限公司、厦门太古飞机工程有限公司、四川海特高新技术股份有限公司在成都签署了四川太古飞机维修项目合作协议，四家公司将合作投资成立四川太古飞机工程服务有限公司，这标志着海特高新将加入大飞机维修队伍。此举无疑将吸引更多国内外航空公司到成都大修飞机，不仅有利于成都开拓更多的国际航线，更有利于带动海特高新主营收入的增长，为公司今后经营业绩的增长奠定基础。然而就在公司业务蒸蒸日上之时，公司掌门人李再春却突然辞职，传位给长子，颇让人意外。这葫芦里到底卖的是什么药？

1. 行业背景

海特高新所处行业为航空维修及航空技术服务行业，与航空运输有着密切的关系，是保障飞机安全正常飞行的关键环节之一。航空维修市场的容量受经济和国际商业条件变动的影响十分显著，航空管制、新机交付放缓、航空公司整合、油价波动以及突发政治、卫生和安全事件等都可能对飞机维修市场容量造成短期不利影响。

中国的航空维修业近年来发展迅猛，但仍处于起步阶段，产业化、集群化和市场化程度不高。从最近几年的统计数据看，国内市场上的航空维修企业数量一直保持稳定增长。截至2012年，获中国民用航空局（CAAC）批准的国内民航维修企业达到380家，大多数规模较小，具有较强竞争力的企业不多。因航空维修业是集技术、资金、人才和综合管理于一体的技术服务行业，行业认证门槛较高，行业进入壁垒高，因此专业化和产业化发展是该行业的必然趋势。

随着全球航空运输业经营环境日趋艰难，成本控制压力突出，各航空公司将不得不大量减少或剥离维护与维修等非核心资产，并以成本较低的外包维修取而代之；同时，新兴的低成本航空公司出于更严苛的成本控制考虑，也将更依赖于第三方维修服务供应商。因此，航空维护、维修及培训等业务的外包化便成为一个不可逆转的趋势。

随着全球经济复苏以及国家开放航空市场的力度逐年加大，国外飞机制造原厂和国际航空维修企业进入中国航空维修市场的步伐加快，这一系列变化加剧了中国航空维修市场的竞争态势。

2. 父子共同创业

与许多家族企业第一代创业、第二代中途进入并继承公司不太一样，李飚是和父亲李再春一起创业的。1992年，作为某军工厂的前高级工程师，年过半百的李再春和几个朋友凑了1万元启动资金，办起了海特航修公司。这1万元启动资金，5 000元用来装电话，另外5 000元则用来添置其他设备。"公司没有仪器和设备，父亲只得靠老关系去借去租。没有汽车运设备，他就骑着摩托车去运。"据李飚回忆，当时对方看到此情此景吓了一跳，"李总，这仪器可是价值百万啊！"

创业初期自然免不了业务清淡，就连发工资也是时断时续。公司渐渐上路后，凭着李再春在航空界的名气和技术，生意也逐渐多了起来。但是要想获得修理民航飞机设备的订单，海特必须取得最关键的一张通行证——适航证。

当时国内的航空维修业处于起步阶段，国内航空维修生意基本上被外国大公司垄断。面对海特这样一个小企业要求发放适航证，刚组建不久的民航适航部门犹豫了许久。经过反复讨论，适航部门官员最终拍板："既然不要国家一分钱，又能为民航服务，何不让民营企业试一试？"就这样，四川海特成为中国第一家民营航空维修企业。这一年，李再春的资本已经达到50万元。

李再春，武汉大学无线电技术专业本科毕业，历任广东韶关计算机厂、空军5701厂（飞机大修厂）高级工程师、主任工程师，抱着"为中国人争一口气，为我们国家争一口气"的信念，运用自己的技术知识和能力进入航空维修领域，创立了海特高新的前身——四川海特高新技术公司。公司发起人分别是李再春、王万和、刘生会、李飚、郑超和李刚六位自然人，而其中李再春与李刚、李彪是父子关系。

企业创立之初，李再春便发现，过去国内民航飞机几乎所有的维护、维修都是到国外进行的，不仅周期长，而且费用高。如果海特高新能够打破这种垄断格局，必然能找到独特的发展道路。李再春以超常规思路来经营企业，在李飚和李刚的共同努力下，公司规模不断扩大。2000 年 9 月，公司整体变更为四川海特高新技术股份有限公司，注册资本 5 439.14 万元。2004 年 7 月 21 日，海特高新在深圳中小企业板上市，募集资金 2.64 亿元，成为我国航空维修业首家上市的企业，被称为"航空维修第一股"。

在海特高新的创业过程中，李飚和李刚一直陪伴在李再春左右，不仅深度介入公司的生产和运营，还在公司中担任要职。据公司年报显示，长子李飚曾先后担任海特高新电子经营部经理、市场部总监、副总经理、董事等职；次子李刚则先后担任海特高新工程部主任、副总工程师、总经理等职。李飚专注市场，对国际和国内航空维修市场的走向有清晰的把握；李刚专注技术，曾在法国接受飞机机载计算机系统的专业培训，公司许多技术部门的负责人都是他的徒弟。所谓打虎亲兄弟，上阵父子兵！李再春的胆略与社会资源，加上两个儿子一个懂市场，一个熟技术，令公司如虎添翼。

3. 海特高新的发展期

作为航空维修第一股，李氏父子一手打造的海特高新表现出色，公司开发的航空机载设备维修服务涉及电气、电子、机械 3 大类 1 015 个品种，8 247 个项目，是目前国内规模最大、实力最强、市场覆盖面最广的专业化航空机载设备维修企业之一。

就航空维修业而言，一方面，这是一个资本密集型行业，具有极强的专业性，且受到中国民航总局监管，采用较严格的许可证管理制度，因此对进入该行业企业的资金和技术要求都较高；另一方面，航空维修属于服务行业，对专业技术人才的要求极高。专业维修技术人才只有在取得《民用航空器维修人员执照管理规则》规定的执照、合格证书后方可执业。目前，培养一名合格的专业航空维修人才至少需要 3~5 年。

处于如此高技术要求的航空维修行业，海特高新一向坚持"靠技术打天下"的经营理念。经过不懈努力，海特高新目前已取得 8 200 余项机载设备的 CAAC 维修许可，1 060 项美国联邦航空管理局（Federal Aviation Administration，FAA）的认证许可，其中数十项技术成果属国内首创，并且是国内首家取得民航局维修许可证的民营航空维修企业。此外，海特高新还介入发动机维修领域和培训领域，具备了维修技术，取得了航空支线发动机 CT7 的维修许可，在国内航空维修业占据龙头地位。

2004 年 7 月 21 日，海特高新在深圳中小企业板成功上市。按照募资承诺，海特高新先后实施了波音系列、空中客车系列等新型飞机机载设备维修生产线技术改造项目和航空辅助动力装置维修生产线开发技术改造项目。

2005 年 6 月，海特高新与西安翔宇科技公司开展合作，两者在国内飞机机载设备维修市场上的占有率分别为第一位和第三位，属于强强联合。西安翔宇以其维修空客、波音等新型飞机及飞机恒速系统的先进技术独步市场，并在西北地区航空维修市场具有绝对的优势，与海特高新在波音传统型号飞机方面的优势恰好形成互补。

同年 8 月 1 日，海特高新完成股权分置改革，成为四川首家实现全流通的上市公司。上市以来，海特高新的股价一直表现亮眼。2004—2007 年，海特高新股价震荡上涨，复权价一度达到 43.03 元/股，即使在 2008 年上半年的熊市中，公司股价也维持在相对高位。

在借助募集资金并逐步累积利润发展的同时，李再春也很重视公司内部资本的合理调配，加大对旗下子公司的整合力度。从 2005 年 11 月到 2006 年 4 月，海特高新通过增资重组收购天津翔宇，并与多家航空技术公司以增资重组设立合资公司的方式进入通用航空维修市场，开拓航空机载设备维修之外的业务领域。2008 年 7 月 2 日，海特高新参与组建四川太古飞机工程服务有限公司，该公司主要开展空中客车机型的飞机大修、改装、航线维修，机队技术管理，航材技术管理等相关业务。这标志着海特高新进入大飞机维修领域，将给公司的业务带来新一轮发展机遇，并成为公司中长期业绩增长的助推器。

4. 海特高新传承前的准备

海特高新和中国大多数民营企业一样选择了父子交接班。李再春有两个儿子，长子李飚和次子李刚。2008 年 7 月 4 日，李再春辞去董事长，由长子李飚继任，这看似突然，其实是反复思量和考察的结果，也早有迹象和准备。

2004年海特高新上市之初，公司总经理一职由董事长李再春兼任。一年后的2005年3月，经董事会批准，海特高新总经理一职交由李再春的次子李刚担任，而李刚在总经理的位置上一直做到2007年2月任职期满。在此过程中，李飚虽然始终担任公司董事一职，但并没有出现在公司高管团队中。直到2007年2月，海特高新第二届董事会任期结束，新一届董事会宣布由万涛接替李刚担任公司总经理，李飚才真正介入公司的实际运营。2008年7月，李飚在接受采访时向媒体透露，"一年前我就在主持公司大大小小的事务了"。面对外界关于李飚、李刚两兄弟间的"阋墙"传言，李飚予以坚决否认，"我们兄弟俩关系很好。弟弟是个专业人才，现在公司很多部门主任都是他的徒弟"。然而，李飚也曾向部下和外界不止一次地表示，高特高新在过去几年战略上因循守旧，发展缓慢，错过了许多发展机遇。2007年2月，李刚离开高特高新，进入母公司四川高特集团公司担任副总裁。

　　李再春早在2004年就已经担任中华全国工商联执委、四川省人大代表、四川省工商联常委、中国民航维修协会副会长、四川省航空与宇航学会副理事长等职务。在这些社会关系、社会资本的传承上，李再春也颇费了一番思量。从公开信息可知，尽管李飚接任董事长的时间是2008年7月，但早在2006年，他已经是四川省工商管理协会理事、四川省个体私营经济协会副会长，2007年开始担任中华全国工商联第十届执委、成都市第十五届人大代表（见表1），而李再春的次子李刚一直没有谋求相关职务，可见在海特高新上市之初，李再春就已经有意识地为企业的传承做铺垫。

表1　　　　　　　李飚在行业组织的任职及参政议政情况一览表

2006年	2007年	2008年
1. 四川省工商管理协会理事 2. 四川省个体私营经济协会副会长	1. 全国工商联第十届执委 2. 四川省工商联第九届常委 3. 四川省个体私营经济协会副会长 4. 成都市第十五届人大代表	1. 全国工商联第十届执委 2. 四川省工商联第九届常委 3. 四川省个体私营经济协会副会长 4. 成都市第十五届人大代表

　　资料来源：根据海特高新年度财务报告和其他公开资料汇总整理。

　　李飚、李刚兄弟与李再春属于共同创业。2004年公司上市时，李再春持股47.33%，李飚持股3.68%，李刚持股2.87%，李氏家族共持股53.88%（见表2）。2007年2月15日，公司董事会接受了总经理李刚因任期届满离任的请求。因离开高管岗位，李刚所持有的股份于2007年8月15日解除锁定。从2007年8月20日起，李刚开始连续减持公司股份，到2007年年底，仅持有公司股份0.57%。而李飚在公司的职务和持股比例基本没有变化，李刚的辞职和减持股份，或许可以看出公司继任者选择的端倪。

李氏家族持股数及持股比例变化一览表

	2004 年	2005 年	2006 年	2007 年	2008 年	2009 年
李再春	37 105 870	46 326 310	46 326 310	45 247 310	72 395 695	65 603 580
	47.33%	39.40%	39.40%	38.48%	38.48%	34.87%
李飚	2 882 749	3599083	3 599 083	3 599 083	5 758 532	5 758 532
	3.68%	3.06%	3.06%	3.06%	3.06%	3.06%
李刚	2 246 368	2804568	2 804 568	673 905	1 078 248	
	2.87%	2.39%	2.39%	0.57%	0.57%	

资料来源：根据海特高新年度财务报告汇总整理。

在海特高新庞大的子公司群体中，有几家子公司地位显赫。四川奥特附件维修公司就是其中最典型的一家。李再春曾多次在公开场合表示："奥特公司作为海特高新的重要子公司，未来的发展前景将会非常广阔。"奥特附件的重要性和显赫地位不仅在于其发展前景可以创造业绩，更重要的是其高层管理者后来大多成为海特高新的高层管理人员。比如，2007 年接替李刚担任海特高新总经理的万涛曾任奥特附件工作技术员、生产科长、总经理助理、总经理等职；2008 年起担任海特高新财务总监的徐建军曾任奥特附件财务经理；汪顺林、张培平等人皆是如此。这些高层管理人员均有在奥特附件的工作经历，然后晋升到海特高新担任要职。可以说，奥特附件管理层成了海特高新重要的人才后备军。2004 年海特高新上市时，子公司武汉天河和奥特附件的法定代表人都是李再春，而在 2005 年和 2007 年均由李飚接任。之后，海特高新成立的子公司西安翔宇、海特贸易的法定代表人也都由李飚担任，这些重要子公司法人代表的任命可能是李再春对企业传承的一种暗示。而李刚虽然也是海特高新几家子公司的法定代表人，但是这几家子公司在集团中的地位无法与李飚任职的子公司相提并论。

5. 继任者和传承时机的选择

在部下和外界看来，李再春和李彪父子二人在很多方面有相同点。在创业精神方面，父子二人与大多数中国家族企业创业者一样，都是秉承艰苦创业、克勤克俭的精神。李再春一个茶杯用了几十年，而李飚经常穿布鞋，勤奋和节俭成为他们共同的创业特征。而在使命上,相对于李再春"振兴民族航修业"的豪言壮举,李飚更显低调和务实,"为股东创造财富"是李彪向上市公司股东作出的庄严承诺。在公司价值认同方面,李飚和父亲一起创业,认同公司价值,他曾公开表示:"我和父亲都在最高决策层,公司的很多东西都是我们一起策划设计的。"

李再春热爱学习和钻研,早在1997年就接受过法国宇航公司专家培训,2000年接受过美国FAA、欧洲联合航空局(Joint Ariation Authorities,JAA)专家的培训,同时还主持了多项科研项目,并多次获奖。李飚也表示:"因为父亲比较爱学习,在父亲言传身教下,我与弟弟李刚两人学习一直比较自觉……我读大学的时候,学的和飞机维修不相关,但是后来摸着这一行了,又学了机械、电子和工商管理等。"公开资料显示,李飚在清华大学MBA高级管理研修班结业,有经济师职称,曾接受过美国FAA、欧洲JAA专家的培训,接受过欧洲宇航防务集团(European Aeronautic Defense and Space Company,EADS)的培训。从李飚的任职经历和教育背景来看,他有相当丰富的技术知识和管理知识,但管理知识和经验更加突出。

对于父亲李再春,李飚的评价是:"作为上司,他是一个勤勉、和蔼、智慧、认为吃亏是福的人,是一个很称职的老板;作为父亲,他严厉、节约、善于沟通,是一个善于接受新鲜事物并很能和年轻人沟通的父亲,可以说,我们有今天都是他言传身教的结果。"李飚追求艰苦创业、克勤克俭和励精图治的精神,与李再春基本一致,这是海特高新顺利传承的重要保障。

随着李刚2007年辞去公司总经理职务、李再春2008年7月辞去公司董事长和董事职务,李飚接任董事长已在预料之中。但是为什么选择在海特高新加入大飞机维修队伍之际进行企业传承?

事实上,海特高新进入大飞机维修领域是一项重大利好,此举无疑会促进公司发展。也许是给7月4日上任的新董事长一份厚礼,海特高新在股市上一改之前的跌势,呈现井喷式上涨。7月3—14日,公司股票从5.40元起以八连阳速度一路冲上7.79元,涨幅高达46%。在家族企业传承过程中公司股价往往大跌,而海特高新选择在公司公布重大利好消息时进行企业传承,不能不说是李再春棋高一招。

在董事会和高管层方面,李再春辞去董事长时带走了几名高龄元老,如76岁的监事汪顺林和55岁的监事刘生会等。新任高管候选人普遍较年轻,公司董事会成为少壮派的天下。例如,董事会提名万涛和张斌为公司董事候选人。万涛,35岁,历任四川奥特附件维修公司工作技术员、生产科长、总经理助理、总经理及海特高新副总经理等职，现任海特高新总经理兼奥特附件总经理。张斌，36岁，历任海特高新电气室主任、电仪部经理、副总工程师及上海沪特航空技术有限公司副总经理、总经理等职，现任海特高新副总经理兼沪特航空总经理。另外，公司还提名欧智和虞刚为公司监事候选人。欧智，35岁，历任海特高新人力资源部副总监、总监等职。虞刚，38岁，现任公司生产资源部经理。新任董事、监事皆为公司内部提拔，年龄在30多岁，且多与李飚私交甚好。

6. 传承后的海特高新

　　李飚继任之后，一批年富力强的新人被提拔为公司高管，新一届的董事会被外界称为"少壮派董事会"，这给公司注入了新的活力。更为重要的是，与李再春之前强调做好公司航空维修主营业务，实施"一站式"维修战略不同，李彪更看重强势技术与优秀管理的结合，并提出"以航空维修为主，航空技术为核心，同心多元发展"作为公司经营的总体发展战略。何谓同心多元化战略？李彪的解释是："同心多元化战略就是在航空产业的构架下依托公司专业的航空技术实力，通过不断的商业模式创新，根据产业发展的需求，从机械和电子的零部附件、发动机、飞机整机维修到机载设备研发、航空培训等多个产业节点入手拓展业务，最终实现做航空产业主流企业的战略目标。"对于业内称海特高新为"航空维修公司"的说法，李飚在接受《英才》记者采访时表达了自己的不满："我们久已不是简单的飞机维修企业了，海特高新将来要打造成一个多元化的航空产业王国。"

　　为了实现同心多元化战略，李飚进行了一系列大手笔投资。2008年7月，海特高新参与投资组建四川太古飞机维修工程服务有限公司，该项目填补了目前国内没有专门的空客飞机维修基地的空白；2008年12月，海特高新在昆明成立昆明飞安航空训练有限公司，启动建设"民用航空培训中心基地"，主要从事航空训练（对象包括飞行员、乘务人员、机务人员等），标志着海特高新介入飞行培训市场；2009年4月，海特高新控股子公司天津翔宇航空维修工程有限公司新基地落成并取得飞机大修许可证，填补了我国民航直升机、通用飞机大修的空白。此外，海特高新已开展航空器材租赁、交换业务，推动航空器材租赁市场的发展，并对部分维修波音737NG、空客320系列飞机的航空器材、设备进行储备，初步形成"交换/租赁"业务。虽然李彪接手海特高新不到 3 年时间，但在其极力推动下，以航空技术为核心的多元化战略已经在海特高新稳步实施。

同心多元化战略实施后，公司取得了良好业绩，并持续稳定地增长。公司介入航空培训市场，增加航空服务业务，延长产业链，实现同心多元化经营模式，为公司开拓了新的利润增长点。控股子公司天津翔宇按照募集资金投资计划，完成了通用直升机整机大修能力建设，并取得民航适航许可证，使公司具备了批量修理通用飞机、直升机的大修能力。通过调整业务结构，加快航空新技术、新产品开发应用速度，开拓新的业务领域，强力推进公司的同心多元化发展战略，在航空材料、航空 PMA 件制造、航空技术研究、航空培训方面取得了较好业绩。2009 年以来公司各项工作取得显著成效，主营业务收入和净利润均有较大幅度增长（见表 3）。

表 3 海特高新历年主要财务指标

指标	2004 年	2005 年	2006 年	2007 年	2008 年	2009 年	2010 年	2011 年	2012 年
营业总收入（万元）	13 640	14 379	15 208	19 115	20 548	22 854	20 759	23 235	29 588
主营业务利润率（%）	56.95	48.85	39.35	35.06	38.45	53.46	56.42	53.17	54.88
净利润（万元）	3 654	3 908	3 146	3 736	3 458	5 282	5 356	5 317	7 588
净利润增长率（%）	9.03	−11.52	−17.49	18.74	−7.43	52.73	1.39	−0.72	42.70
净资产收益率（%）	8.83	8.96	6.68	7.71	6.72	9.82	6.10	6.02	7.71
资产负债率（%）	11.23	10.14	9.11	13.25	26.72	32.38	21.19	27.63	38.21

资料来源：根据海特高新年度财务报告汇总整理。

2010 年 3 月完成的定向增发，是海特高新实施同心多元化战略的另一项重要举措。本次定向增发累计募集资金 3.35 亿元，拟投资三个项目，通过实施"空客系列飞机机械类机载设备维修生产线技术改造项目"，进一步加强公司的机载设备维修业务，提升公司机械类机载设备的技术水平和维修能力；通过实施"民用航空模拟培训基地项目"，使公司向航空服务业的其他领域拓展，通过一体化综合服务来更好地绑定客户，增强与客户的价格谈判能力，并抵御经济周期波动的影响，同时借机拓展模拟机维修市场；通过实施"航空器材维修交换、租赁一体化项目（一期）"，使公司针对同一客户群体完善服务内容，提升公司服务的品质和层次，满足航空客户要求提供全方位的"一站式"服务模式的愿望，并且通过航空器材交换和租赁业务的发展带来更多的航空维修业务，有效提升公司综合竞争实力。特别值得注意的是，本次定向增发主要面向机构投资者，通过竞价方式确定的最终发行价格为 15.52 元/股，高出发行底价（10.22 元/股）51.86%，并且定向增发宣告效应显著为正（见图 1），说明投资者对海特高新新增投资项目未来的前景看好，同心多元化战略获得了投资者的认同。

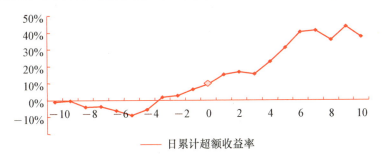

—— 日累计超额收益率

图 1　海特高新定向增发宣告效应

7.　后记

从 1992 年投入 1 万元创业，到海特高新成为"航空维修第一股"，李飚与父亲共同经历了创业的艰辛、公司的成长、上市的忙碌与荣誉，在商海中磨砺，从公司的具体负责人成为公司的管理人，最后担任公司董事长，这其中体现的是海特高新的传承之路。

从李再春父子共同创业到 2008 年父子交接班，顺利传承源于他们在创业精神、使命、公司价值认同方面有相同的理念。而政商关系传承、重要子公司奥特附件的职位接替为交接班提前做好了铺垫。李飚执掌海特高新后提出同心多元化战略，使公司顺利渡过危机时期，并且有了更广阔的发展前景。2011 年中国"空域开放"政策的出台，使公司的航空培训有了更大的发展空间和更好的利润增长点。

海特高新以"打造百年海特"为远景目标，以"肩负民族航空服务业振兴"为使命，李飚是否可以达到此目标？目前还不能妄下结论，需要继续跟踪观察。李再春一直在暗中辅佐和考察，现在公司的实际控制人仍是李再春，相信时机成熟后，李再春会完成企业传承的最后一步：控制权的转移。

启发思考题

1. 企业传承中继任者的选择是重要的问题，选择继任者的关键因素是什么？是选择家族成员，还是选择职业经理人？

2. 继任者是否需要提前培养，应该如何培养？在培养的各阶段应该注重哪些能力的提高？海特高新是怎样做的？

3. 继任时机的选择是企业传承中另一个重要的问题，何时是继任的成熟时机？海特高新的继任时机是如何选择的？优缺点各是什么？

4. 家族企业两代之间交接班之后，需要对继任者进行评价，那么如何评价传承是否成功？海特高新的传承是成功的吗？为什么？

公司背景信息

海特高新前身为四川海特高新技术公司，1992 年 10 月经四川省工商行政管理局批准成立，2000 年 9 月 30 日变更为四川海特高新技术股份有限公司，发起人为李再春、王万和、李飚、郑超、刘生会、李刚六人。公司于 2004 年 7 月在深圳证券交易所中小企业板上市交易，是中国第一家航空维修上市公司，是目前国内现代飞机机载设备维修规模最大、用户覆盖面最广、维修设备数量最大、维修项目最多的航空维修企业。

海特高新自上市以来，依据自身的竞争优势，确立了"一站式"航空维修体制发展的企业主导方向；在以发展航空维修板块为主的同时，将航空技术研发板块、航空培训板块、航材维修交换和租赁板块、航空产品制造板块等纳入主营业务，将"以航空维修为主，航空技术为核心，同心多元发展"作为企业经营的总体发展战略，进入良好的运行状态。

教学用途与目的

1. 本案例主要适用于"财务管理""公司治理"等课程中公司传承相关

领域的教学。

2. 适用对象：本案例主要针对 MBA、EMBA 和企业管理人员，以及经济类、管理类专业的高年级本科生及研究生。

3. 教学目的：未来 5～10 年内，中国第一代民营企业家将迎来家族交接班的高峰期。海特高新是家族企业传承的典型案例，通过分析海特高新的传承过程，帮助读者了解公司的传承过程，剖析传承前的准备有哪些、继任者如何培养、传承时机的选择以及传承后公司的发展变化等相关内容。通过对本案例的分析和研讨，帮助读者理解和掌握以下重要知识点：

(1) 家族企业传承前的准备；

(2) 继任者和传承时机的选择；

(3) 传承后企业的财富效应。

理论依据与分析

1. 家族企业传承理论

家族企业就是指资本或股份主要控制在一个家族手中，家族成员出任企业的主要领导职务的企业。克林·盖克尔西（Kellin Gerisk）指出，判断某一企业是不是家族企业，不是看企业是否以家庭来命名，或者是否有几位亲属在企业的最高领导机构里，而是看家庭是否拥有所有权，一般是谁拥有股票以及拥有多少。此定义强调企业所有权的归属。

(1) 传承过程。尽管不可能精确地指出传承开始和结束的时间，但是学者们一致认为，传承在继任者没有进入企业之前就已经开始，在实现企业的管理权和所有权完全转移之后结束（Wendy，1994）。家族企业代际传承是指家族企业的控制权由家族的老一代传递给继承人的过程，这个过程涉及家族的财产、股权、经营管理权、声望和社会地位等诸多方面的传递过程。这个过程以继承人进入家族企业为起点，以老一代完全退出企业、继承人接掌企业大权为终点。因此，家族企业代际传承的实质是控制权传承。

(2) 传承的对象。理论上，家族企业选择继任者比较普遍的方式有两种：一是内部培养，即培养自己的儿子接班或家族成员接班；二是外部广泛搜寻，即从企业外部寻找职业经理人。从能力角度看，外部寻找要强于内部培养，因为外部的可选择空间较大，选择到能力强的职业经理人的概率较高。职业经理人对家族企业的管理面临许多障碍：首先是管理的合法性问题，由于职业经理人不拥有企业股份，不是企业所有者，除非他们具有超常的管理能力，否则企业员工可能会出于感情或其他原因很难产生认同感，使其能力无法完全施展；其次是能力的确定问题，在家族企业中创业者子女的能力相对容易确定，而职业经理人的能力却需要进一步的了解（陈凌和应丽芬，2003）。

（3）传承的模式。家族企业对二代的培养往往分两步考虑：第一步是接受国内外高等教育；第二步是实践锻炼和经验的积累。第二步又可具体分为四种模式：内部基层锻炼模式，江浙很多民营企业家严格要求接班人从基层做起，循序渐进；内部管理岗位锻炼模式，有些家族企业的创始人放手让子女直接负责经营；外部管理锻炼模式，这通常是通过独立或半独立创业来实现的；外部基层锻炼模式，即安排子女到外部同行企业锻炼，也有安排到非同行企业锻炼的（程兆谦和李小娜，2008）。

（4）传承的影响因素。多项研究证实，相当比例的传承失败根源在于继承人无法胜任领导角色，缺乏掌控传承过程的能力（Miller et al.，2004）。Sharma et al.（2003）的研究表明，继任者和在任者的个人角色认同度和继任计划的推进程度影响传承过程满意度。继任者对传承过程的推动作用很可能要大于在任者。程兆谦和李小娜（2008）发现，成功的代际传承取决于家族企业对下一代的培养意愿和方式，而培养意愿和方式受企业规模、继任者意愿、经理人风险的影响较大，在任企业家的个性、文化程度、继任者的领导能力与家庭子女数对培养方式产生了较为明显的影响。范博宏（2010）指出，企业特殊资产影响企业传承，特殊资产包括核心价值观，创业者强烈的个人兴趣（意识形态），创办人难以被模仿的能力与创意，政商关系，特殊的领导与管理方式，秘而不宣的竞争优势（如祖传秘方），共同创业成员间的无间合作、默契与互信，创业成员共同创造的资产与财富，未标准化的特殊经营制造模式等。

（5）传承的评价。尽管对家族企业内部传承的看法不一，赞成者还是认为，成功的内部传承能够保留"家庭特有的异质性知识"（Bjuggren and Sund，2001）。对传承的评价有主观和客观上的双重绩效目标（Stafford et al.，1999）：一是家庭成员对传承过程的满意度（即传承过程的质量），这是对传承过程和新任高层管理者的选拔做出的主观评价，包括冲突、不信任、敌意、憎恨和压力等情感因素；二是对企业绩效的影响（即传承过程的有效性），这是对高层管理者的更替给企业绩效带来的影响的客观评价。以 Sharma（2001，2003）为代表的学者倾向于从理论上进一步构建传承过程满意度和传承绩效之间的关系假设，将传承过程满意度的指标进一步细化，分为初始满意度（指知晓企业传承后的绩效之前的满意度）和回顾满意度（指知晓企业传承后的绩效之后的满意度），认为初始满意度可能会影响传承之后的绩效，而传承绩效又可能进一步影响回顾满意度。

（6）传承的相关内容。Wendy（1994）在其综述中指出，已有传承研究聚焦于五个方面：传承的过程观、创业企业家的角色、下一代的分析视角、研究的多重分析层次、有效传承的特征。在传承研究经过近 10 年的发展之后，Brockhaus（2004）认为家族企业传承的主要研究主题演变为企业战略分析、家族企业分析、继任者选择、继任者发展、关系等。

2. 成功传承对继任者的要求与战略规划能力

家族企业传承的本质是将管理权传递给具有管理能力的家族成员。多项研究证实，相当比例的传承失败根源在于继任者无法胜任领导角色，缺乏掌控传承过程的能力（Miller et al.，2004）。因此，是否具备领导企业的能力成为家族企业遴选继任者的重要标准。

战略规划涉及管理的各项职能，在公司发展中起着至关重要的作用。在规划过程中要充分考虑如何调动公司资源使其发挥最大作用，如何使用战略规划激发员工的责任感和合作精神。要做好战略规划，要求管理者有很强的沟通和表达能力，对公司了如指掌，能根据公司的现状和市场等对公司未来的发展提出长期性指导方针。

继任者作为企业未来的领导，除了要有优秀的道德品质外，还要有管理能力，而战略规划能力是管理能力的组成部分，对于发展阶段的企业而言，这种能力更重要。家族企业的成熟程度、市场环境的推动以及家族规模的壮大向家族企业的创业者提出了一系列新的要求。基于全球市场、新的员工价值观、技术革新或竞争日益激烈等因素，要求企业的领导者超越企业过去的成绩，以差异化的管理能力和风格，再现家族企业的风采。新一代接班人会以与老一代管理层不同的风格领导企业，迎接市场挑战，其中发展战略调整是重要的一项。

主要参考文献

[1] Bjuggren P O，Sund L G．Strategic decision making in intergenerational successions of small-and medium-size family-owned businesses．Family

Business Review，2001，14：11-24.

［2］Brockhaus R H. Family business succession：suggestions for future research. Family Business Review，2004，17：165-177.

［3］Miller I L B，Miller D，Steier L P. Toward an integrative model of effective FOB succession. Entrepreneurship Theory and Practice，2004，28：305-328.

［4］Sharma P，Chrisman J J，Pablo A L，Chua J H. Determinants of initial satisfaction with the succession process in family firms：a conceptual model. Entrepreneurship Theory and Practice，2001，26：17-35.

［5］Sharma P，Chrisman J J，Chua J H. Predictors of satisfaction with the succession process in family firms. Journal of Business Venturing，2003，18：667-687.

［6］Stafford K，Duncan K A，Danes S，Winter M. A research model of sustainable family businesses. Family Business Review，1999，12：197-208.

［7］Wendy W C. Succession in family business：a review of the research. Family Business Review，1994，7：133-157.

［8］陈凌，应丽芬. 代际传承：家族企业继任管理和创新. 管理世界，2003（6）.

［9］程兆谦，李小娜. 家族企业代际传承中后代培养意愿及方式——以温州为例. 经济管理，2008（23）.

［10］范博宏，梁小菁. 拆解企业长青密码：特殊资产. 新财富，2010（2）.

汇川技术："两权合一"公司的股权激励

摘要：

2010 年 9 月，最初由 19 名自然人发起成立的深圳市汇川技术股份有限公司（以下简称"汇川技术"）成功在创业板上市（股票代码：300124）。与大多数"两权分离"公司不同，汇川技术高管都由公司主要股东担任，呈现典型的"两权合一"特征。股权激励通常被认为是解决"两权分离"下公司股东和管理层代理问题的有效途径。有趣的是，股东和管理层代理问题并不严重的汇川技术于 2012 年推出了首期股权激励计划。本案例从激励与福利相容视角对汇川技术股权激励的实施过程进行全景描述，期望能为其他具有"两权合一"特征的上市公司实施股权激励提供可借鉴的思路。

关键词：汇川技术；股权激励动机；股票期权；股权激励财富效应；两权合一

0. 引言

绛蓝色的天空笼罩四野，太湖水在夜幕下静静地泛着水光。湖畔一间小小茶室内，暖色的灯光交织成一片，洒在几位品茶人身上。他们是汇川技术的董事长兼总经理朱兴明和几位创业元老。几个小时前，汇川技术 2011 年度总结与表彰大会刚热热闹闹地落下帷幕。

几个人难得有这样围桌夜话的机会，上好的碧螺春被端上来，袅袅茶香在屋里渐渐弥散开。"咱们上回聚着喝茶还是一年多以前了吧？"朱兴明端起质地细腻的白瓷杯，轻轻嘬上一口。"可不，那会儿还是汇川技术刚上市，咱们的庆祝晚会之后。"想起当时的场景，大家都难掩兴奋之情，嘴角不自觉地上扬起来。一时间几个人感慨万分，"这一年发生的事可真不少，连这样喝口茶的功夫都没有。""但是很充实啊！"大家相视一笑。

刚才的年会上，朱兴明亲手为年度优秀团队和个人颁发了奖杯和奖金。在会议中心太湖厅的主席台上，获奖者满面春风，踌躇满志。想起这一幕，朱兴明有些动容，一个想法从脑海中浮现出来。"我有个提议，你们听听怎么样？"他欠身给几个人一一续上茶，"今天年会上，看着这么多精英，我很感动，汇川何德何能拥有这么多优秀人才，而且他们中好些人还是八年前的熟面孔，这些人都是汇川的中流砥柱。上市以来，咱们这些既是股东又是管理层的人受益良多，如果我们能够让渡一部分利益给这些人，那汇川的前途不可限量啊！"

在座诸人都颇有同感，公司从创立至今的一幕幕就像电影一般闪现。成就汇川技术如今国内工控行业领军地位的，正是当年"兄弟齐心，其利断金"的信念。在这个行业，大家都明白"企业即人"的含义。

"我没意见！"立马有人放下茶杯，望向朱兴明，"'汇众力攻坚克难，纳百川固本培元'，这不正是咱们的汇川精神么！""我也同意！"其余人也几乎没有犹豫。

"那这次回去咱们就着手研究"，这样的结果似乎在朱兴明意料之中，他举起茶杯，"干！""干！干！"几个人以茶代酒，饮尽杯中茶。就这样，一个"非正式议案"以超乎寻常的速度，在一间小小的茶室被通过了。

夜已深，雾气渐渐弥散开来，一片清明月光泛在太湖水面，茶香四溢的湖畔小室，一股脉脉温情在众人之间缓缓流动。

1. 汇川兄弟连

1.1 十年感动

直到现在，朱兴明还记得十年前那晚自己与创业团队的对话。"汇川要是挺不住了怎么办？""挺不住了你还在！人在就有希望！"回答朱兴明问题的是汇川的创业元老，朱兴明的好兄弟们。彼时团队的信赖成了朱兴明坚持下去的唯一信念。

2004年，汇川技术的前身深圳市汇川技术有限公司（以下简称"汇川有限"）遭遇其2003年创业以来最大的危机。艾默生网络能源有限公司以汇川有限生产和销售的MD320系列变频器侵犯其专利权、商业秘密和著作权案为由，将汇川有限告上了法庭。在那段充满未知数的日子里，是兄弟们的相互支持支撑着稚嫩的汇川。最终守得云开见月明，2007年5月10日，深圳市中级人民法院对艾默生诉汇川有限一案作出判决，认定汇川有限侵犯艾默生商业秘密的事实依据不成立，且不构成对艾默生软件著作权的侵犯，判决驳回艾默生的全部诉讼请求。收到判决书的那一刻，朱兴明等人抱头痛哭。

2003—2006年的四年间，一帮兄弟"积跬步，至千里；积小流，成江海"，稳扎稳打，步步为营。随着2007年之后中国工业自动化控制市场的快速增长和设备制造业对综合产品以及行业解决方案的迫切需求，汇川有限顺势而行，在产品、销售规模与人员等方面快速成长。

为了走得更远，2008年汇川有限清理了委托持股、内部股权转让等之后，由19名自然人股东发起成立了深圳市汇川投资有限公司（以下简称"汇川投资"），将汇川有限25％的股权转让给汇川投资，汇川有限整体变更为股份有限公司（如图1所示），注册资本从300万元变更为8 100万元。2010年，资本市场向汇川伸出橄榄枝，9月28日，汇川技术成功登陆创业板。

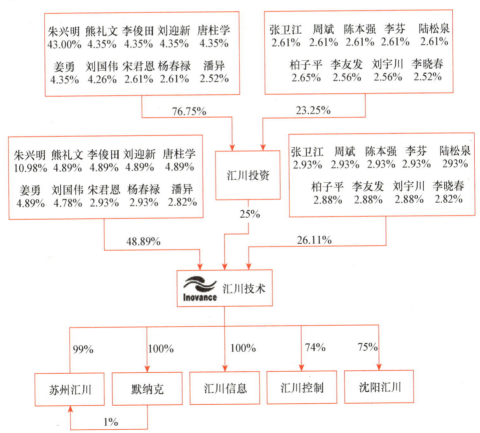

图1　汇川技术上市前股权结构图

1.2　梦想初始航

从"人有我有"到"人有我优"，再到"人无我有"，初生牛犊不怕虎的汇川技术成为工控领域杀出的一匹黑马，迅速上位。汇川技术专注于工业自动化控制产品的研发、生产和销售，定位于服务中高端设备制造商，拥有众多具有自主知识产权的工业自动化控制技术。公司的主要产品包括低压变频器、一体化及专机、伺服系统和PLC等。公司低压变频器市场的占有率在国产品牌厂商中排名第二，其中一体化及专机产品在多个细分行业处于首创或领先地位。未来，新能源新品将是汇川技术快速发展的目标。

汇川始终铭记着那段关乎生死存亡的岁月，是大家的不离不弃支撑着汇川。稳定的人员结构是汇川的生存之道。自2008年第一届董事会起，经过上市直到今天，从董事会到高级管理人员，几乎没有发生变动。

汇川技术上市造就了19位亿万富翁，但当年一同作战的，除了这19名发起人外，还有一众坚实的技术、经营班底。出于对人才负责的目的，上市后的汇川技术着手精细化管理，为人才发展提供有力支撑，先后引入E-HR信息化系统、搭建骨干员工培养和任职资格体系建设平台、强化各项人力资源标准化管理流程……除此之外，朱兴明心中始终惦记着一件事——他一直希望有一种方法可以帮助汇川的新生代中坚力量获得新的利益共享点。

2.　人才行动

技术专利是汇川技术的生命源泉，公司2 000多名员工中，研发人员就超过了两成，他们专门从事核心平台技术、应用技术的研究和产品开发。截至2013年年底，公司拥有已获证书的专利213项，已向国家知识产权局申报但尚未获得证书的专利224项，公司及其控股子公司共取得80项软件著作权。人才的力量由此可见一斑。

2.1　"金砖"与"金手铐"

周一总是非常忙碌，几名高管和部分经营管理人员在开完例会后并未离开，接下来将召开一个关系到员工利益的会议。10点整，朱兴明来到会议室，他亲自主持今天的会议。"想必各位都已提前知道今天的主题了，"朱兴明——

扫过众人，言辞恳切，"咱们汇川上市有一年半了，尽管当年创业艰难，但是大家始终不离不弃，这是公司能够成功走到今天的重要基石，也让我认识到人才的重要。公司上市以来，业绩不断增长，如果能让更多的人因为公司的成长而受益，既是对老员工的感恩，也能进一步吸引优秀人才。前不久，我跟几位创始人股东讨论过关于员工激励的事情，今天的会议算是一个后续，咱们都谈谈自己的想法，请务必畅所欲言。"

"我是搞人力的，我先说两句吧。"人事总监胡年华年纪不大，戴着一副半框眼镜，颇有亲和力，他说："技术人员对于咱这样的公司来说太重要了，近些年公司扩张很快，核心技术岗位需求量很大，现成的人才不容易招，而新人培养又需要时间，一旦有人离职，那么公司的付出就前功尽弃。"胡年华略停顿了一下，"每年的绩效考核之后，总有几个核心员工离职，实在是可惜。我想如果能完善咱们公司的机制体系，提高核心技术人员的待遇，也许情况会更好。"

财务总监刘迎新问道："你的意思是提高人员薪酬待遇？这对现金流的要求可很高啊。现在整体宏观形势不好，直接影响了咱们工控行业的发展，而且最近几年业务扩张很快，现金流压力太大了。"财务总监的话无疑像一盆冷水迎头泼下。

"我觉得刘总说的有道理，"兼任董事会秘书的宋君恩说道，"而且提高薪资待遇的激励效果非常有限。薪酬激励主要依赖于短期业绩指标，对公司发展来说并非长久之计。我认为眼光应该放远一些，毕竟长期激励才对公司的发展有意义。"

杨春禄赞同道，"是啊，咱们当初创立汇川时最大的愿望是什么？是要打造一家中国的百年企业，我认为什么决策都不能背离这个初衷！"

"那你们有什么更好的激励办法？"朱兴明的目光扫过众人。

宋君恩看着朱兴明，灵光一闪，"现在上市公司推行股权激励计划的非常多，咱们的同行英威腾去年就开始推了，我看这种方式也许可以尝试一下。"

"这个我听说过，不都说股权激励是把双刃剑么，初始价格、行权价格的制定太敏感，搞不好可是会影响公司利润水平的……"销售部门总监，同时也是公司董事的姜勇皱了皱眉头，他对股权激励了解不多，心存疑虑。

"确实，股权激励门道很多，方式方法的选择需要慎重考虑。"宋君恩看向姜勇，"无论怎样选择，我们都要保证公司、股东的利益得到最大维护。"

宋君恩的话令在场众人不由点头。

"依我看，上市以后汇川总体财务状况良好，从去年年底到现在大盘走低，咱们公司的价值明显被低估。这可是推行股权激励的好时机啊！"杨春禄显然非常赞同股权激励的方式。

朱兴明接过话尾，目光炯炯，"股权激励这种方式我关注过，据我所知，英威腾去年推出股权激励计划遇到了些麻烦，咱们一定要慎重。总的来说，这种方式还真有点儿意思，可以再挖掘挖掘啊！"

2.2　君子喻于义

会议仍在继续，讨论逐渐深入。

"如果要使激励达到预期效果，除了激励方式很重要外，激励对象的选择也很重要。"宋君恩继续说，"我建议以汇川的中高层管理人员为激励对象，当然也要重点考虑一些核心技术人员和骨干业务人员。"

"我有个提议，"朱兴明接过宋君恩的话尾，"不管采用何种激励方式，咱们持股的股东就不要参与了吧？"

朱兴明的话音刚落，会议室里躁动起来，大家纷纷窃窃私语。

"我之所以提议持股股东都不参与，也是想多让渡一些利益给其他员工，毕竟当年打江山不光我们几个发起人，还有一些业务骨干，他们付出的不比我们少。如今汇川坐稳了市场，越来越多的经营技术人才加入进来，对这些骨干人员实施股权激励，会产生积极的影响。"

"虽说我们是股东，可我们并非甩手掌柜，还不是朝九晚五地为公司经营出力，为什么我们就不能被激励了呢？"有声音问道。

朱兴明对这样的质疑早有思想上的准备。"不错，咱们坚持参与管理，所以经营业绩会自动地反映在所持有的股票市值上。汇川能走到今天，也正因为这一点。"他看着大家，"但不要忘了还有更多的人在为汇川努力，他们不在意有没有股份，任劳任怨，所以理应得到更好的对待！"

"对，我同意。钱不是我们的终极目标，创造一个百年汇川才是我们的梦想！"杨春禄颇为激动。在座的大部分都是当年汇川兄弟连的成员，这句话说到了大家的心坎儿里，他们仿佛又回到了十年前那激情燃烧的岁月。一时间"我也同意"此起彼伏，将"质疑"的声音瞬间淹没。

朱兴明做了个手势示意大家安静，"事关个人利益，咱们还是投票决定吧。"结果自然在意料之中——几乎全票通过了朱兴明的建议。"感谢诸位的理解与支持。各位副总请甄选一下各自分管部门的核心技术、经营人员，回头提交一份拟激励名单。"

"对，我们要制定相关激励考核标准，对激励对象进行考评，只有考评合格后才能获得授予股权激励的资格条件。这个要公示出来，让全体员工都知道，做到公正、公开。"杨春禄说。

"不错，人员名单报上来以后，先由公司汇总，再全盘考虑。"宋君恩补充道。

....

这次会议解决了关于股权激励最关键的核心问题。几个月之后，"首期股票期权激励计划首次激励对象人员名单"被公告出来，汇川技术的控制人和高管兑现了他们在会上的承诺。

2.3　福利还是激励

股权激励使激励对象以股东的身份参与公司决策、分享利润、承担风险，具有激励和约束的双重性质。尽管之前就激励类型和对象选择初步达成了一致，但是关于股权激励的具体内容一直未有定论。股权激励方式的选择是一个权衡的过程，目前国际通行的股权激励模式比较多，主要有股票期权、限制性股票、业绩股票、员工持股计划、虚拟股票等，而中国上市公司比较常用的是限制性股票和股票期权。

2012 年年初，由宋君恩牵头，公司高管就股权激励又展开了一次头脑风暴。由于之前达成一致，股权激励与此次在座的管理层并没有直接关系，因此，尽管话题严肃，但会议的气氛颇为轻松。

董事会秘书宋君恩为这次会议做了大量的准备工作，他首先向大家介绍了股权激励各种方式的具体差异，又对公司目前的财务状况、股票市场表现等方面进行了分析。

"公司可以预先设定条件，授予激励对象一定数量的公司股票，但激励对象不得随意处置这些股票，只有到规定的服务期限或者完成特定业绩目标时，才能出售股票获得收益、享受公司分红，否则公司有权将激励措施取消。通常情况下，授予价格可以为零，也可以按照一定标准确定，所以激励对象无须出资或者只需付出少量资金就可以获得全值的股票奖励。"宋君恩首先介绍的是限制性股票。

"股票期权又叫作认股权证，是公司在一定条件下授予激励对象购买本公司流通股票的一种权利。当然，授予时间和数量都要事先规定，行权价格也要视激励草案公布前一个交易日的股票价格和前 30 个交易日的平均股价而定，较高者为底价，所以它本质上类似于一种看涨期权。"接着他又解释了股票期权。

"我们首先要解决的问题是，究竟哪种股权激励方式最适合汇川？我曾经考

财务管理案例——中国情境下的"哈佛范式"案例

虑过虚拟股票期权方式，因为它不影响股本结构，而且不以股价论英雄，但是虚拟股票需要的现金量太大，长期操作下来会对公司形成巨大压力，反而有违股权激励的初衷，因此我打消了这个念头。从目前大多数上市公司的操作惯例看，限制性股票和股票期权两种方式经常被采用。"宋君恩一边说一边将事先准备好的材料分发给大家。

"限制性股票的'限制'怎么反而比股票期权还少？"兼任销售总监的董事姜勇一边翻看刚刚拿到的《上市公司股权激励管理办法》一边感慨，"关于限制性股票的特别规定一共只写了 3 条，而股票期权却写了 9 条。"

"我觉得限制性股票中的'限制'主要是指激励对象获取股票后要有禁售期限。"兼任供应链总监的杨春禄摇了摇手中的备忘录也看向宋君恩。

"的确是这样，"宋君恩点点头，"限制性股票授予之后一旦解锁，便可以自由转让；而股票期权经历行权期后是否行权，还要考虑当时公司股价的表现。"

"对于限制性股票，一旦转让，就失去了长效激励作用……"姜勇若有所思。

"要想取得相同的股票收益，我感觉股票期权使用的股票数应该比限制性股票要多，从监管规定来看，好像获取限制性股票的成本要比获取股票期权的成本低。"柏子平将材料浏览完之后说道。

"那是否意味着股票期权对公司股份稀释得更为严重？"姜勇望向宋君恩。

"究竟哪种方式对公司股份的稀释程度更严重，还要针对不同情况具体分析。另外，假设限制性股票未达到解锁条件，一般情况下公司会按照授予价格回购股份，从而保证激励对象的利益。但是还有一种情况，"宋君恩目光扫过众人，"如果股票价格没有在解锁条件中规定，那么解锁之后，若当时股价低于授予价格，公司没有回购股票的义务，激励对象将有可能面临损失。"

"要真有这样的情况，那这个股权激励真不知道算是成功还是失败。"杨春禄若有所思，"股票期权就不会有这样的状况了么？"

"好问题！"宋君恩解释道，"股票期权只是一种获得公司股票的权利，一旦行权条件不能成立，或者行权时公司股价低于行权价格，那么激励对象无非就是不行权，没有实质性的损失。"

姜勇想了想，"这么说来，股票期权的安全性似乎更高啊。"

"但也不能否认限制性股票的好处，现在咱们股价处于低位，使用限制性股票可以帮助咱们直接留住人才。"柏子平说。

"既然是激励，就得有约束条件，太容易得到了就不是激励，而是福利。虽说汇川希望与员工利益共享，但这种激励一旦变成了福利，对汇川的长远发展没有益处。"宋君恩接过话头。

"我觉得宋总说的对，而且按柏总的说法，现在更适合选择股票期权，"朱兴明眸光一闪，"咱们主要的激励对象是公司的核心技术和经营人才，当前汇川发展迅速，而公司价值却被严重低估，这不正是大家显身手的时候么？"

"是啊，我也觉得股票期权更适合。"宋君恩赞同道，"这两种方式并没有孰好孰坏之分，关键要看哪个适合。"

眼看讨论一时没有定论，朱兴明干脆地说道："这样吧，咱们不做'一言堂'，还是来个现场表决。"朱兴明站起身，"既然是激励，那就得让它起到调动大家工作热情的作用，并能较好地获得预期回报。我投股票期权一票！"

最终，股票期权获得会议通过。

2.4 其他条款

行权的股票来源也是个敏感点，宋君恩为此依据市场通行办法和公司实际情况，为大家总结了两种可行途径：回购公司股份和增发新股。

"除以上两种方式外，其实还有公司预留股份和大股东转售等其他方式，但是咱们汇川在成立之初并没有预留股份；而大股东转售这种方式在持续性和公平性上有所缺失，还存在变相套现的嫌疑，再加上上市时禁售期的限制，这两种方式对咱们来说压根不可行，所以我没有列出来。"宋君恩一边分发资料一边说。

大家仔细地研读材料，不时地向宋君恩提出问题。最后对两种可行方式进行了总结：依据公司在二级市场回购本公司股份的流程，激励基金将从公司税后利润中提取并且在一年之内转让给员工，同时回购股份不能超过股份总额的5%，操作起来颇有难度；而选择定向增发方式提供股权激励股票，不仅公司最终没有支付额外现金，还具有一点融资的功能，尽管对股权存在一定的稀释作用，但是鉴于股权激励的成本比较小，在申报证监会和有关部门核准时更易通过，符合股权激励的初衷，可以考虑。

关于行权价格，宋君恩有自己的一番见地，"这个收入不能太高，如果获得股票后，每年的股票股利收入过多，就会使员工的工作积极性下降，使他们有小富即安的想法。"

姜勇却不这么认为，"宋总你的角度有问题"，都是多年的兄弟，姜勇说话直截了当。他指了指自己，"假如我没有公司股份，只是接受期权激励，股利收入太低的话，我工作的积极性可高不起来。"

宋君恩也毫不示弱："我们的目的是要让更多的人分享公司成果，但是如果这个成果得来太容易，大家就会缺乏前进的动力，反而将公司往不好的一面推动。"

眼看姜勇还要反驳，朱兴明截住他们的话茬，"如何确定行权价格的确是个麻烦事儿，是按照一般的公司和行业的惯例，还是创造咱们的特色"，他看向宋君恩，"这个问题不是三言两语能说清的，咱们可以会后慢慢讨论。"

根据当时的会议纪要，与会者共形成三种观点：设定高位行权价格、可变价格或者适当降低行权价格。

支持高位行权价格的人认为，中国 A 股市场 2008 年以来的持续低迷导致公司股价被严重低估，汇川技术未来成长性很好，存在大幅上涨的可能性。如果激励计划标准设定太低，激励对象不用付出太大努力就可以获得较高收益，那么会导致激励成本上升且达不到预期效果。

支持可变价格的人认为，如果将行权价格的设定与未来公司特定财务指标相联系，可以更好地实现激励效果。2007 年海南海药（股票代码：000566）的股权激励不仅吃掉全部利润还带来巨亏，要引以为戒。

主张适当降低行权价格的人则认为，既然股票期权是为了使激励对象行权获利，那么何不将行权价格控制在一般范围，这样可以使参与人获得更多收益。

随后，在会议发起人的引导下，大家又对股权激励的行权条件、行权安排进行了讨论，充分考虑了长短期、激励成本和激励效应平衡的问题，一方面要达到长期激励的目的，另一方面又要确保员工的努力能够得到回报。

股权激励是个繁杂的话题，这次会议开了很长时间，大家讨论得热火朝天，浑然不觉窗外已是晚霞满天。

3. 人才成就梦想

3.1 主要条款

经过几轮讨论及调研，依据相关政策并结合公司实际情况，汇川技术最终选择股票期权作为激励计划的实施方式，并着手进行了一系列紧锣密鼓的落地工作。

在此次股权激励方案获得中国证监会批准备案后，2012 年 11 月 8 日，汇川技术《首期股票期权激励计划》（以下简称《激励计划》）的草案出炉；2013 年 1 月 14 日，该方案获中国证监会无异议通过；2013 年 1 月 16 日，《激励计划》的草案修订稿正式推出。2013 年 1 月 31 日，公司董事会同意授予 227 名激励对象股票期权，占员工总数 1 848 人的 12.28％，首次股票期权的授权日为 2013 年 1 月 31 日。在《激励计划》最终的草案修订稿中，汇川技术将激励对象锁定为公司中高层管理人员及核心技术（业务）人员，通过增发方式授予股权激励标的股票。本次股权激励共计增发 1 352 万股，占公司当期股本总额 38 880 万股的 3.48％。为体现长期激励目的，本次增发股权中的 100 万股为预留部分，待未来继续用于激励分配。公司本次股权激励的行权价格为 21.00 元/股，即当满足行权条件后，公司激励对象获授的每份期权可以 21.00 元的价格购买 1 股公司股票。公司于 2013 年 3 月 13 日完成了首次授予涉及的激励对象获授的 1 252 万份股票期权的登记工作，期权简称：汇川 JLC1，期权代码：036078。

在综合讨论意见并对比其他公司的条款后，汇川技术决定将行权条件按会计年度划分，计划对 2013—2015 年 3 个会计年度分别进行绩效考核并行权（见表 1）。

表 1　　　　　　　汇川技术股权激励各年度绩效考核目标表

行权期	绩效考核目标（行权条件）
第一个行权期	2013 年相比于 2012 年净利润复合增长不低于 13.00％，2013 年加权平均 ROE 不低于 11.40％
第二个行权期	2014 年相比于 2012 年净利润复合增长不低于 14.98％，2014 年加权平均 ROE 不低于 11.80％
第三个行权期	2015 年相比于 2012 年净利润复合增长不低于 16.63％，2015 年加权平均 ROE 不低于 12.60％

资料来源：汇川技术公司公告《首期股票期权激励计划（草案修订稿）》，巨潮资讯网，www. cninfo. com. cn，2013-01-16。

同时，对预留的激励股份也做了相应规定：将在 2014 年、2015 年两个会计年度分别进行绩效考核并行权（见表 2）。

表 2　　　　　　　汇川技术股权激励预留部分各年度绩效考核目标表

行权期	绩效考核目标（行权条件）
第一个行权期	2014 年相比于 2012 年净利润复合增长不低于 14.98％，2014 年加权平均 ROE 不低于 11.80％
第二个行权期	2015 年相比于 2012 年净利润复合增长不低于 6.63％，2015 年加权平均 ROE 不低于 12.60％

资料来源：汇川技术公司公告《首期股票期权激励计划（草案修订稿）》，巨潮资讯网，www. cninfo. com. cn，2013-01-16。

汇川技术首期股票期权激励计划的有效期为自股票期权授权日（2013 年 1 月 31 日）起 4 年，自授权日起满 12 个月后，激励对象在可行权日内按 30％，30％，40％的行权比例分期行权（见表 3）。若激励对象符合行权条件但是在行权期内没有全部行权，那么未行权部分的期权将由公司申请注销。

表3   **汇川技术股权激励授予股票期权行权安排表**

行权期	行权时间	可行权数量占获授期权数量比例
第一个行权期	自授权日起 12 个月后的首个交易日起至授权日起 24 个月内的最后一个交易日当日止	30%
第二个行权期	自授权日起 24 个月后的首个交易日起至授权日起 36 个月内的最后一个交易日当日止	30%
第三个行权期	自授权日起 36 个月后的首个交易日起至授权日起 48 个月内的最后一个交易日当日止	40%

资料来源：汇川技术公司公告《首期股票期权激励计划（草案修订稿）》，巨潮资讯网，www.cninfo.com.cn，2013-01-16。

同样，对预留部分的股票期权也有相应行权规定：按50%，50%的行权比例行权（见表4）。

表4   **汇川技术股权激励预留部分股票期权行权安排表**

行权期	行权时间	可行权数量占获授期权数量比例
第一个行权期	自该部分预留期权授权日起 12 个月后的首个交易日起至授权日起 24 个月内的最后一个交易日当日止	50%
第二个行权期	自该部分预留期权授权日起 24 个月后的首个交易日起至授权日起 36 个月内的最后一个交易日当日止	50%

资料来源：汇川技术公司公告《首期股票期权激励计划（草案修订稿）》，巨潮资讯网，www.cninfo.com.cn，2013-01-16。

2013 年 3 月 4 日，汇川技术完成了预留授予涉及的 17 名激励对象获授的 100 万份股票期权的登记工作，期权简称：汇川 JLC2，期权代码：036124。

3.2 润物细无声

2012 年虽未真正成为预言所称的"末日之年"，但令工控行业九死一生。欧洲债务危机波及全球经济发展，随后出现欧美国家的再工业化，制造业的迁移和竞争对中国制造业形成巨大的冲击。这一年国内工业自动化产品的市场需求出现下滑，变频器、伺服系统、可编程逻辑控制器的下滑幅度达到 10%～20%。受外部环境不利影响，汇川技术没有完成年初既定的经营目标，但最终仍实现营业收入 119 318.66 万元（见表5），同比增长 13.20%，在国内同行业公司中表现突出。国家"十二五"规划为行业吹响了转型升级的号角，轨道交通规划复批、核电重启、页岩气招标等一系列举措让中国工控行业在低谷中重现生机。2013 年，行业开始呈现上行趋势，又恰逢《激励计划》的修订稿公布，变化在汇川悄然发生。汇川技术乘势而上，经营业绩明显增长。

表 5   汇川技术实施股权激励计划前后财务指标变动情况

指标	2010 年	2011 年	2012 年	2013 年
营业收入（万元）	67 460.40	105 402.68	119 318.66	172 586.83
净利润增长率（%）	115	54	−7	76
总资产收益率（%）	9	13	11	15
净资产收益率（%）	10	14	12	18

资料来源：汇川技术公司年报（2010—2013 年）。

汇川技术自股权激励方案公告至股权激励授权期间，股价涨幅为 19.95%，而同期沪深 300 涨幅为 12.92%，公司在此期间股价涨幅明显高于市场平均水平。汇川技术的股权激励预案公告后，产生了明显正向宣告效应（见图 2）。由此可见，投资者对股权激励后汇川技术未来的发展前景持乐观态度。

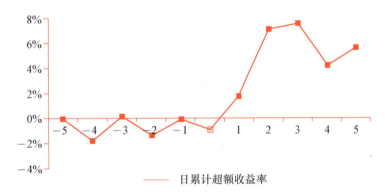

图 2   汇川技术股权激励草案公布日前后宣告效应

此次激励计划首次授权日也同样产生了正向宣告效应（见图 3）。2013 年 1 月 31 日，当日汇川技术股票收盘价为 25.19 元/股，公司股价持续上升。

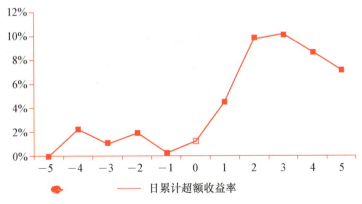

图 3   汇川技术股权激励首次授权日前后宣告效应

2013 年 1 月之后，汇川技术股价开始剧烈上升（见图 4），其爬升趋势相当明显，而这一变化的起始时间与汇川技术公布实施股权激励方案的时间几乎吻合，这表明股权激励对投资者的信心有强烈的提振作用，在此预期下，公司股价和成交量均有较大幅度的上升。汇川技术公司股价长期市场表现印证了股权激励对于股东权益的正向提升作用是直接而积极的。

图 4　汇川技术股权激励授权日后股价长期日累计超额收益率

4. 尾声

2014 年 3 月 28 日，公司首期首次获授股票期权的激励对象开始自主行权，当日，汇川技术股票收于 70.06 元/股，共行权 2 451 550 股；2014 年 4 月 21日，公司收到中国证券登记结算有限责任公司深圳分公司划拨的行权交收资金50 011 620 元。

从 2012 年末激励计划预案提出至今，激励效果通过公司财务报告和股票市场表现得到了最大程度的体现，此次股权激励计划的成功已毋庸置疑。

作为一家具有"两权合一"特色的上市公司，相对于其他公司，汇川技术的股权激励计划无论是激励对象选择还是时机选择，都具有很多令人遐想的空间。由于国家经济结构调整带来产业升级的机会，2014 年，朱兴明带领汇川团队积极应对市场变化带来的机遇，而股权激励无疑将成为汇川技术持续快速发展的秘密武器之一。

启发思考题

1. 汇川技术所处的行业有什么特点? 汇川技术如何才能保持其行业领先地位?

2. 公司激励管理层的常用手段有哪些? 汇川技术为什么选择股权激励?

3. 目前上市公司有哪些常用的股权激励方式? 汇川技术最终选择股票期权的主要理由是什么?

4. 汇川技术股权激励方案包括哪些主要条款? 汇川技术设定本次股权激励行权条件时考虑的主要因素是什么?

5. 汇川技术此次股权激励的实施效果如何?

6. 如果你是一家"两权合一"公司的 CEO,你会选择哪种方式来激励公司管理层?

公司背景信息

汇川技术系由原深圳市汇川技术有限公司于 2008 年 6 月 6 日整体变更成立的股份公司,注册资本为 8 100 万元,是专门从事工业自动化控制产品的研发、生产和销售的高新技术企业。主要产品有低压变频器、高压变频器、一体化及专机、伺服系统、PLC、HMI、永磁同步电机、电动汽车电机控制器等。主要服务于装备制造、节能环保、新能源三大领域,产品广泛应用于电梯、起重、机床、金属制品、电线电缆、塑胶、印刷包装、纺织化纤、建材、冶金、煤矿、市政、汽车等行业。公司在低压变频器市场的占有率在国产品牌厂商中名列前茅,其中一体化及专机产品在多个细分行业处于业内首创或领先地位。

汇川技术是国家高新技术企业,掌握了高性能矢量变频技术、PLC 技术、伺服技术和永磁同步电机等核心平台技术。截至 2013 年 12 月 31 日,公司拥有已获证书的专利 213 项,其中发明专利 16 项,实用新型 154 项,外观专利 43 项;公司已向国家知识产权局申报但尚未获得证书的专利 224 项,其中发明专利 184 项,实用新型专利 35 项,外观专利 5 项;公司及其控股子公司共取得80项软件著作权。公司拥有员工2410人，其中专门从事核心平台技术的研究、应用技术的研究和产品开发的研发团队547人。近年公司获得的主要荣誉如下：2010年3月，公司被评为"2009年深圳市成长型中小工业企业500强企业"，排名第一位；2010年2月，公司MD系列变频器、电梯一体化控制器被认定为"深圳市自主创新产品"；2009年6月，公司"汇川永磁同步电机驱动控制软件V3.1"获第十三届中国国际软件博览会金奖。

汇川技术从成立初期即致力于高性能矢量变频器的研究与开发，2004年初，公司研发团队达20多人。经过近一年的自主研发，攻克了异步电机无速度传感器矢量技术（SVC）和有速度传感器矢量技术（VC），并成功研制出具有自主知识产权的MD300/MD320系列矢量变频器。该技术通过了深圳市科学技术成果鉴定，相关软件取得了软件著作权。此后，公司进一步加大研发投入与研发团队建设，通过自主研发又陆续突破了永磁同步电机的有速度传感器矢量控制、永磁同步电机的无速度传感器矢量控制、无称重启动、转矩控制、多总线通信等关键技术，并将这些技术商用化。

公司所处行业为工业自动化控制系统行业，目前公司的主要业务涉及其中的低压变频器与伺服系统两个细分行业，主要由政府相关部门规划管理、行业协会协调指导发展，其中前者侧重于行业宏观管理，后者则侧重于行业内部自律性管理。

教学用途与目的

1. 本案例主要适用于"财务管理""公司治理"等课程中公司股权激励相关领域理论的教学。

2. 适用对象：本案例主要针对MBA、EMBA和企业管理人员，以及经济类、管理类专业的高年级本科生及研究生。

3. 教学目的：股权激励一直是学术界和实务界关注的热点问题。股权分置改革完成后，股权激励已成为很多上市公司建立健全激励与约束机制、解决"两权分离"下公司股东和管理层代理问题的有效途径。汇川技术作为一家具有"两权合一"特征的上市公司，于2012年成功推出了首期股权激励计划，成为"两权合一"上市公司实施股权激励的典型案例。通过对本案例的研究和分析，帮助读者理解和掌握以下重要知识点：

（1）公司选择股权激励的动机；

（2）股权激励方式的选择；

（3）股权激励方案的条款设计；

（4）股权激励实施效果的评价。

理论依据与分析

1．股权激励的动机

随着公司控制权与所有权的分离，管理层与股东之间的代理问题成为公司治理的一个重要话题，而激励是解决代理问题的基本途径和方式。学术界和实务界大多认同对管理层的激励主要包括货币薪酬和股权激励两种基本模式。货币薪酬是吸引优秀人才最直接的方式。通过对管理层采用绩效工资或者年薪制等货币激励，有利于调动管理层的工作积极性，激发其内在的动力，进而实现公司经营目标。但货币薪酬激励也存在明显不足，由于其大多是一次性的，作为一种短期激励模式，可能会导致管理层的一些短视行为。以年薪制为例，其考核标准是公司的绩效指标，管理层可能会为达成这一指标而做出有利于当期财务指标增长的决策，从而忽视公司的长远利益。与货币薪酬激励不同，股权激励是一种以公司股票为标的，对其管理层进行长期激励的方式。股权激励的核心宗旨是通过激励对象与公司利润共享、风险共担，使激励对象有动力按照股东利益最大化的原则经营公司，减少股东和管理层之间的代理问题。

由于股权激励最初脱胎于"两权分离"公司，关于公司采用股权激励的动机，到底是一种股东主导下的最优契约，还是一种管理层主导下的自谋福利，学术界存在两种不同的观点。

支持股权激励的学者认为，股权激励使管理层与股东利益趋向一致，激励管理层提升公司业绩。由于股权激励将管理层收益与市场表现挂钩，解决了董事会无法直接监督管理层的问题，防止公司在不了解管理层才能的情况下给予其过高的报酬（Arya and Mittendorf，2005），高成长机会的公司会用股权激励来促使管理层选择盈利项目，股权激励会产生明显的激励作用。Lazear（2004）指出，股权激励能帮助公司吸引更优秀的管理层，因为这些优秀的管理层有能力选择并执行有效的投资决策，股权激励使其为公司提高业绩的同时，自身也能获取相应的收益，提高了管理层与公司的利益一致性。

Dechow and Sloan（1991）的实证研究发现，临近退休的管理层会放弃研发支出和好的投资机会，因为研发费用会降低当期的会计利润，使基于会计数据的激励计划不利于这些临近退休的管理层，而股权激励有助于缓解临近退休管理层的视野短期化问题（Murphy and Zimmerman，1993）。

然而，也有一些学者认为公司采用股权激励是出于某些非激励目的，股权激励有时无法真正使管理层利益与公司利益一致。DeFusco et al.（1991）的研究结果表明，增加对管理层的股权激励后，公司利润反而会下降，研发支出也下降，而管理费用和销售费用却上升，这可能是由于管理层在激励有效期和非激励有效期调节利润所致。这说明，股权激励有时并不能达到效果，甚至会导致管理层短视化行为，用机会主义行为替自身谋福利。此外，由于股权激励不需要现金流支出，因此现金紧缺的公司会倾向于用股权激励来代替现金报酬（Yermack，2005）。国内学者吕长江等（2009）认为，中国上市公司设计的股权激励方案既存在激励效应又存在福利效应，激励型公司和福利型公司存在差异的原因在于公司治理结构安排。

2. 股权激励方式的选择

中国证监会 2006 年 1 月 4 日发布的《上市公司股权激励管理办法（试行）》（以下简称《管理办法》）第二条对股权激励作了明确规定：股权激励是指上市公司以本公司股票为标的，对其董事、监事、高级管理人员及其他员工进行的长期性激励。限制性股票和股票期权是目前中国上市公司实施股权激励采用的两种常用方式。

《管理办法》第十六条规定：限制性股票是指激励对象按照股权激励计划规定的条件，从上市公司获得的一定数量的本公司股票。

《管理办法》第十九条规定：股票期权是指上市公司授予激励对象在未来一定期限内以预先确定的价格和条件购买本公司一定数量股份的权利。激励对象可以其获授的股票期权在规定的期间内以预先确定的价格和条件购买上市公司一定数量的股份，也可以放弃该种权利。

结合监管机构的相关规定和上市公司实施股权激励的实践，我们总结了股票期权和限制性股票两种不同股权激励方式的主要差异，具体内容见表6。

表6　　　　　　　　　　股票期权激励与限制性股票激励的对比

对比角度	股票期权激励	限制性股票激励
激励惩罚	若股价下跌或期权计划预设的业绩指标未能实现，受益人可放弃行权，并不会产生资金损失	股票价格的涨跌会增加或减少激励对象的利益

续前表

对比角度	股票期权激励	限制性股票激励
激励对象投资时间	激励对象分期行权,分期付清购买股票所需资金	在授予时就需要激励对象付清购买股票所需的全部资金
行权价和授予价的确定方式	行权价不应低于股权激励计划草案摘要公布前一个交易日的公司标的股票收盘价和股权激励草案摘要公布前30个交易日内的公司标的股票平均收盘价中的较高者	若来源于向激励对象定向发行的股票,则其发行价不低于定价基准日前20个交易日公司股票均价的50%
行权期/禁售期	在授予后不可以马上行权,授权日与首次行权日之间的间隔不得少于1年;在有效期内行权后,其股票的出售则不再受限制	无行权等待期;激励对象获得股票后存在一定时期的禁售期(禁售期为12或36个月)
股票出售条件	行权后获得的股票可以随时抛售	获售股票有解售条件,满足后可以抛售
对财务报表的影响	在授予期和未来的等待期内都会逐年减少公司利润,但期权费用不影响公司现金流	激励基金购股时减少利润和现金流;定向增发时不增加成本,但可能引起业绩稀释
激励作用	对激励对象当期资金压力比较小,授予和行权条件较为宽松,起主导作用的是激励人才	在服务期限和业绩上对激励对象有较强的约束,限制条件也比较严格,起主导作用的是留住人才
适用对象	一般适用于成熟型公司	一般适合处于成长初期或扩张期的公司

3. 股权激励方案的条款设计

一个完整的股权激励方案,基本要素主要包括激励对象、股票来源、授予规模、资金来源、期限安排、行权价格、行权条件等,具体内容见表7。

表7 股票期权激励方案的基本要素

激励对象	激励方案指定的对象
股票来源	股权激励行权时标的股票的来源
授予规模	向激励对象授予的股票数量
资金来源	激励对象行权或者购买股票所使用的资金
期限安排	有效期指激励对象取得股票期权之日起到期权失效之日的整个时间跨度
	授权日指向激励对象授予股票期权的日期,授权日必须为交易日
	可行权日指激励对象开始行权的日期,可行权日必须为交易日
	等待期指从授权日到最早可以行权日的这段时间
行权价格	向激励对象授予股票期权时所确定的、激励对象购买公司股票的价格
行权条件	激励对象对已获授的股权行权时必须达到的条件,通常包括公司主体资格考核、财务指标以及对激励对象的个人考核等

（1）激励对象。

《管理办法》第八条规定：激励对象可以包括上市公司的董事、监事、高级管理人员、核心技术（业务）人员，以及公司认为应当激励的其他员工，但不应当包括独立董事。

下列人员不得成为激励对象：最近3年内被证券交易所公开谴责或宣布为不适当人选的；最近3年内因重大违法违规行为被中国证监会予以行政处罚的；具有《中华人民共和国公司法》规定的不得担任公司董事、监事、高级管理人员情形的。

《股权激励有关事项备忘录1号》规定：持股5%以上的主要股东或实际控制人原则上不得成为激励对象。除非经股东大会表决通过，且股东大会对该事项进行投票表决时，关联股东须回避表决。

持股5%以上的主要股东或实际控制人的配偶及直系近亲属若符合成为激励对象的条件，可以成为激励对象，但其所获授权益应关注是否与其所任职务相匹配。同时股东大会对该事项进行投票表决时，关联股东须回避表决。

《股权激励有关事项备忘录2号》规定：为确保上市公司监事独立性，充分发挥其监督作用，上市公司监事不得成为股权激励对象。

（2）股票来源。

《管理办法》第十一条规定：拟实行股权激励计划的上市公司，可以根据本公司实际情况，通过以下方式解决标的股票来源：

①向激励对象发行股份；

②回购本公司股份；

③法律、行政法规允许的其他方式。

《股权激励有关事项备忘录2号》规定：股东不得直接向激励对象赠予（或转让）股份。股东拟提供股份的，应当先将股份赠予（或转让）上市公司，并视为上市公司以零价格（或特定价格）向这部分股东定向回购股份。上市公司对回购股份的授予应符合《中华人民共和国公司法》第一百四十三条规定，即必须在一年内将回购股份授予激励对象。

（3）授予规模。

《管理办法》第十二条规定：上市公司全部有效的股权激励计划所涉及的标的股票总数量累计不得超过公司股本总额的10%。

非经股东大会特别决议批准，任何一名激励对象通过全部有效的股权激励计划获授的本公司股票累计不得超过公司股本总额的1%。

《管理办法》第二十一条规定：上市公司董事会可以根据股东大会审议批

准的股票期权计划，决定一次性授出或分次授出股票期权，但累计授出的股票期权涉及的标的股票总额不得超过股票期权计划所涉及的标的股票总额。

（4）激励期限。

《管理办法》第二十二条规定：股票期权授权日与获授股票期权首次可以行权日之间的间隔不得少于1年。股票期权的有效期从授权日计算不得超过10年。

《管理办法》第二十三条规定：在股票期权有效期内，上市公司应当规定激励对象分期行权。股票期权有效期过后，已授出但尚未行权的股票期权不得行权。

《股权激励有关事项备忘录1号》规定：公司的股权激励计划中须明确股票期权或者限制性股票的具体授予日期或授予日的确定方式、等待期或锁定期的起止日。若激励计划有授予条件，则授予日须确定在授权条件成就之后。

（5）行权价格。

《管理办法》第二十四条规定：上市公司在授予激励对象股票期权时，应当确定行权价格或行权价格的确定方法。行权价格不应低于下列价格较高者：

①股权激励计划草案摘要公布前一个交易日的公司标的股票收盘价；

②股权激励计划草案摘要公布前30个交易日内的公司标的股票平均收盘价。

（6）行权条件。

《股权激励有关事项备忘录1号》规定：公司设定的行权指标须考虑公司的业绩情况，原则上实行股权激励后的业绩指标（如：每股收益、加权净资产收益率和净利润增长率等）不低于历史水平。此外，鼓励公司同时采用下列指标：

①市值指标：如公司各考核期内的平均市值水平不低于同期市场综合指数或成份股指数；

②行业比较指标：如公司业绩指标不低于同行业平均水平。

主要参考文献

[1] Arya A，Mittendorf B. Offering stock options to gauge managerial talent. Journal of Accounting and Economics，2005，40：189-210.

［2］Dechow P M，Sloan R G. Executive incentives and the horizon problem：an empirical investigation. Journal of Accounting and Economics，1991，14：51−89.

［3］DeFusco R A，Zorn T S，Johnson R R. The association between executive stock option plan changes and managerial decision making. Financial Management，1991，20：36−43.

［4］Lazear E P. Output-based pay：incentives，retention or sorting? Research in Labor Economics，2004，23：1−25.

［5］Murphy K J，Zimmerman J L. Financial performance surrounding CEO turnover. Journal of Accounting and Economics，1993，16：273−315.

［6］Yermack D. Do corporations award CEO stock options effectively? Journal of Financial Economics，2005，39：237−269.

［7］吕长江，郑慧莲，严明珠，许静静. 上市公司股权激励制度设计：是激励还是福利? 管理世界，2009（9）.

后　记

　　我与案例研究的不解之缘最早可以追溯到十年前，当时我在中国人民大学商学院攻读博士学位。恩师王化成教授告诉我，要提升学术研究能力，不仅要会撰写实证研究论文，还应该学习案例研究写作，并多次示范案例教学。与恩师的长期交流，培养了我撰写案例论文的学术兴趣。随后在香港中文大学博士后研究期间，我有幸加入范博宏（Joseph P. H. Fan）教授关于家族企业治理的案例研究团队。范博宏教授作为家族治理领域国际知名学者，曾对全球上百家企业进行深度调研和访谈，发表了数十篇高水平案例论文。在两周一次的例行案例讨论会上，范老师会分享他的案例写作心得，也会对我完成的案例初稿悉心点评，这对提升我的案例写作能力大有裨益。

　　近年来，我组建了自己的案例研究团队，致力于中国情境下的公司财务与资本市场领域的教学案例开发。结合中国资本市场特殊制度背景和中国上市公司资本运作实践，我们开发了一系列教学案例，先后有15篇案例获评"全国百篇优秀管理案例""全国 MPAcc 优秀教学案例"和"全国金融硕士优秀教学案例"，在中国情境下"哈佛范式"案例开发领域取得一定成绩。

　　2012 年以来，我与研究团队共同撰写的代表案例有：《中国建材：央企海外上市与联合重组之路》（2012 年第三届"全国百篇优秀管理案例"），《海特高新：家族企业的传承之路》（2013 年第四届"全国百篇优秀管理案例"），《易宝蓝海之旅："支付—金融"梦》（2013 年第四届"全国百篇优秀管理案例"），《中国船舶定向增发与整体上市：基于内部资本市场视角》（2013 年"全国 MPAcc 优秀教学案例"），《快钱：供应链变革助力"终端争夺战"》（2014 年第五届"全国百篇优秀管理案例"），《中航节能：合同能源管理未来收益权证券化融资构想》（2014 年第五届"全国百篇优秀管理案例"），《如剑悬"鼎"：中鼎股份可转债回售危机》（2014 年第五届"全国百篇优秀管理案例"），《名利双收：光线传媒基于价值链的价值创造》（2014 年第五届"全国百篇优秀管理案例"），《汇川技术："两权合一"公司的股权激励》（2014 年"全国 MPAcc 优秀教学案例"），《英利控股：行业危机下的财务战略选择》（2014 年"全国 MPAcc 优秀教学案例"），《兖州煤业海外收购菲利克斯公司：步入"青云"还是走进"深渊"?》（2015 年第一届"全国金融硕士优秀教学案例"），《中兴通讯：国际项目成本估算蜕变之路》（2015 年"全国 MPAcc 优秀教学案例"），《兖州煤业：基于管理者过度自信的海外并购》（2015 年"全国 MPAcc 优秀教学案例"），《勿以增值喜，勿以减值忧——美中互利的并购估值变奏曲》（2016 年第七届"全国百篇优秀管理案例"），《分众传媒：私有化与借壳上市的资本运作之路》（2016 年第二届"全国金融硕士优秀教学案例"）。

回首过去五年案例开发经历，我的内心充满感激之情。首先，感谢授业恩师王化成教授和范博宏教授，受益于两位知名学者在案例研究领域的学术研究心法，让我有机会站在巨人的肩膀上前行，夯实了我撰写公司财务与资本市场领域研究案例的基础。其次，感谢北京航空航天大学经济管理学院周宁教授和欧阳桃花教授，两位教授共同提出了独特的"案例开发与案例研究并重，教师与学生共同参与，团队聚力开发研讨"北航案例开发模式，使得北京航空航天大学经济管理学院在极短时间内迅速成长为国内高校"哈佛范式"教学案例开发的一面旗帜，我是参与人，更是受益者。此外，还要真诚感谢与我一起合作开发"哈佛范式"教学案例的国内高校学术同仁，他们是：中国人民大学商学院支晓强教授、北京理工大学管理与经济学院佟岩教授、中央财经大学会计学院卢闯教授、厦门大学管理学院黄兴孪副教授和李培功副教授、北京师范大学经济与工商管理学院张会丽副教授、华南理工大学工商管理学院廖明情助理教授，与各位学术同仁的交流与合作拓宽了我撰写财务管理案例的视野。

我更要感谢团结友爱、锐意进取的研究生团队。在北京航空航天大学经济管理学院执教期间，先后有 18 名研究生加入我的案例研究团队，他们是：2010级研究生王皓，2011 级研究生华莎、万俊军，2012 级研究生金晨、刘冰冰、王婷、张伟明、张重，2013 级研究生冯波、杨浩、古宇、李建立，2014 级研究生刘瑞琪、孙春兴、林珠平、陈予懋，2015 级研究生郑云鹤以及 2016 级研究生徐睿阳。每一个高品质案例的背后，都凝结着团队成员对案例开发每一个环节精益求精的追求——从搜集基础资料到圈定备选立意、从拟定访谈提纲到公司实地调研、从搭建逻辑框架到商酌案例初稿，数不清有多少个日子我们从晨曦初入工作到夜幕低垂。成功源于积累，荣誉属于团队。过去五年间，研究团队中不断有同学在国家级优秀案例、研究生国家奖学金、校级优秀硕士学位论文评选中获奖，发表 CSSCI 来源期刊研究型案例论文。学生取得的这些成绩，对于老师都是莫大的欣慰和鼓励。在这里，要特别感谢华莎、刘瑞琪、徐睿阳等同学，她们除了自己能够撰写优秀案例论文外，还毫无保留地与其他同学分享案例写作经验，并经常协助研究团队其他成员修改完善案例。在这个充满朝气的大家庭，我将竭尽所能带领研究团队在中国本土案例开发的道路上不断前行。

学数有终，若其义则不可须臾舍也。撰写基于中国情境的财务管理案例，不是一种一蹴而就的功利行为，更像一场可以持续一生的修行。随着中国资本市场的纵深发展，中国上市公司的资本运作将为我们提供更多可以借鉴的原始素材，愿更多的学术同仁参与到这项事业中来，不忘初心，薪火相传。

邓路

2016 年 12 月 30 日于北京航空航天大学新主楼

图书在版编目（CIP）数据

财务管理案例：中国情境下的"哈佛范式"案例/邓路著. —北京：中国人民大学出版社，2017.1
（中国管理案例库）
ISBN 978-7-300-23895-1

Ⅰ.①财… Ⅱ.①邓… Ⅲ.①财务管理-案例-中国 Ⅳ.①F275

中国版本图书馆 CIP 数据核字（2017）第 010221 号

中国管理案例库

财务管理案例
——中国情境下的"哈佛范式"案例

邓　路　著

Caiwu Guanli Anli：Zhongguo Qingjing xia de Hafofanshi Anli

出版发行	中国人民大学出版社			
社　　址	北京中关村大街 31 号		**邮政编码**	100080
电　　话	010 - 62511242（总编室）		010 - 62511770（质管部）	
	010 - 82501766（邮购部）		010 - 62514148（门市部）	
	010 - 62515195（发行公司）		010 - 62515275（盗版举报）	
网　　址	http://www.crup.com.cn			
	http://www.ttrnet.com（人大教研网）			
经　　销	新华书店			
印　　刷	天津鑫丰华印务有限公司			
规　　格	185 mm×260 mm　16 开本		**版　　次**	2017 年 1 月第 1 版
印　　张	13.5 插页1		**印　　次**	2023 年 6 月第 6 次印刷
字　　数	228 000		**定　　价**	49.00 元

教师教学服务说明

中国人民大学出版社工商管理分社以出版经典、高品质的工商管理、财务会计、统计、市场营销、人力资源管理、运营管理、物流管理、旅游管理等领域的各层次教材为宗旨。

为了更好地为一线教师服务，近年来工商管理分社着力建设了一批数字化、立体化的网络教学资源。教师可以通过以下方式获得免费下载教学资源的权限：

在"人大经管图书在线"（www. rdjg. com. cn）注册，下载"教师服务登记表"，或直接填写下面的"教师服务登记表"，加盖院系公章，然后邮寄或传真给我们。我们收到表格后将在一个工作日内为您开通相关资源的下载权限。

如您需要帮助，请随时与我们联络：

中国人民大学出版社工商管理分社

联系电话：010-62515735，62515749，62515987

传　　真：010-62515732，62514775　　　　电子邮箱：rdcbsjg@crup. com. cn

通讯地址：北京市海淀区中关村大街甲 59 号文化大厦 1501 室（100872）

教师服务登记表

姓　名		□先生　□女士	职　　称		
座机/手机			电子邮箱		
通讯地址			邮　　编		
任教学校			所在院系		
所授课程	课程名称	现用教材名称	出版社	对象（本科生/研究生/MBA/其他）	学生人数
需要哪本教材的配套资源					
人大经管图书在线用户名					
院/系领导（签字）： 院/系办公室盖章